本书是共青团中央 2022 年度实践育人工作入选项目“新时代大学生社会实践育人质量提升研究”(2022SJRX08) 和 2022 年度湖北省教育厅哲学社会科学研究专项任务项目“‘教研学赛训’五位一体创新创业实践育人体系的构建与实施”(22Z209) 的研究成果之一，并受到华中师范大学经济与工商管理学院学术著作出版专项资助。

大学生社会实践育人质量提升研究

陈　娟／著

新出图证（鄂）字 10 号

图书在版编目（CIP）数据

大学生社会实践育人质量提升研究/陈娟 著. —武汉：华中师范大学出版社，2023.9

ISBN 978-7-5769-0313-3

Ⅰ.①大…　Ⅱ.①陈…　Ⅲ.①大学生—社会实践—研究—中国　Ⅳ.①G642.45

中国国家版本馆 CIP 数据核字（2023）第 189192 号

大学生社会实践育人质量提升研究

©陈　娟　著

责任编辑：曾　艳　　**责任校对**：童　雯　　**封面设计**：胡　灿

编辑室：学术出版中心　　**电话**：027-67863280/7792

出版发行：华中师范大学出版社有限责任公司

社址：湖北省武汉市洪山区珞喻路 152 号　　**邮编**：430079

电话：027-67863426（发行部）　　**传真**：027-67863291

网址：http://press.ccnu.edu.cn　　**电子邮箱**：press@mail.ccnu.edu.cn

印刷：武汉市籍缘印刷厂　　**督印**：刘　敏

开本：710mm×1000mm　1/16　　**印张**：14.75

版次：2023 年 9 月第 1 版　　**印次**：2023 年 9 月第 1 次印刷

字数：240 千字　　**定价**：76.00 元

欢迎上网查询、购书

前　言

面对世界百年未有之大变局，实现建成社会主义现代化强国目标，靠的是教育、科技和人才，高度重视大学生的社会实践能力提升，是培养担当民族复兴大任时代新人的重要举措。长期以来，党和国家高度重视大学生社会实践育人工作，始终把社会实践作为高校人才培养的有效途径。在高校、政府、社会的共同努力下，我国大学生社会实践育人取得了较大成绩，但在新的环境下，大学生社会实践育人质量还有较大的提升空间。深入研究大学生社会实践育人的特点和规律，把握大学生社会实践育人的本质内涵，明确大学生社会实践育人的构成要素和育人机理，系统梳理大学生社会实践育人的历史发展，科学论证大学生社会实践育人质量提升的可行路径，不管是从理论还是实践角度都显得十分必要且迫切。

大学生社会实践育人质量提升研究，是大学生社会实践育人由“好不好”转向“优不优”的时代命题。本书以习近平新时代中国特色社会主义思想为指引，以马克思主义相关理论为指导，以思想政治教育理论为基础，以教育学、社会学、管理学、经济学等多学科理论为借鉴，深入剖析大学生社会实践育人质量的本质内涵，整体探究大学生社会实践育人质量提升的理论依据，系统梳理大学生社会实践育人质量提升的历史与现状，深入考察大学生社会实践育人质量提升的目标、原则和路径，在问题意识、理论视野、理论基础、论述方式等方面均有一定的拓展和优化。

导论立足中国实际，提出大学生社会实践育人质量提升问题，并在国内外相关文献系统梳理和评述的基础上，进一步明确核心问题、基本理论以及着眼应用、关注实践的研究路径。

第一章注重大学生社会实践育人的理论阐释。本书在厘清大学生社会实践、大学生社会实践育人、质量、育人质量等核心概念的基础上，提出大学生社会实践育人质量的内涵。在界定内涵的同时，阐明了大学生社会实践育人的特征，具体表现为理论与实践的双向融通性、个体与群体的互惠融和性、校内与校外的协同融汇性、现实与虚拟的交织融合性、传统与现代的更迭融创性。接着，阐释了大学生社会实践育人的主体要素、客体要素、介体要素和环体要素等四个构成要素。最后分析了大学生社会实践的育人过程，即大学生通过贴近社会引发客观认知、通过认知社会产生积极情感、通过情感认同形成正确态度、通过内生驱动促成正向行动。

第二章主要研究大学生社会实践育人的理论依据。大学生社会实践育人首先应当立足于马克思主义哲学基本原理，以马克思主义实践论、认识论为理论基石，以人的全面发展理论为价值指引，以教育与生产劳动相结合理论为现实参照，着重以习近平总书记关于教育的重要论述为指引。其次，以思想政治教育学理论为根据，遵循思想政治教育过程理论、关于人的品德形成的规律和科学的评价理论。最后，以教育学主体教育思想、社会学群体理论、管理学组织管理理论、经济管理学质量管理理论等学科知识为理论借鉴，为大学生社会实践育人质量提升探寻牢固的基本遵循和理论支撑。

第三章主要回顾我国大学生社会实践育人质量提升的历史。综观新中国成立以来我国大学生社会实践育人发展历程，可分为萌芽起步（1949年—1966年）、艰苦探索（1966年—1978年）、扎实推进（1978年—2012年）和蓬勃发展（2012年至今）四个阶段，形成了坚持党的领导是保障、坚持社会主义办学方向是根本、育人主体高度重视是前提、多措并举大力推进是重点、合力机制构建是关键等大学生社会实践育人质量提升的基本经验。

第四章主要考量大学生社会实践育人质量提升的现实。本书重点通过结构访谈和调查问卷的实证研究方法，以湖北省高校为样本进行20名团组织负责人访谈和5000名学生问卷调查。在近4万字访谈记录整理研究和4229份有效问卷的数据分析的基础上，了解到当前大学生社会实践育人观念认知整体积极向好、组织机构协同性较好、活动内容丰富多样、线上社会实践形式受到重视、阶段性成效较好，但当前影响大学生社会实践育人质量提升的主要问题是：育人主客体重视程度不够、实践活动内容形式供需匹配度不高、实践育人机制不全、评价标准针对性不强等，进而用回归分析法深入探索出影响社会实践育人质量的核心因素。

第五章主要研究大学生社会实践育人质量提升的目标和原则。提出大学生社会实践育人质量提升应以立德、启智、健体、益美、促劳为价值目标，并提出大学生社会实践育人质量提升遵循的方向性、整体性、持续性、预见性和突破性等原则。

第六章主要研究大学生社会实践育人质量提升的实施路径。对理论和实证研究加以总结和升华，提出提升大学生社会实践育人质量的系统化路径。一是观念创新：转变教育观念、优化宣传理念、凝聚观念合力。二是体制机制创新：构建统筹协调的大学生社会实践育人组织机构、实践育人导向鲜明的人才培养机制和长效可行的大学生社会实践育人保障制度。三是内容形式创新：加强与网络育人、文化育人、科研育人、组织育人和资助育人的深度融合。四是方式方法创新：协力协作推进“家＋校＋生＋社”协同化建设、分层分类推进“产＋学＋研＋创”基地化建设、多维多元推进“点＋线＋面＋体”智能化建设。五是评价体系创新：评价指标清晰化、评价主体多元化、评价方法科学化。

本书的创新之处在于从理论上尝试系统剖析了大学生社会实践育人的构成要素和育人过程，从方法上尝试理论分析与实证调查、定性研究与定量研究的更深层次的结合，从内容上尝试系统提出大学生社会实践育人质量提升的创新路径。

社会实践是青年学生练就过硬本领的“大熔炉”。当代青年成长成才道路有其鲜明的时代坐标、整体环境和创新导向。高校在新时代发挥社会实践的育人功能，就是要不断优化大学生社会实践育人的战略思维和实践路径，为其参与社会实践创造更多的机会，提供更好的条件和更大的平台。

陈　娟

2022 年 10 月

目　录

导　论

2016年中共中央国务院印发的《关于加强和改进新形势下高校思想政治教育工作的意见》（中发〔2016〕31号）提出要“把思想价值引领贯穿教育教学全过程和各环节，形成教书育人、科研育人、实践育人、管理育人、服务育人、文化育人、组织育人长效机制”。该文件为新时期高校人才培养提供了根本遵循。习近平总书记说，“青年一代有理想、有本领、有担当，国家就有前途，民族就有希望”①；“社会是个大课堂。青年要成长为国家栋梁之材，既要读万卷书，又要行万里路”②。“希望广大青年用脚步丈量祖国大地，用眼睛发现中国精神，用耳朵倾听人民呼声，用内心感应时代脉搏。”③ 大学生成长为有理想、有本领、有担当的时代新人，不仅要通过不断获取知识增强认识和理解世界的能力，还应该通过技术技能的掌握，不断增强改造世界的能力。作为国家未来建设和发展的栋梁，大学生综合素质尤其是社会实践能力如何，直接关系到教育质量和水平的高低，关系到中华民族伟大复兴的实现进程。大学生只有具备坚定的理想信念、良好的政治素养、扎实的专业知识，才能逐步形成新时代所需的社会实践能力，才能在国家和社会发展事业中得到肯定和青睐。

一、选题缘由与研究意义

（一）选题缘由

重视社会实践，是社会主义高等教育的显著特征。大学生培养质量的

---

① 中共中央文献研究室．习近平关于青少年和共青团工作论述摘编［M］．北京：中央文献出版社，2017：3．

② 中共中央文献研究室．习近平关于青少年和共青团工作论述摘编［M］．北京：中央文献出版社，2017：55．

③ 仲音．在新时代勇挑重担、奋勇争先［N］．人民日报，2022-04-30（4）．

高下，实践是最重要的因素之一。这里的实践既是认识论上的，也是本体论上的。大学生认识繁复的外部世界和内心世界，需要通过实践；大学生在时代洪流中担当大任，成就事业，同样需要立足实践。社会主义高等教育供给的实践，并非泛泛而论的“干事”，而是朝向社会主义核心价值的“定向发力”，它需要教育场域的各类主体协同配合，共同营造育人环境，确保育人质量。就此意义而言，在社会主义教育本质特征的实践视域下，探讨大学生社会实践育人质量的提升，可谓一个历久弥新的重要课题。所有研究着力探寻的各种具体方案与策略，都可回归到社会主义的实践本质及其对高等教育的独特意义上来。立于这种基点，我们方有可能察明知、情、意、行的一体贯通之道，方有必要提出新的时代语境下如何弘扬实践育人传统，拓展开新的理论反思与重构。

当今中国处在中华民族伟大复兴和世界百年未有之大变局的“交叠期”，发展环境前所未有的繁复，大学生社会实践育人处于一个全新的时空背景。党和国家之所以对大学生社会实践育人高度关注，战略考量的逻辑极为明确。概言之，新的中国和世界，面对的是以人的全面发展为核心竞争力的时代，要让社会主义事业后继有人，必须高度重视社会实践能力的高质量培养。现今虽然有很多积极探索，但在总体上欠缺深层、系统、理论反思的方案重构。尤其是在迈向社会主义现代化强国的新征程中，大学生社会实践育人究竟有哪些核心使命？需要在哪些方面予以突破和补足？具体方式和方法是什么？诸如此类问题，尚须理论上的进一步整合与深究。

再往细处观察，我们会发现，新时代大学生在其所处的社会环境中，其自身的实践观念和自发的实践热情，与以往的大学生相比已发生很多变化。人类社会进入人工智能时代，大数据、云计算、元宇宙……一系列虚拟仿真甚至超现实的实践技术和平台愈发常见，而传统高等教育的固有思维、教材、人员、设备……一时间很难跟上时代激流，其相对的“滞后”让社会实践育人出现难以避免的“空窗期”。一方面，高等教育投入不断增长，用于大学生社会实践教育的经费也稳步提高；另一方面，教育主体供给的“实践产品”却不大容易被大学生理解、认同、接受。这尤其需要消弭实践观上的差异，力争用一种沟通式的中介型实践系统，来互换角色，达成高校师生的“教育共在”。所谓“教学相长”，落实在大学生社会实践育人质量提升上，那就是要用更大的理论雄心去探索一种互动、同构、一体的教育体系。就此而言，本书选题并不“具微”，内含勾连宏大与个案的“中层理论”逻辑。这方面的研究，在相关成果中并不多见。

大学生社会实践育人是构建“大思政课”的重要途径，是“大思政课”建设的现实探索，是将思想政治教育与现实紧密结合、与时代同频共振的重要抓手。2021 年 3 月 6 日，习近平总书记在看望参加全国政协会议的医药卫生界教育界委员时指出，“‘大思政课’我们要善用之，一定要跟现实结合起来”①。“大思政课”概念的提出和深化，不仅为当前思想政治理论课的内涵式高质量发展指引方向，更为高校育人模式开阔了视野和方向。大学生的思想政治教育不应当仅停留在课堂上、校园里，更应置于社会生活中，置于国家社会发展和时代变化的洪流中，将大学生社会实践融入“大思政课”建设中，在“大思政”的格局和视域下进一步推进大学生社会实践育人模式创新发展，善用大学生社会实践活动搭建课堂与社会、大学生与社会的连接桥梁，巧用中国人民伟大实践成果、国际国内时政热点及其中孕育而生的伟大精神作为最鲜活、最生动的教材，在沉浸式体验、教学和实践中，讲好中国故事，培育时代新人，共绘时代蓝图。“大思政课”的建设要求要将“思政小课堂”融入“社会大课堂”，这其中的破壁和联结离不开实践教育，社会实践是“大思政课”建设的现实探索，如今虚拟实践和现实实践以一种全新的沉浸式的教育方式，为大学生在学思践悟、真实体验感受中衍生积极情感，从而指导大学生积极作为。另一方面“大思政课”的提出和建设为大学生社会实践育人拓宽了教育视野，提供了乘势而上的助推和沃土，更提供了改革发展的方向指引。大学生社会实践育人是多维度、多要素紧密联系、环环相扣的复杂机制，在“大思政”教育观的格局下，在“大思政课”的建设要求下，大学生社会实践育人需要进一步明确育人目标和正确定位，为社会实践的场域和内容素材提供关键的智力支持，并且进一步提升大学生社会实践育人质量。

1. 大学生社会实践育人质量提升是贯彻落实立德树人根本任务的内在要求

党的十八大以来，习近平总书记多次强调要坚持把立德树人作为根本

---

① “‘大思政课’我们要善用之”（微镜头·习近平总书记两会“下团组”·两会现场观察）[N]. 人民日报，2021-03-07（1）.

任务，把立德树人的成效作为检验学校一切工作的根本标准，培养德、智、体、美、劳全面发展的社会主义建设者和接班人。因此，做好立德树人工作直接影响培育时代新人这一战略目标的实现，也关系到高校人才培养的质量。

实践育人的本质是社会实践与教育相结合，在社会实践中可以获得思想教育、知识技能教育、劳动实践锻炼方面的提升，社会实践的目的是促进学生全面发展。实践育人正是高校人才培养的重要环节和抓手，也是贯彻落实立德树人根本任务的题中之义。习近平总书记强调青少年学生要扣好人生的第一粒扣子，就是说教育要教学生学会做人，为学生成才奠定品德之基石。

社会实践是“第一课堂”教学的有益延伸和补充。教师通过引导学生参加社会锻炼，可以使学生找到具体的感应对象，深化理性认识。而大学生践行社会主义核心价值观的成效是体现立德树人成果的重要尺度。大学生参与社会实践正是传播、践行社会主义核心价值观的有效方式，也能在社会实践中增强对社会主义核心价值观的认同感和归属感。

2018 年 9 月，习近平在全国教育大会上强调，要培养德、智、体、美、劳全面发展的社会主义建设者和接班人。这是教育工作的根本任务，也是教育现代化的方向目标，更是对我们的教育提出了新的要求。我们要培养的社会主义建设者和接班人应当具备良好的基本素质和精神状态，既要有高尚品德，又要有真才实学。

提升大学生社会实践育人质量是培养社会主义建设者和接班人的必然环节和必经之路。培养全面发展的社会主义建设者和接班人，就要求高校教育者把握高等教育规律，充分认识到实践和教育相结合是历史和时代的必然选择，把实践作为促进人的全面发展的根本途径，着力提升实践育人的质量，形成实践育人工作的合力，不断完善实践育人机制，为大学生提升本领、增长才干搭建平台。

2. 大学生社会实践育人质量提升是弥合大学生社会实践能力与社会需求差距的迫切要求

面对新形势和新变化，大学生社会实践能力与社会需求仍存在一些差距。第一，大学生的职业理想期待和社会需求仍存在差距。随着人民生活水平的普遍提高，大部分大学生的家庭经济压力较小，大学生对就业的美好期待逐渐提升。但是对职业发展迷茫的大学生仍然不在少数，他们通常不能明晰自身的职业生涯发展规划，对择业的现实情况无所适从。第二，大学生的自身实践能力和个人与社会期待之间的差距。现代经济社会发展对每个行业每个岗位的职员的综合素质要求也越来越高，对人才素质的要求是全方位的。而大学生在学校的学习以理论知识为主，课程偏重理论讲授，轻实践业务指导。往往是等到毕业求职季的时候才发现自身欠缺一些求职的硬性技能，难以与心仪的工作岗位相匹配。第三，高校的人才培养不能完全满足时代发展的需求。由于我国高校职业生涯教育工作起步时间较晚，职业生涯规划方面的专业人才缺乏和就业指导工作经验不足，相关的政策制度还有待完善，人才培养环节具有一定程度的同质化倾向，使高校的人才供给和社会对人才的需求出现一定程度的失衡。

提升大学生社会实践育人质量，是弥合大学生社会实践能力与社会需求的差距的有力抓手。要做好实践育人工作，就要全面提升大学生综合素质。这就要求在培养大学生参与社会实践的过程中，在传统教育注重的理论知识学习上，更加注重个性的发展，将传统教育注重知识、学生的勤奋与踏实同现代教育注重综合能力培养、学生的视野与胆量的拓展结合起来，让大学生能在参加各种课外实践活动，提升自身综合素质，为今后的职业生涯发展做准备。例如，大学生参加各种线上线下模拟招聘活动，能够积累求职经验，加深对社会角色的认识，合理定位求职意向和及时就业。大学生积极地参与社会实践活动，发现自身的不足，有利于调整学习和努力的方向，使职业目标规划更加清晰，知识结构更加完善，专业技能有所提升，实现职业意识的转化。大学生在社会实践中了解用人单位的岗位需求和用人趋势，感受到社会职业竞争的压力，能实时调整职业规划目标以更好地适应社会，矫正心态转变观念。

（二）理论意义

1. 有助于大学生社会实践育人基本理论的深化拓展

深入研究大学生社会实践育人的本质内涵，把握大学生社会实践育人的特点，挖掘大学生社会实践育人的构成要素和育人机理，明确大学生社会实践育人的理论基础，系统梳理大学生社会实践育人的历史发展，探索大学生社会实践育人质量现状，综合提出提升大学生社会实践育人质量路径，对于大学生社会实践育人理论的深化发展具有十分重要的意义。通过多学科交叉的视角，多维度阐释大学生社会实践育人的理论基础，多视角探究大学生社会实践育人的理论借鉴，改变了以往类似主题研究的单一理论视角模式，丰富和拓展了大学生社会实践育人理论的研究视角。通过思想政治教育评价理论的梳理和引入，对于大学生社会实践育人的质量评价提供了学科理论遵循，为明确提升大学生社会实践育人质量的目标和原则指明了方向，也为如何提升大学生社会实践育人质量奠定了学科理论基础。提升大学生社会实践育人质量的路径多种多样，成功的大学生社会实践育人模式可以为提升大学生社会实践育人质量提供具有普遍意义的工作范式，加强实证研究是提升大学生社会实践育人质量的有效举措，也为切实加强和改进大学生社会实践育人提供了科学发展观与具体方法论。

2. 有助于进一步扩大思想政治教育途径，丰富思想政治教育方法论的理论蕴涵

思想政治教育本质上是一种实践活动，实践性是思想政治教育的根本特征。大学生社会实践是思想政治教育的重要环节和根本途径，具体表现在：一方面，大学生社会实践将思想政治教育内容融入具体的实践活动之中，在具体社会实践中接受教育，形成和发展思想政治品德；另一方面，大学生社会实践本身也是思想政治教育质量的检验途径，思想政治品德的发展程度必须通过大学生的实践行动来具体呈现。研究大学生社会实践育人质量提升，能够实现思想政治教育理论与大学生社会实践育人成效的有机融合，共同促进德、智、体、美、劳全面发展的育人目标实现，进一步扩大思想政治教育途径，丰富思想政治教育方法论的理论蕴涵。

（三）实践意义

1. 促进理论教学和具体实践互融互促，优化高校人才培养理念和过程

高等教育的重要使命是培养具有创新精神和实践能力的高级专门人才，而大学生社会实践在这其中具有不可替代的作用。然而，从目前的实际情况来看，需要解决一个长期存在、始终没有根本解决的问题：理论教学和具体实践如何有机结合？事实上，在大学生培养的过程中，社会实践是一个能够将理论知识与实践活动紧密结合的重要环节，对于大学生找准

今后的职业规划目标具有极其重要的参考价值。因此，以提升大学生社会实践育人质量为出发点和落脚点，对大学生社会实践育人质量提升进行系统深入地研究，对于促进理论教学和具体实践互融互促，优化高校人才培养的理念、环节和过程十分必要。

2. 从实证角度提出大学生社会实践育人质量提升的路径，为有关部门提供决策参考

随着大学生社会实践活动的迅速增多，相关理论研究也有了显著发展。但无可讳言的是，目前大学生社会实践活动质量有待进一步提升，同时相关理论研究也要协同跟进。基于此，作为研究者可得出如下基本判断：大学生社会实践具有重大的育人价值，但是在育人过程中也存在着这样或者那样的问题，其中育人质量提升问题是重中之重。如果大学生的社会实践育人质量欠佳，那么不仅会对人力、物力和财力造成浪费，更会影响大学生综合素质的发展与提高。在研究中我们发现，目前对大学生社会实践育人质量提升体系化的研究还很不足。因此，本书从实证角度对大学生社会实践育人质量进行科学分析并提出有针对性的提升路径，不仅十分必要而且非常迫切。

二、国内外研究现状述评

（一）国内研究现状述评

国内学术界对大学生社会实践相关问题的探讨很多，理论成果非常丰富。通过中国知网（CNKI）以“大学生社会实践”为篇名进行精确搜索，共有 1644 篇论文和 76 篇学位论文，其中博士论文 1 篇，相关著作有 17 本。以“大学生社会实践育人”为篇名进行精确搜索，只有 104 篇期刊论文和 9 篇学位论文，其中博士论文仅 1 篇。再进一步聚焦到大学生社会实践育人质量的研究就少之又少。分析能查阅到的国内关于大学生社会实践研究的著作、论文等成果，发现国内学者对大学生社会实践的研究主要集中在以下六个方面。

1. 关于大学生社会实践育人内涵的认识

从现有的文献的研究主题来看，大学生社会实践育人命题的提出必然

离不开对大学生社会实践育人内涵的厘清，目前主要有这样一些代表性的学术观点。张子建认为，大学生的社会实践活动，是以满足教育需求的个性化，实现各种教育功能的一种自我教育行为①。胡树祥、吴满意认为，大学生社会实践是人类实践活动的重要组成部分，是一种学习性、成长性和社会化实践，是高校思想政治教育的重要途径②。申纪云认为，应该从三个层面把握实践育人的内涵：实践育人是遵循马克思主义教育原理的基本要求，实践育人是大学生成长、成才和发展的内在需要，实践育人是现代教育理念、教育模式、教育实践的统一③。张建认为，高校实践育人是基于马克思主义实践观和中国传统文化的知行合一观，以育人为根本出发点，以立德树人为根本任务，遵循大学生成长成才规律和教育活动规律，坚持教育与社会实践相结合，基于实践并向实践开放，根据社会需要培养全面发展人才的一种新型育人方式④。陈步云认为，高校实践育人是以马克思主义实践观为指导，以思想政治教育规律和大学生成长规律为遵循，立足学生实际，组织和引导大学生参加社会实践，旨在培养具有社会责任感、创新精神和实践能力的全面发展的人才的教育活动⑤。

可以发现，学术界对大学生社会实践育人的内涵挖掘越来越有深度，不论落脚点是行为、过程、育人方式还是教育活动，赋予大学生社会实践育人的内涵都越来越丰富和立体化。

2. 关于大学生社会实践育人类型的研究

分类是根据事物的特点进行分别归类。通过梳理现有文献，笔者发现目前学术界对大学生社会实践育人的类型结构主要有二分法、三分法、四分法、五分法、六分法、七分法、八分法等多种分类观点，呈现出百花齐放、争相辉映的样态，现就几种主要的分类法归纳总结如下：

---

① 张子建. 大型社会实践活动：大学生思想政治教育的有效形式［J］. 黑龙江高教研究，2001（1）：61-62.

② 胡树祥，吴满意. 大学生社会实践教育理论与方法［M］. 北京：人民出版社，2010：48.

③ 申纪云. 高校实践育人的深度思考［J］. 中国高等教育，2012（13/14）：11-12.

④ 张建. 高校思想政治教育工作中实践育人机制构建研究［M］. 沈阳：沈阳出版社，2018：53.

⑤ 陈步云. 高校实践育人机制研究［D］. 长春：东北师范大学，2017：21.

二分法是根据活动组织的规模、计划性、稳定性及组织者的不同进行划分，具体可以分为客体性和主体性社会实践、教学计划外与教学计划内社会实践、基地化与非基地化社会实践、专业与非专业社会实践、集中性和分散性社会实践、团队实践与个人实践等①。

三分法是根据大学生社会实践育人的活动内容来划分，具体有三种分法：第一种是分为研究型、养成型和服务型三个大类②（具体见表 0-1）。第二种三分法是分为学术实践、学生社团、志愿服务三个大类，并将三个大类具体地分为专业实习、调研科创、大学生创业、社团与校园文化、大学生自我管理、勤工助学、志愿服务在社区、志愿服务在农村、志愿服务在城市 9 个小类③。

表 0-1　大学生社会实践育人类型三分法 1

分类	基本类型
研究型	教学实践
	专业实习
	科技服务
养成型	军政训练
	勤工助学
	生产劳动
服务型	暑期“三下乡”
	“四进社区”
	志愿服务
	社会调查

第三种三分法是将大学生社会实践育人分为调查研究型、公益服务型和职业发展型三个大类④（具体见表 0-2）。

---

① 倪福全，邓玉，周曼．大学生社会实践教程［M］．2 版．北京：中国水利水电出版社，2016：63.

② 罗公利．大学生社会实践管理［M］．济南：泰山出版社，2010：134.

③ 徐国峰，于兴业．大学生社会实践理论与应用［M］．北京：中国农业出版社，2014：39.

④ 刘晓东，都基辉，胡智林．大学生社会实践理论与实务［M］．北京：高等教育出版社，2014：36.

表 0-2　大学生社会实践育人类型三分法 2

分类	基本类型	表现形式
调查研究型	参观考察	时代建设成果考察、杰出英模人物走访、历史文化专题体验等
	社会调查	民生社会热点调查研究、行业发展与专业需求研究、结合社会需求开展专项调研等
公益服务型	社会服务	扶贫济困、扶弱助残等社区服务、支教宣讲活动、社会公共场所及大型活动服务等
	生产劳动	工农业生产活动、环卫清洁公益劳动等
	科技、文化、卫生“三下乡”活动	科技下乡、文化下乡、卫生下乡等
	科教、文体、法律、卫生“四进社区”活动	科教进社区、文体进社区、法律进社区、卫生进社区等
职业发展型	学习参观	深入企事业单位生产一线的学习参观活动
	科技发明与研究	技术改良、工艺革新、产品发明、先进适用技术传播推广等
	勤工助学	劳动服务型、技能服务型等
	挂职锻炼与预就业实习	挂职锻炼、预就业实习

四分法按照分类标准不同有两种观点：第一种是根据大学生社会实践育人发生的空间场域来划分[①]（具体见表 0-3）。第二种是根据主导的主体不同来划分，分为高校主导、非政府组织主导、政府主导和企业主导四种类型[②]。

---

① 胡树祥，吴满意. 大学生社会实践教育理论与方法［M］. 北京：人民出版社，2010：61.

② 徐国峰，于兴业. 大学生社会实践理论与应用［M］. 北京：中国农业出版社，2014：41-44.

表 0-3 大学生社会实践育人类型四分法

分类	基本类型	表现形式
大学生课程学习中的社会实践教育	课堂实践教育	课堂讨论与辩论、案例教学等
	专业实践教育	实验与专题调查、课程设计、专业实习等
	综合实践教育	毕业实习、毕业设计（论文）、科研课题组等
大学生校园社会实践教育	文明修身类活动	基础文明修养活动、党团系列活动、系列纪念活动、系列仪式活动等
	学术科技类活动	竞赛活动、科技文化节、科技协会活动、科研参与活动、网络运用活动等
	文体艺术类活动	文化类如征文比赛等；文艺类如文艺演出等；体育类如运动会、各类球赛等；心理类等
	社会工作和社团类活动	学生会、学生社团活动等
	勤工助学和志愿服务类活动	校园志愿服务活动、勤工助学活动等
	创新创业类活动	科技创新活动、科技创业活动等
大学生校外社会实践教育	社会调查	时代建设成果考察、走访英模热点人物、社会热点调查、校园专题调查等
	志愿者服务	扶贫接力计划、服务西部计划、留守儿童关爱行动以及大型活动和社会公共场所志愿者服务等
	校外勤工助学	科学技术与文化服务、劳动服务等
	生产实习	深入工厂、农村、企业的生产一线等
虚拟社会实践教育	网站建设	素质拓展网上线下互动系列活动、大型活动支持合作网络平台、思政工作专题网站网络服务等
	虚拟课堂	虚拟教室等
	虚拟实验室	虚拟仿真实验等
	网络游戏	“红岩”等红色游戏

五分法有三种代表性的学术观点。第一种五分法将大学生社会实践育人分为教学实践类、服务实践类、科创实践类、调查实践类和公益实践类①。第二种按育人导向分为思想引领为主导的教育型实践、以专业知识为主导的课程化实践、以社会认知为主导的社会化实践、以创新创业为主导的项目化实践和以志愿服务为主导的服务型实践②。第三种基于当代大学生所需培养的几大块能力，将大学生社会实践具体划分为专业提升类社会实践、社会体验类社会实践、素质拓展类社会实践、创新创业类社会实践和志愿服务类社会实践③。

六分法是张新来、栗雪在《大学生社会实践工作研究》一文中将大学生社会实践育人分为社会调查、科技文化创新活动、生产劳动和社会服务、勤工助学、利用爱国主义教育基地开展革命传统教育、实践教学体系。

七分法主要是按照社会实践育人的形式与内容进行细分，有两种代表性观点，一种是将高校实践育人形式分为教学实践、军事训练、主题教育、志愿服务、社会调查、创新创业、勤工助学七个类型④。另一种是根据实践育人的开展形式和目标，分为引领型实践、教学型实践、服务型实践、认知型实践、创新型实践、职业型实践和自治型实践⑤。

八分法也有两种不同的观点：一种是将大学生社会实践育人分为爱国践履、专业实习、志愿服务、公益活动、社会调查、勤工助学、社团活动、自定义项目八大类⑥；另一种是分为大学生暑期社会实践活动、“三

---

① 徐国峰，于兴业. 大学生社会实践理论与应用［M］. 北京：中国农业出版社，2014：40.

② 孟勋. 高校共青团“三全五导”实践育人体系的建构［J］. 广西民族师范学院学报，2020（8）：137-138.

③ 程刚. 大学生思想政治教育质量提升模式研究［M］. 北京：中国书籍出版社，2015：156.

④ 甘霖. 高校实践育人研究［M］. 北京：人民出版社，2015：152.

⑤ 张建. 高校思想政治教育工作中实践育人机制构建研究［M］. 沈阳：沈阳出版社，2018：57-59.

⑥ 庄严. 大学生实践教育指南［M］. 黑龙江：黑龙江大学出版社，2010：1-2.

下乡”活动、“青年志愿者”活动、社会调查和考察、勤工助学活动、军训、挂职锻炼和党团组织活动①。

综上可见，随着大学生社会实践形式的不断拓展，大学生社会实践育人的类型也越来越丰富，学者们对大学生社会实践育人的分类也越来越细化、多元化和科学化。

3. 关于大学生社会实践育人功能的探究

从现有的文献的研究主题来看，大学生社会实践育人命题的提出，与学术界对大学生社会实践育人功能进行的广泛讨论不可分离。当学术界有了对大学生社会实践育人功能的充分论述才开始转向对大学生社会实践育人质量的深度追问。在中国知网以“大学生社会实践育人功能”为主题进行搜索，共有 87 条搜索结果，其中最早的研究是志方 1995 年发表于《镇江市高等专科学校学报》的《大学生社会实践活动的育人功能》。

有学者重点阐述了大学生社会实践的德育价值。陈万柏、张耀灿认为，实践具有不可替代的促进大学生了解社会、了解国情、增长才干、奉献社会、锻炼毅力、培养品格、增强社会责任感等作用②。沈壮海认为，思想政治教育的核心是理想性、信念性内容的教育，对教育内容的信念、信仰性掌握，只有通过思想政治教育对象具体的实践才能实现③。

有学者在其著作中重点探讨了大学生社会实践的功能和作用。王小云、王辉认为，大学生社会实践有助于提高大学生的思想政治素质、业务素质，有助于迅速适应社会化进程，有助于促进高等教育的改革和发展和“两个文明”的建设和发展④。胡树祥、吴满意认为，大学生社会实践活动的基本功能表现在掌握、应用和创新知识的功能、促进全面成长成才的功能和推动大学生社会服务的功能。程刚认为，通过社会实践，可以加深

① 张子睿. 大学生社会实践［M］. 北京：中国林业出版社，2017：10-12.

② 陈万柏，张耀灿. 思想政治教育学原理［M］. 3 版. 北京：高等教育出版社，2019：223.

③ 沈壮海. 思想政治教育有效性研究［M］. 3 版. 武汉：武汉大学出版社，2016：25.

④ 王小云，王辉. 大学生社会实践概论［M］. 北京：中国经济出版社，2005：8-10.

思政教育中大学生对文化知识的理解，强化思政教育中大学生创新意识的培养，促进思政教育中大学生就业能力的形成①。

有学者专题聚焦研究大学生社会实践育人的功能。王蒙蒙认为大学生社会实践的育人功能体现在三个方面：加强大学生思想道德教育、提高大学生综合能力和促进大学生社会化②。常海亮认为大学生社会实践能提升大学生思想修养、促进大学生团队合作、深化大学生适应社会、提高大学生实践能力、增强大学生社会责任和推进大学生知识运用③。甘霖认为实践育人的功能表现在激励与引导功能、熏陶与辐射功能、教化与规范功能以及提升与发展功能④。文大稷认为实践育人的功能主要体现在五个方面：增强大学生的社会责任感、促进大学生全面学习、培养大学生的创新能力、培养大学生艰苦奋斗的思想作风、加深大学生对建设中国特色社会主义的认识⑤。伍廉松认为，实践育人是新时代实现高校立德树人根本任务的有效途径、是新时代高校培育和践行社会主义核心价值观的关键环节、是新时代高校培养德才兼备全面发展的人才的必然要求⑥。

4. 关于影响大学生社会实践育人质量的因素分析

学术界对于大学生社会实践育人质量有待提升这一点上，看法比较一致，但就具体影响因素的研讨则不尽相同。有的研究者试图从宽泛的社会主体认识、指导思想及管理机制上更为具体深入地分析原因。如方静雨认为，组织者没有把地方的实际需要和学生的实际相结合，实践单位没有从

① 程刚. 大学生思想政治教育质量提升模式研究［M］. 北京：中国书籍出版社，2015：160-162.

② 王蒙蒙. 大学生社会实践的育人功能研究［D］. 北京：中国石油大学，2013：13-18.

③ 常海亮. 大学生暑期社会实践育人功能发挥的现状及对策研究［D］. 武汉：华中农业大学，2014：20-28.

④ 甘霖. 高校实践育人研究［M］. 北京：人民出版社，2015：48-51.

⑤ 文大稷. 改革开放以来大学生实践教育的基本经验探究［J］. 思想教育研究，2018（1）：141.

⑥ 伍廉松. 新时代高校实践育人的时代价值及其实现路径［J］. 北京青年研究，2019（2）：99-100.

全局的角度来考虑大学生社会实践对社会的重要性，更多考虑的是本地区、本单位的现实经济利益，再加上受社会等各方面的影响，大学生在参与社会实践上的积极性遭到阻滞和削弱①。又如赵侠认为，当前影响大学生社会实践活动有效性的深层次原因不是经费，不是教师，不是基地，不是机构，而在于运行模式。在其看来，目前大学生社会实践活动的“主题式”模式存在诸多弊端，创新大学生社会实践活动的模式，应实现“主题式”加“模块式”的模式更新②。该项研究提出创新大学生社会实践的模式，并分析问题存在的原因，有一定的理论深度，为更加有效开展大学生社会实践活动提供了新的思路。但是在现实中如何运用这种模式，既存在转化的难度，又有可操作性不强、管理人员的素质跟不上的问题。

有学者专题聚焦分析影响大学生社会实践育人质量的因素。李晓娟、孙楚航认为，制约大学生社会实践育人作用发挥的四个因素分别是：对社会实践缺乏重视、社会实践的组织缺乏规范性、缺乏完善的评价激励机制以及社会实践的形式内容不丰富③。谭笑认为，高校实践育人工作存在的问题是重视不够、投入不足，创新不够、特色不明，机制不全、效果不佳④。芦爱疆认为，当前高校实践育人存在的两个主要问题是内部机制张力不足（制度设计有待进一步科学化，内容供给有待进一步丰富化、阶梯化、主题化和体系化，队伍建设机制有待进一步规范化、系统化）和外部系统协调不足（对“实践育人共同体”认知有待深化、重视有待加强、与其他系统协同性有待提升）⑤。张建认为，影响大学生社会实践成果和实

① 方静雨. 大学生社会实践存在的问题、成因及其对策［J］. 江西教育科研，2007（9）：77-78.

② 赵侠. 大学生社会实践模式的局限性及其超越［J］. 江苏高教，2007（5）：109-110.

③ 李晓娟，孙楚航. 制约社会实践在大学生思想政治教育中作用发挥的因素分析［J］. 学校党建与思想教育，2010（11）：48-49.

④ 谭笑. 关于高校实践育人机制的创新研究［J］. 才智，2018：152.

⑤ 芦爱疆. 基于协同理论的高校实践育人创新发展探究［J］. 中国轻工教育，2019（1）：7.

效的因素有传统观念与家庭因素、对社会实践没有明确的规划、没有科学合理的评价体系①。

有学者试图用实证的方法探究影响大学生社会实践育人质量的因素。楼成礼通过构建社会实践系统层次结构模型，对大学生社会实践进行了系统量化全面的分析，试图找出主要的制约因素②。梁博通基于 CIPP 模型从背景评价（个人认知因素、学校环境因素、社会环境因素）、输入评价（队伍保障、经费保障、基地保障）、过程评价和成果评价（获奖情况、个人收益）四个方面对大学生社会实践成效影响因素进行了实证分析③。这些研究为我们尝试建立指标体系提供了可参考的范式。但是，这些研究对影响因素分析过程过于简略和笼统，且结论在实际中操作较难，难以确保其理论的信度和效度。

5. 关于大学生社会实践育人质量评价的研究

有学者专门研究了高校实践育人评价机制的构建。王忠认为，高校实践育人质量评价机制是指评价实践育人的内容体系、标准依据、方法措施等各种要素间相互关系和运行方式的总称④。梁博通将 CIPP 教育评价模型引入大学生社会实践育人的质量评价研究中，搭建由育人环境基础能力、育人资源配置能力、育人过程行动能力和育人成果绩效能力 4 个 1 级指标和 11 个二级指标及相应的观测点构成的社会实践育人成效评价体系。具体评价指标用图 0-1 来表示⑤。

---

① 张建. 高校思想政治教育工作中实践育人机制构建研究［M］. 沈阳：沈阳出版社，2018：129.

② 楼成礼. 影响大学生社会实践因素分析［J］. 黑龙江高教研究，1999（4）：99-101.

③ 梁博通. 基于 CIPP 模型的大学生社会实践育人成效评价体系研究［D］. 北京：华北电力大学，2018：31-32.

④ 王忠. 大学生思想政治教育实践育人机制创新研究［D］. 长春：东北师范大学，2016：106.

⑤ 梁博通. 基于 CIPP 模型的大学生社会实践育人成效评价体系研究［D］. 北京：华北电力大学，2018：31-32.

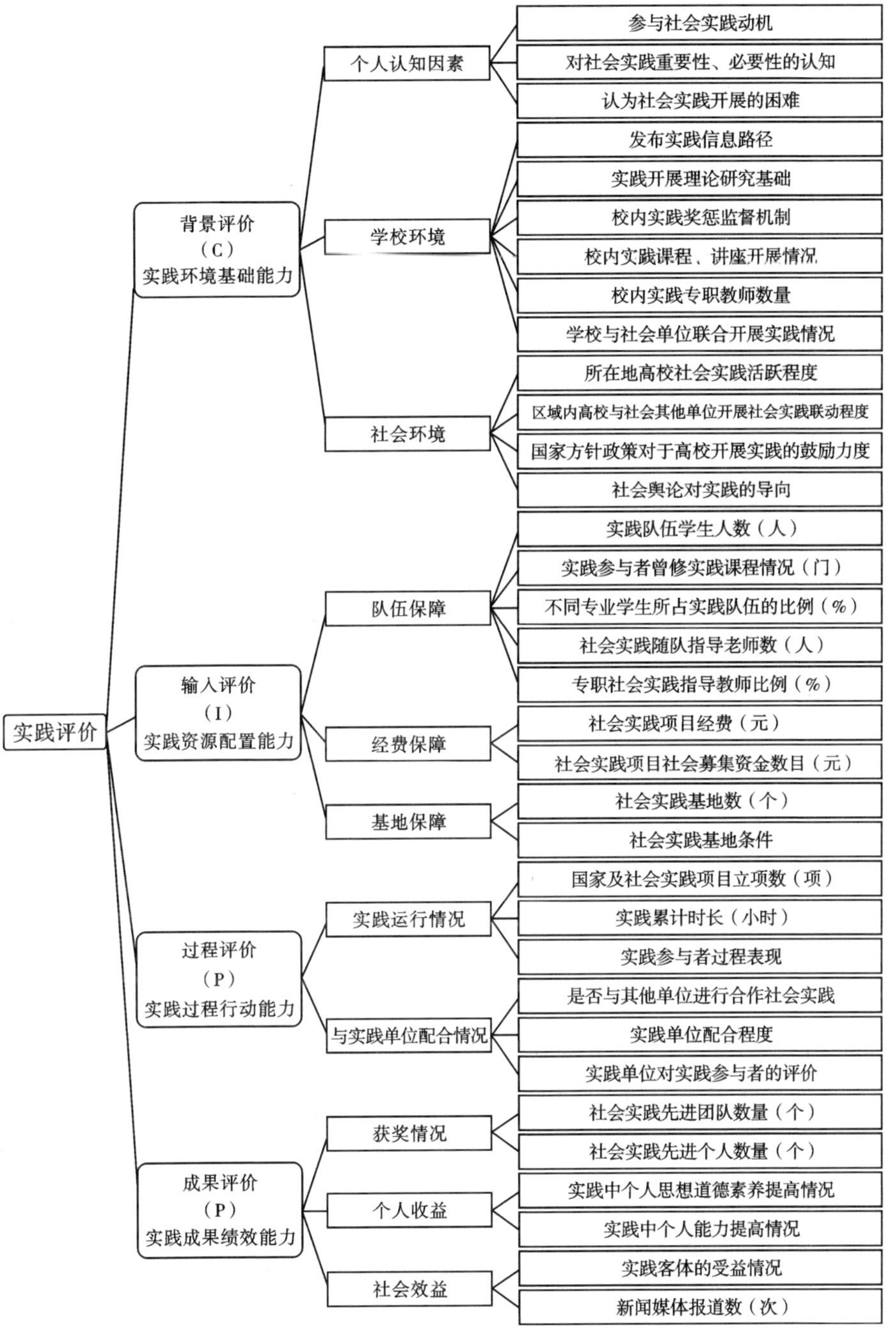

图 0-1　基于 CIPP 模型的大学生社会实践成效指标评价体系

张建认为，对大学生社会实践活动进行评价，就是将社会实践的实效性融入规划、实施、总结等各环节，并针对社会实践不同阶段的不同个体或组织制定各有特色的指标。针对大学生社会实践进行的评价，可以以实效性为核心，围绕总体规划、个人提升、高校配套、社会效益和总结反馈5个要素进行指标设计，分5个一级评价指标、15个二级评价指标和46个三级评价细项。具体评价指标用图0-2来表示①。

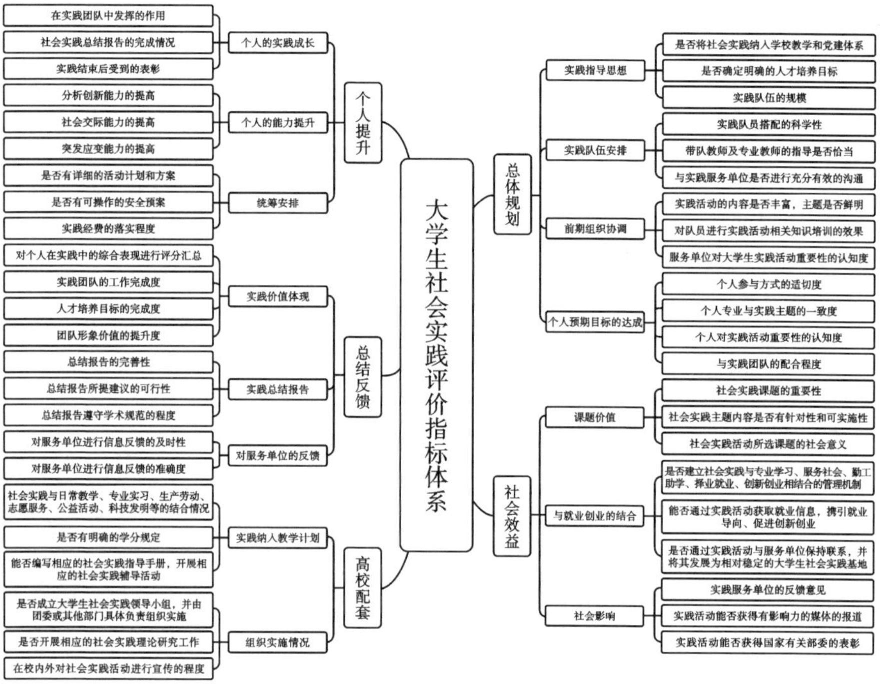

图0-2　大学生社会实践评价指标体系

陈步云认为，一个完整的高校实践育人质量评价机制应该由评价、反馈、优化三个环节构成，进而形成一个相对完整、系统的“评价—反馈—改进提高—再评价”的循环过程。从评价过程、评价内容、评价方式方法、评价指标体系、评价结果五个维度阐述了实践育人评价的基本原则，并基于层次分析原理构建了实践育人质量评价指标体系。具体评价指标用

① 张建. 高校思想政治教育工作中实践育人机制构建研究［M］. 沈阳：沈阳出版社，2018：140-146.

图 0-3 来表示①。这些研究对高校实践育人质量评价进行了填白式探索性的分析，为本书研究提供了很好的理论基础和典范。

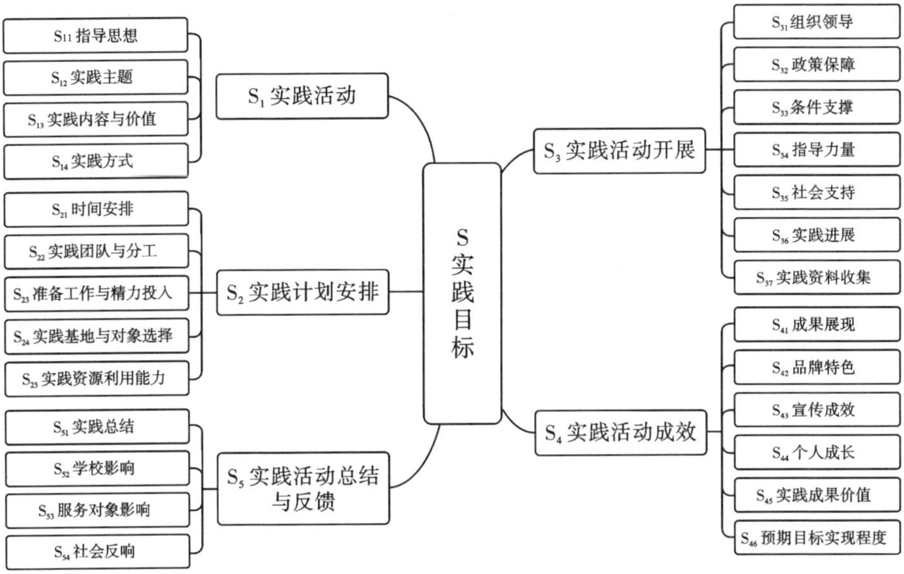

图 0-3　基于层次分析理论构建的大学生社会实践质量评价指标体系

6. 关于提升大学生社会实践育人质量的措施研究

现有研究对提升大学生社会实践育人质量的举措，主要体现在以下五个方面：一是通过学校自身的社会实践育人机制建设，增强社会实践育人的力度；二是加强大学生社会实践活动的组织和管理，强化服务和物质保障，争取得到学校主要领导和职能部门的通力支持，提高大学生参加社会实践的主动性；三是强调时代特性，与全面建设社会主义现代化国家、培育时代新人的时代主题相结合；四是加大总结和表彰奖励的力度，充分激发大学生参加社会实践活动的内生动力；五是进一步优化大学生社会实践的内容，建立长效稳定的大学生社会实践基地，同时加强对大学生社会活动的全过程指导。

也有学者专门从实践育人机制构建的角度出发对提升实践育人质量进行了深入研究，提出了一些创新观点。甘霖认为，提升实践育人质量，应

① 陈步云. 高校实践育人质量评价机制的构建［J］. 思想教育研究，2018（5）：76-80.

该构建协同机制、保障机制、评价机制等合力育人机制，形成全员育人的合力①。张建认为，应该建立“双师型”队伍，使学校育人与社会协同实践育人进行高度融合，构建实践教学体系，将实践项目课程化、系统化、常态化②。陈步云认为，“创新、协调、绿色、开放、共享”的五大发展理念是补齐短板、提升实践育人质量的钥匙和指引，提出用五大发展理念引领大学生社会实践育人质量提升，即以创新发展为动力、以协调发展为指引、以绿色发展为方向、以开放发展为重点、以共享发展为目的，推进实践育人机制的创新发展③。呼和提出从动力与发生机制、控制与监督机制、保障与整合机制、评价与激励机制四个方面对大学生社会实践运行机制进行优化和系统构建，具体优化建议为健全组织机制、做实动员机制、细化准备机制、完善制度体系、深化过程指导、严格运行监督、融入教学过程、充实指导队伍、保证经费扶持、强化信息反馈、规范评价过程、提升激励效能等④。

大学生社会实践育人的问题引起了学术界和教育界的广泛关注，学者们对优化大学生社会实践活动过程提出了诸多富有针对性的建议。这些举措建议为提升大学生社会实践育人质量指明了方向，但总的来说，如何准确理解大学生社会实践育人的科学内涵，明确其基本功能、要素和评价标准，才是提升大学生社会实践育人质量的基础。大学生作为社会实践的主体，其自身社会实践的能力不足，往往是导致社会实践活动质量不高的根本原因。这一点也是本书研究大学生社会实践育人质量的一个基本切入点。

（二）国外研究现状述评

面对当前我国大学生社会实践教育出现的问题和困境，国外相关理论研究成果具有一定的参考价值。国外学者围绕大学生社会实践育人展开了

---

① 甘霖．高校实践育人研究［M］．北京：人民出版社，2015：172．

② 张建．高校思想政治教育工作中实践育人机制构建研究［M］．沈阳：沈阳出版社，2018：125．

③ 陈步云．高校实践育人机制研究［D］．长春：东北师范大学，2017：94-97．

④ 呼和．大学生社会实践育人机理及运行机制研究［D］．北京：北京科技大学，2018：136-160．

广泛研究并形成了一批研究成果，主要包括以下四个方面的内容。

第一，关于大学生社会实践教育理念的研究。西方源远流长的博雅教育思想，为社会实践教育奠定了理论基础。通识教育是亚里士多德倡导的自由人教育思想的产物，提倡一切科目都要学好，要实行全方位的教学，以提高人的道德情操、理性思维和综合素质，从而达到人性的解放与自由①。卢梭是一位伟大的启蒙思想家，他倡导“以实践求知，在体验中学习”，主张让孩子们在学习的同时，也要把学习与自然、社会的情境结合起来，从而获得更多的知识和人生经历②。“从做中学”“学校即社会”“教育即生活”等教育理念是约翰·杜威提出的，他在现代西方的社会实践教育中起着举足轻重的作用。杜威生活教育思想是对卢梭自然教育思想的传承与发展，具有较强的可操作性。他认为，教育的实质在于实践，只有在现实的社会生活中，人们才能产生首创和创造力量，才能对优秀的品德进行持续地理解和践行③。艾伯特·班杜拉的社会学习理论强调了对人的行为获取的一种最根本的方式，它把学习看作一种反映、认识和自我调整的过程，人类的复杂的行动是通过观察、模仿、在认识活动中持续地发展起来的④。弗雷德·纽曼提出了德育的社会行动模型，并指出德育应重视对人的行动和对人的个人品德的影响⑤。英国能力教育思想、德国的双元制思想和日本的体验式就业理念，从不同角度体现了世界各地对大学生社会实践教育的总体理解。这种理解有助于我们更好地把握和理解国外大学生社会实践教育的理念逻辑、现实背景、实际效果和发展趋势。

第二，关于大学生社会实践育人形式的研究。马奇柯把国外大学生社会实践育人的形式归纳如下⑥：（1）政治教育主导的社会实践。如朝鲜要求全体大中学生每年参加劳动 70 天，通过劳动青年同盟，在 3 年的学习期间中安排 28 天到石头山等革命史迹地和战迹地访问，开展政治教育活

---

① 沈文钦. 近代英国博雅教育及其古典渊源［D］. 北京：北京大学，2008：48.

② 卢梭. 爱弥儿［M］. 李平沤，译. 北京：商务印书馆，2001：15.

③ 杜威. 人的问题［M］. 傅统先，邱椿，译. 上海：上海人民出版社，1965：50.

④ 班杜拉. 社会学习心理学［M］. 长春：吉林教育出版社，1988：25.

⑤ 沈文钦. 近代英国博雅教育及其古典渊源［D］. 北京：北京大学，2008：192.

⑥ 马奇柯. 国外大学生社会实践的经验与启示［J］. 中国青年研究，2003（3）：73-75.

动以及革命传统教育，并且固定于每个星期六的下午，安排学生进农村、进社区、进工厂，开展科技、教育、文化等政治宣传活动。（2）学校、企业结合的“双元式”社会实践。如美国密执安大学在研究生新生教育中，安排研究生入学必须先到公司实习实践 7 个月，将实习教育前置，实习期满再开始在学校进行专业知识的学习。田纳西大学商学院同样将实习教育前置，让新生以小组的形式去管理志愿者蔬菜公司。法国高等商业学校实行“学徒培训”制度，从二年级开始组织有意愿的学生在企业里接受二年培训。俄罗斯和德国的高校都设置有实习学分，并且规定学生在校学习阶段必须通过较长时间的实习并通过实习单位的实习鉴定后才能拿到相应的实习学分。俄罗斯在教学计划中规定本科五年期间必须实习满 24 周才能毕业。德国职业教育相对发达，有些高校规定学生必须进工厂进行每次不少于 6 个月的两次实习。（3）劳动教育活动。如日本书部省制定《学习指导要领》要求培养学生在实践中体验、感受从事劳动和创造的喜悦，从而自觉形成健康理性的劳动观和职业观。泰国组织学生利用假期开展农村调研。（4）社会服务活动。如美国的服务学习，它具有政府重视、社会参与、学校组织、家庭支持、学生实践的特点，且跟学术信誉相伴而生，现已普及于美国教育①。墨西哥社会服务的重点是农村，文教部明文规定高校师生必须开设为农村服务的“实际工作课”，课程时间 3 至 6 个月，一些学校还把“实际工作课”计入学分中。除此之外，国外的大学生社会实践形式还包括公民体验教育活动、军事训练和纪念性活动等。

第三，关于大学生社会实践运行机制的研究。国外学者深入研究了大学生社会实践的组织实施、体制机制和奖励评价等，以便于指导实际工作。美国将大学生社会实践纳入法制化体系，马里兰州最高司法机构在 1997 年把社区服务 75 小时作为中学毕业的基本条件之一入法入规并强制执行②。许多常春藤名校就把是否参加过社会服务以及具体服务时长作为能否录取入学的首要重要指标，学生必须在入学申请表里详尽写明自己的

---

① AMY L. A decade of service-learning：a review of the field ten years after JOBE's seminal special issue [J]. Journal of business ethics，2008 (4).

② JEFFREY A. M，JAMES Y. Two systems of youth service：determinants of voluntary and required youth community service [J]. Journal of youth and adolescence，2003，32 (1)：47-58.

社会服务经历。进入大学之后，实践活动是学校学习生活的重要组成部分。美国布朗大学就把大学生社会服务活动规定为必修课，纳入人才培养体系记录学分。法国高校鼓励和支持学生在寒暑假期间以打工等方式参与企业的实际工作，企业积极接收实习打工的学生，政府也积极参与并支持三分之一的实践活动经费。日本高校实行实践学分制，高度重视利用社会教育场所、设施、人力等资源以及社会教育的方式对大学生开展实践教育。德国高校对学生实施"开放式管理"，学生在修完必修课之外，可以自由安排打工时间①。英国学者 Helen Bussell 提出了大学生社会实践的"4W"理论，即什么是社会实践（What）、到哪里社会实践（Where）、为什么社会实践（Why）和谁去社会实践（Who），并提出要建立社会实践志愿者奖励回报机制②。加拿大学者 Steve 等人从需求评定、方案规划、工作分析、招募面谈、训练督导、激励表扬、绩效评估等方面详细分析了社会实践的计划组织和管理规划。美国学者 Huberman 研究发现，只有大学、社区、大学生、政府四个方面有效互补，才能保证大学生社会实践顺利进行③。Sherraden 建立了一个评价志愿服务的参考模型，以表明志愿者服务单位、志愿者本身和志愿者派出机构在开展志愿服务工作中所取得的成果会因为个人或机构的属性特征和服务能力而呈现不同④。

第四，关于大学生社会实践育人特色的研究。与我国一贯认为的学校是实践育人的单一主体有很大的不同，美国高校主要是通过家庭、学校和大众传媒为主体共同进行实践育人。另外，国外许多著名高校注重学生解决实践问题能力的培养，如美国麻省理工学院强调运用知识解决人类社会最艰巨的挑战，并构建了包括本科生科研、研讨课、课外学术活动等一系列实践教育活动。英国剑桥大学也致力于"从普遍的生活世界中提高学生

---

① 罗公利，毛常明. 国外大学生社会实践研究现状及启示［J］. 青岛科技大学学报（社会科学版），2011（9）：78-82.

② HELLEN B，DEBORAH F. Understanding the volunteer market：the what，where，who and why of volunteering［J］. International journal of nonprofit and voluntary sector marketing，2002，7（3）：244-257.

③ HUBERMAN S. Impoving social practice through utilization of university-based knowledge［J］. Higher Education，1983（12）：257-272.

④ MARGARET S，SHERRARD S，JOHN S. The forms and structure of international voluntary service［J］. Voluntas，2006（17）：163-180.

的能力”，实行以学生为中心地位的导师制和讲座制小组教学，同时重点发展学科产学研合作项目，在研究性学习中提供实际锻炼机会。德国在《教师教育法》中规定师范生在修业阶段必须参加大量的学校实践，这也是德国师范教育的一个非常重要的特征。为培养高质量的实践指导教师，德国周期性的举办“以指导者作为理论和实践的中介人”为核心题目的实践指导教师资格培训班，这种培训极大地加强了年轻的实践指导教师在其岗位的专业化行动。对于其中一些颇具特色的有益做法，值得我们在大学生社会实践育人质量提升研究中加以批判性吸收。

（三）研究现状评析

总体而言，国内学者结合中国实际对大学生社会实践育人的内涵、类型、功能、质量影响因素、质量评价指标和提升质量措施等方面进行了广泛的研究并取得了一大批丰富的有价值的理论和实践成果。但归纳而言，还具有进一步拓展的空间：一是单一化碎片化的研究多，系统化深入化的研究少。研究大多以某一个单一的视角为切入点，比如功能或者影响因素，没有把大学生社会实践育人质量提升作为一个完整的系统进行深入研究。二是实证研究偏少，理论研究还缺乏深度。关于大学生社会实践育人质量现状的实证研究很少，关于思想政治教育质量的理论研究整体上也才刚刚起步，作为质量评价的关联研究，对大学生社会实践育人质量提升的研究也基本上还是空白，亟待填补。三是本土化研究多，纵向梳理和横向比较研究较为缺乏。目前学术界对新中国成立以来我国大学生社会实践育人质量提升的发展演进过程梳理不多，对国外大学生社会实践育人为我国提供的经验借鉴归纳总结较少，对提升大学生社会实践育人质量缺乏有效的经验支撑。这些构成了本书研究的逻辑起点。

文献研究表明，国外的大学生社会实践教育研究有比较明确的哲学内容和话语形式，在一定的理论和方法的基础上转化为大学生社会实践课程化设计，从而强化大学生社会实践活动育人体系化。然而，国外相关研究不乏缺憾，其对社会实践教育感性层面的分析多，深层次分析少；阐述现状和面临问题较多，而就社会实践教育如何面对现实、如何顺应社会新形势带来的挑战与机遇进行自我完善和发展、如何走向社会化和国际化的对策性研究较少。

综观国内外研究成果，为本研究奠定了基础，国内外研究的不足，为本研究深入开展提供了空间。

三、研究思路和研究方法

（一）研究思路

本书拟在阐释社会实践、育人质量、大学生社会实践育人质量等相关概念的基础上，深刻把握大学生社会实践育人的特征、构成要素和育人过程，挖掘大学生社会实践育人的理论依据，梳理社会实践育人质量提升的发展历程，剖析大学生社会实践育人质量现状、影响质量提升的问题及原因，明确大学生社会实践育人质量提升的目标和原则，从而探索出系统化提升大学生社会实践育人质量的路径，研究技术路线见图 0-4。

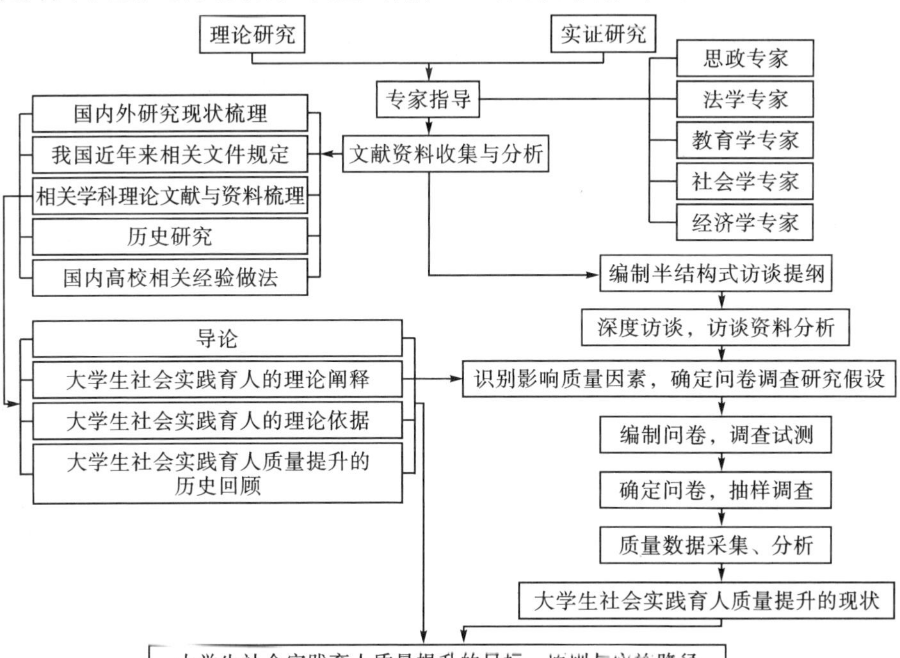

图 0-4　研究技术路线图

本书基本结构和内容如下：

本书开篇为导论。导论从大学生社会实践育人质量提升的研究背景出发，分析研究选题的必要性和紧迫性，系统探究国内外大学生社会实践育人质量提升的研究现状，提出采用文献研究法、问卷调查法、访谈法等对大学生社会实践育人质量提升进行系统全面的研究。

第一章主要是对大学生社会实践育人的理论阐释。一是对社会实践、大学生社会实践育人、质量、育人质量等基本概念的内涵和外延进行界定。二是阐述大学生社会实践育人的主要特征：理论与实践的双向融通性、个体与群体的互惠融合性、校内与校外的协同融汇性、现实与虚拟的交织融合性、传统与现代的更迭融创性。三是阐述大学生社会实践育人的主体、客体、环体和介体四个构成要素。四是从引发客观认知、产生积极情感、形成正确态度和促进正向行动四个方面阐释了大学生社会实践的育人过程。

第二章主要研究大学生社会实践育人的理论依据。本章主要从马克思主义哲学的基本原理出发，以实践论、认识论、人的全面发展理论、教育与生产劳动相结合理论为指导，着重以习近平总书记关于教育的重要论述为战略指引，以思想政治教育学过程理论、关于人的品德形成规律、评价理论为根据，以教育学、社会学、管理学等学科知识为理论借鉴，为大学生社会实践育人的质量提升探寻理论支撑和遵循。

第三章回顾大学生社会实践育人质量提升的历史。一是归纳我国大学生社会实践育人的发展历程，包括萌芽起步阶段（1949 年—1966 年）、艰难探索阶段（1966 年—1978 年）、扎实推进阶段（1976 年—1992 年）和蓬勃发展阶段（2012 年至今）四个阶段。二是总结大学生社会实践育人质量提升的历史经验：坚持党的领导是保障、坚持社会主义办学方向是根本、育人主体高度重视是前提、多措并举大力推进是重点、合力机制构建是关键。

第四章考量大学生社会实践育人质量提升的现实。基于对湖北省 50 所样本高校的调查开展对大学生社会实践育人质量现状的实证研究。本章是本书研究的关键部分。具体而言，首先，运用结构访谈法访谈湖北省 20 所样本高校的共青团组织负责人，追根溯源，聚焦现今高校社会实践开展存在的核心问题，深入分析影响实践育人质量的核心因素。然后，预设应变量和自变量，设计调查问卷，运用PPS抽样法等概率抽取湖北省50所样本高校的5000名学生进行问卷调查。接着，利用单变量描述性统计对数据进行处理，探究当前大学生社会实践育人质量提升的现状。最后，运用因子分析法对数据进行回归分析，探索影响大学生社会实践育人质量提升的主要问题及影响大学生社会实践育人质量的主要因素。

第五章研究大学生社会实践育人质量提升的目标和原则。一是阐述大学生社会实践质量提升的五个目标，即德育目标（立德：树立远大理想，厚植大学生的社会主义核心价值观）、智育目标（启智：练就过硬本领，夯实大学生学社衔接的基本能力）、体育目标（健体：促进身心健康，锻造大学生堪当重任的刚强体魄）、美育目标（益美：丰润艺术滋养，培养大学生高尚博雅的生活情操）、劳育目标（促劳：勇于砥砺奋斗，提高大学生吃苦耐劳的劳动素养）。二是阐述大学生社会实践育人质量提升需要遵循的方向性（坚持正确政治方向）、整体性（坚持“四个结合”）、持续性（坚持循环可持续提升）、预见性（坚持遵循“三个规律”）、突破性（坚持聚焦主要问题的突破）五个原则。

第六章研究大学生社会实践育人质量提升的实施路径。本章是本书研究的核心部分。一是探索以观念创新提升大学生社会实践育人质量的路径：转变教育观念、优化宣传理念、凝聚观念合力。二是探索以体制机制创新提升大学生社会实践育人质量的路径：构建统筹协调的大学生社会实践育人组织机构、实践育人导向鲜明的人才培养机制和长效可行的大学生社会实践育人保障制度。三是探索以内容形式创新提升大学生社会实践育人质量的路径：加强与网络育人、文化育人、科研育人、组织育人和资助育人的深度融合。四是探索以方式方法创新提升大学生社会实践育人质量的路径：协力协作推进“家＋校＋生＋社”协同化建设、分层分类推进“产＋学＋研＋创”基地化建设、多维多元推进“点＋线＋面＋体”智能化建设。五是探索以评价体系创新提升大学生社会实践育人质量的路径：评价指标清晰化、评价主体多元化、评价方法科学化。

（二）研究方法

本书主要运用文献研究、问卷调查、访谈、比较研究等方法，理论和实证研究并举，以教育学、社会学、统计学等学科的相关理论和研究成果为基础。

1. 文献研究法

本书利用包括大众传播媒介（电子书、电子图书馆、报纸刊物、广播新电子网络等）在内的多种途径获取文献资料，主要收集了四个方面近三千万字的文献资料：一是我国近年来关于加强和改进大学生社会实践育人出台的一些文件和规定；二是国内外学者近些年来关于大学生社会实践育人研究的理论成果；三是思想政治教育学及教育学、管理学、社会学等相关学科方面的一些理论文献和资料；四是国内高校近些年来关于大学生社会实践育人的主要经验做法。

2. 问卷调查法

为了解国内大学生社会实践育人质量现状，本书采用 PPS 抽样调查法等概率抽取湖北省 50 所样本高校的 5000 名学生进行问卷调查，回收有效问卷 4229 份，占发放问卷的 84.58%。通过问卷调查的形式探究影响大学生社会实践育人质量提升的主要问题及影响育人质量的主要因素。

3. 访谈法

访谈法也是实证研究的重要方法之一。本书通过电话访谈和书面访谈相结合的形式，在湖北省高校中随机选取了 20 所高校，面向高校的校团委领导老师进行访谈，在良性互动中收集真实、可靠、详尽的资料，最终回收并整理书面访谈记录近 4 万字。

4. 比较研究方法

本书采用了横向比较法，从顶层设计层面对不同办学层次的高校实践育人的做法、管理规定、制度激励和体制建设进行比较分析，交流借鉴好的经验做法。

四、研究重难点与创新之处

（一）研究重点

研究重点一是系统梳理大学生社会实践育人相关文献、文件政策，阐释大学生社会实践育人的理论依据，探析大学生社会实践育人的构成要素和育人机理，分析大学生社会实践育人质量提升的发展历程和经验成就。

研究重点二是立足于立德树人这一根本任务，以样本高校为例，探究各高校常规开展的不同形式的大学生社会实践活动是否真正能促进学生德、智、体、美、劳全面发展、促进学生能力的全面提升，深入分析大学生社会实践育人质量提升的现状、存在问题及成因，明确大学生社会实践育人质量提升的目标和原则，从观念、体制机制、内容形式、方式方法、评价体系等方面系统化提出提升大学生社会实践育人质量的对策。

（二）研究难点

第一，文献资料较少。笔者通过中国知网搜索，关于大学生社会实践育人的质量提升关联研究较少，当前并未有任何研究专门探讨大学生社会实践育人质量提升。目前已有研究大多以理论分析和现象阐述为主，研究内容较为分散且大多从宏观视角出发。因此可参考的文献较少，笔者只能在阅读大量关于大学生思想政治教育以及教育学、社会学、管理学等方面的文献资料后，结合实证调研分析和自身的工作经历实际，思考形成自己不太成熟的学术观点和路径建议。

第二，科学准确设计调研问卷存在难度。笔者在对已有政策文件进行梳理时发现文件中对于学生参加社会实践后的能力要求表述较少，大多文件中对于学生实践能力表述模糊不清，因此在对育人质量进行调查时就存在标准不清的问题。此外，高校社会实践的活动形式丰富，各高校具体开展的大学生社会实践活动内容形式太过繁杂，归纳整理设计问卷存在一定的难度。

第三，样本收集和分析存在难度。由于涉及的高校众多且难以保证调查问卷的有效回收与准确分析，大学生社会实践育人质量提升现状的调查分析存在一定难度。提升大学生社会实践育人质量的措施有很多，但部分在施行的过程中仍然存在着一些问题和误区。有的施行起来缺乏可行性，使活动流于形式；有的施行效果不理想，学生接受度不高，需要对大学生社会实践育人质量提升展开重点研究。

（三）研究的创新之处

1. 从理论上尝试系统剖析了大学生社会实践育人的构成要素和育人过程

大学生社会实践育人的构成要素有很多，本书从大学生社会实践育人机制运行的联结性和契合性出发，探析了大学生社会实践育人的主体要素、客体要素、介体要素和环体要素，各要素间紧密联系、环环相扣、缺一不可，共同决定着大学生社会实践育人的质量提升。同时，本书从知、情、意、行四个方面系统剖析了大学生社会实践的育人过程，即通过贴近社会引发大学生对国情社情民情的客观认知，从而对了解和融入社会产生积极情感、形成正确态度，从而促成正向行动，积极投身到中国特色社会主义实践中去。

2. 从方法上尝试理论分析与实证调查、定性研究与定量研究的更深层次的结合

本书弥补了学术界相关研究理论分析多于实证研究的缺陷，运用实证研究方法将理论分析与实证调查结合起来，将定性研究与定量研究结合起来，使本书既有理论分析，又有调查研究，研究方法具有创新性。本书基于对湖北省高校的调查开展实证研究，运用 PPS 抽样调查法等概率抽取湖北省 50 所样本高校的 5000 名学生作为问卷调查对象，选取学校共青团组织负责人作为访谈对象，利用微观调查，探究新时代大学生社会实践育人质量提升现状、成效及存在的不足。根据因子分析法原理，运用实证研究分析大学生社会实践育人机制的成功经验与短板弱项，通过归因分析，为大学生社会实践育人质量提升提供现实依据。

3. 尝试系统提出大学生社会实践育人质量提升的创新路径

大学生社会实践质量提升问题是近年来社会研究的热点。本书从大学生实践能力提高和自身发展需要以及社会实践育人质量的角度出发展开研究，对标国家政策文件中提出的社会实践育人的质量要求，从思想政治教育学、教育学、管理学、社会学等多学科交叉视角分析现有实践活动的开展是否对学生各方面的实践能力有所提升，探究实践育人质量提升的影响因素，发现问题、分析原因，从观念、体制机制、内容形式、方式方法、评价体系五个方面系统化提出大学生社会实践育人质量提升的路径，研究具有系统性和整体性，在问题意识、理论视野、理论基础、论述方式等方面均有一定的拓展和优化。

第一章　大学生社会实践育人的理论阐释

大学生社会实践育人质量提升的时代命题包含着丰厚的内涵，必须首先厘清大学生社会实践、大学生社会实践育人、质量、育人质量等核心概念，梳理大学生社会实践育人的主要特征、构成要素和育人过程，有效浇筑为大学生社会实践育人质量提升的坚实基础，拉紧大学生社会实践育人质量提升系统各构成模块间的共同纽带，形成推动大学生社会实践育人质量提升的强劲动力与引擎。

一、核心概念的厘清

研究大学生社会实践育人质量提升，首先要从理论上界定“大学生社会实践”概念的内涵和外延，阐明大学生社会实践为什么能育人，厘清相关概念，综合把握核心概念的科学内涵。然而，以往的研究对这些概念的定义有所阐述，但并没有形成相对统一的界定。笔者结合马克思主义关于实践的观点，厘清大学生社会实践育人质量提升这一时代命题中的核心概念，通过统一理论标准，使相关研究更加系统、规范和科学。

（一）大学生社会实践

马克思指出：“社会生活在本质上是实践的。”① 物质生产活动是人类最重要的实践活动，也是人们每日每时必须进行的基本活动。在高等教育领域，社会实践是大学生进行认识世界和改造世界的实践活动，是马克思主义教育思想的重要组成部分，是全面贯彻党和国家的教育方针、培养社会主义事业合格人才的基本路径。大学生的认识一方面来源于他人的认识成果，即间接经验；另一方面来自自身实践获得的直接经验。从整体上讲，我国大学生社会实践是大学生按照学校培养目标的要求，有目的、有

---

① 马克思恩格斯选集：第1卷［M］．北京：人民出版社，2012：135.

计划、有组织地参与社会政治、经济和文化等一系列教育活动的总称[①]。大学生社会实践活动与人类社会实践活动具有共性，属于人类社会实践活动，是人类社会实践活动的重要组成部分。

大学生社会实践有广义和狭义之分。广义的大学生社会实践，是指相对于理论教学的各种实践，既包括与社会生活相结合的社会实践，又包括与课堂学习相结合的教学实践。狭义的大学生社会实践，是指专业教学计划以外学生参与社会中的各种实践活动，即不包括配合课堂学习的教学实践以及各类校园实践活动[②]。狭义的大学生社会实践定义，实际上是对大学生社会实践空间上的广泛性、时间上的持续性缺乏足够认识而刻意窄化的表现。

本书研究的是广义的大学生社会实践。从空间上看，大学生社会实践以广阔的“社会”为平台和场域，在汉语中“社会”的本义是指“团体聚集之地”，马克思主义理论中的“社会”也具有人们因共同生活形成的广泛关系之内涵。从内容上看，大学生社会实践不仅涉及狭义上的专业知识学习，而且指向广泛的社会知识、伦理和能力基础，因而采用广义概念更为适合。从时间上看，大学生社会实践虽然排除了传统的课堂学习，但随着高等教育社会化理念的拓展，社会实践被视为第二课堂、拓展课堂，甚至专门的新生课堂屡见不鲜，所以它具有鲜明的持续性、泛在性的特征。结合上述，大学生社会实践的概念，可以从广义上解说为：一种以大学生为行动主体，面向知识、能力和综合素养的全面提升，在相关制度的安排和配合下，投身广泛社会场域而不断展开的实践活动。

（二）大学生社会实践育人

人是教育的主体，是教育活动的实施者和承受者，教育要符合人类自身发展规律、社会发展规律和教育的基本规律。挖掘人的全部潜力、促进

---

① 倪福全，邓玉，周曼. 大学生社会实践教程［M］. 2版. 北京：中国水利水电出版社，2016：1.

② 刘晓东，都基辉，胡智林. 大学生社会实践理论与实务［M］. 北京：高等教育出版社，2014：2.

人的全面发展是教育的根本任务之所在。社会实践育人作为高校育人的载体和抓手，有着深厚的理论渊源和迫切的现实需要。

社会实践育人观点有深刻的哲学依据。中华民族历来有崇尚“知行合一”的优良传统。孔子曾说：“岁寒，然后知松柏之后凋也!”“始吾于人也，听其言而信其行；今吾于人也，听其言而观其行。”《大学》提出“格物”“正心”“修身”等一系列做人和育人的准则；明代王夫之提出力行而后知真的观点；近代著名教育学家陶行知更是强调“行是知之始，知是行之成”，主张“行”对于“知”的重要意义。这些教育哲学观点对当今社会实践育人仍有很强的启发和指导意义。

大学生社会实践育人是与课堂理论育人相结合而存在的一种相对独立的教育模式，是教育者为实现特定的思想政治教育目标，在一定的思想政治教育理论指导下，以社会实践为主要教育载体和教育方式的理念和手段的总和。在当代中国，大学生社会实践育人是基于马克思主义实践观和中国传统文化的知行合一观，以育人为根本出发点，以立德树人为根本任务，遵循大学生成长成才规律和教育活动规律，坚持高等教育与社会实践紧密结合，根据社会实践需要培养全面发展人才的一种新型育人方式①。进而言之，在建设社会主义现代化强国的目标背景下，大学生社会实践育人是一种以培育时代新人为核心使命，充分结合百年未有之大变局和实现中华民族伟大复兴的社会实践要求，提升大学生在不断变动的实践中站稳立场、把握时代、掌握规律、创新创造的全面能力和素养的高等教育新理念新战略新方式。

（三）大学生社会实践育人质量

1. 何为“质量”

质量的内涵十分丰富，随着社会经济和科学技术的发展，人们对质量的认识也在不断深化发展。《现代汉语词典》对于“质量”一词的解释是：第一，量度物体惯性大小的物理量。数值上等于物体所受外力和它获得的加速度的比值。有时也指物体中所含物质的量。质量是常量，不因高度或

① 李敏. 大学生思想政治教育理论探索与实践育人体系建设研究［M］. 北京：中国水利水电出版社，2016：144.

纬度变化而改变。第二，产品或工作的优劣程度[①]。从“质”“量”两字的单独释意来看：“质”的繁体字为“質”，“斦”的本义为两物相当；“貝”为金钱、财富。“質”为两件物品价值相当，可以互相抵消、抵押。本义为抵押。“斦”也指砧板，经得起反复地敲打、捶击；“貝”是货币、金钱，谓实实在在、没有虚假。上“斦”下“貝”，表示经得起推敲的优质品才具有高价值。“質”意为本质、实质，引申为禀赋，强调物体本身所具有的实实在在、不可改变的特性，是独立于意识之外的客观事物、内容，是天然未经改变的本体。“量”，会意字，“日”为时间，“里”为空间，“量”字由“一”界划时空，形如权衡称测，表示以一定的标准测定时间长短、距离远近、物体轻重，是称量的意思。“日”是计时单位，“里”是计程单位，“一”为数字，有此三者，表示有数字、有相应的称测单位方具备量的条件[②]。

在物理学中，质量是指物体所具有的一种物理属性，是物质的量的量度，它是一个正的标量。质量分为惯性质量和引力质量。自然界中的任何物质既有惯性质量又有引力质量。“质量”一词也被广泛运用于经济管理学领域，质量即产品或工作的优劣程度。对于现代企业来说，在激烈竞争中能够制胜的重要法宝就是产品与服务的优良质量。企业为了保证和提高产品质量，组织企业全体员工和各有关部门参加，综合运用现代科学和管理技术成果，对影响产品质量的全过程和各种因素实行控制、限制，生产和提供用户满意的产品的系统管理活动被称为“全面质量管理”。全面质量管理的目的在于通过使顾客满意和本组织所有成员及社会受益而达到长期成功[③]。

20 世纪 90 年代早期，全面质量管理概念开始进入许多大学，引起了人们对大学的行政服务质量和效率的关注[④]。人们期待大学的行政体系能像产业一样，既能提高业绩，又能节约资源。但是对于企业来说，企业是

---

① 中国社会科学院语言研究所词典编辑室编. 现代汉语词典［M］. 5 版. 北京：商务印书馆，2002：1623.

② 李土生. 土生说字精解［M］. 北京：中央文献出版社，2012：444，986.

③ 梁工谦. 质量管理学［M］. 3 版. 北京：中国人民大学出版社，2018：11.

④ 王建华. 多视角的高等教育质量管理［M］. 广州：广东高等教育出版社，2010：182.

市场组织，离开了市场的质量就失去了意义，企业注定要靠质量才能生存。但是大学没有市场，也不具有经济意义，大学的质量无法用来交易，而是一种文化的结晶，一种身份的象征，一种不言而喻的声誉。

综上所述，“质量”一词的运用范围十分广泛，既可以是物理学上实体的概念，又可以作为价值判断的评价维度。本书研究的是教育领域的质量，是将应然标准和实然标准予以统合的概念，其能指范围比较广，不仅是指大学生达到高校制定的培养标准的程度，也要看教育对大学生产生的现实的可持续性影响，不仅可以标识制度文本上的质量评价指标，也可以统摄现实环境中大学生对社会实践教育的水平感知，将其中合理的可实现的内容纳入制度文本。

2. 何为“育人质量”

要对大学生社会实践育人质量提升进行研究，首先要对育人质量的内涵有深刻的认识和理解。目前，学术界对育人质量内涵的研究众说纷纭，其中主要的几个观点有：过程质量观、相对质量观、多元质量观等[①]。过程质量观注重将质量评价指标与培养过程育人的投入和产出过程紧密结合，相对客观和可行。相对质量观侧重于培养大学生在现有理论知识基础上的知识构成、文化理念、分析解决问题的能力。多元质量观认为大学生专业和学科不尽相同，因此我们需要在学科培养质量、社会质量满意度、个人的显示能力等方面来综合评价大学生的质量。外部质量观将大学生毕业之后用人单位的认可度、贡献率以及大学生就业率等作为评价大学生培养质量的综合评价指标。服务质量观将育人看作一种教育服务，培养大学生应该以他们对知识的实际需求为前提，尽可能使他们的需求得到满足。

以上观点体现了理论界对育人质量的内涵认识与理解，从不同视角揭示了大学生社会实践教育目标和效果评价的要点。由于各学说的侧重点不同，视角各异，需要通过进一步的理论整合才能全面呈现新时代大学生社会实践育人质量的概念内涵。根据教育目标的达成程度来检验育人的质量，对于学校育人质量的评估与检验，就得看学校是否做到了立德树人，是否努力培养担当民族复兴大任的时代新人。

---

① 刘冰. 基于协同育人的高校研究生培养质量评价研究［D］. 哈尔滨：哈尔滨工程大学，2018：12.

因此，本书认为应该秉持一种整合型的质量观，即评判育人质量的标准应该尽可能的多维度、全面和综合，既注重过程质量，也注重结果质量；既注重外部质量，也注重内部质量；既看相对质量，也应该向绝对质量看齐。

3. 概念内涵的系统厘清

综上所述，“大学生社会实践育人质量”是由“大学生社会实践”“大学生社会实践育人”“质量”“育人质量”等子概念结合而成，对其概念内涵的界定应兼顾社会实践育人的本质属性和质量的基本要件。大学生社会实践育人质量，乃是这样一种带有整合性的广义概念，即它作为整体教育水平高低和效果优劣的程度，最终体现在培养对象的知识、能力和综合素养是否提升、提升到怎样的水平等要素的测量和评价上，衡量的标准主要依据整体的教育目标，以及在此之下各个学校具体的培养目标，同时还要结合受教育者即大学生的实际感知和现实表现。整体教育目标规定受教育者的一般质量要求，亦是教育的根本质量要求；各学校的具体要求规定受教育者的具体质量要求；而受教育者即大学生的现实改变，这是衡量人才是否合乎质量规格的直接渊源。在当今中国语境下，大学生社会实践育人质量是指高校为实现“为党育人、为国育才”的根本任务，通过构建科学化、规范化、系统化的大学生社会实践育人体系，促进大学生综合素质的提升，满足大学生全面发展的需要和国家发展进步需要的程度①。

据此界定，大学生社会实践育人质量这个概念应该包含以下内涵：

第一，大学生是社会实践育人质量提升的第一主体。作为受教育者，实现大学生的自由全面发展，这是教育的根本目的，也是高校思想政治工作的基本遵循，因此大学生是高校社会实践育人质量提升的主体。大学生虽然是受教育者，但在社会实践育人质量提升过程中，其是能动的第一主体，质量提升的目标、内容、方式和质量评价指标都需要以之为据。

第二，大学生社会实践育人体系是大学生社会实践育人质量提升的关键客体。从管理学的概念上来看，质量客体就是用以满足主体需要的“产

① 王永友，董承婷．高校文化育人质量的出场语境：概念、要素及评价［J］．思想教育研究，2021（2）：20.

品或服务”。高校要通过开展各种各样的社会实践活动、拓展丰富的社会实践资源以满足大学生主体的需要，因此系统的、有序的社会实践育人体系能够保障整个育人过程顺畅运行，并能进行自我的调节、控制和监督，确保各系统内部的各要素、功能有效协同。

第三，大学生综合素质的提升是大学生社会实践育人质量提升的基本形态。满足主体需要程度是检验质量达成的最高标准，社会实践育人是通过鼓励大学生参与社会实践，在此过程中引导人、教育人，使大学生的综合素质比参与实践前有明显的进步和提高。

二、大学生社会实践育人的主要特征

理论与实践的双向融通性、个体与群体的互惠融和性、校内与校外的协同融汇性、现实与虚拟的交织融合性、传统与现代的更迭融创性，是大学生社会实践育人的主要特征，决定了其质量提升具有其他各种育人手段所不具备的特点。

（一）理论与实践的双向融通性

大学生社会实践有别于单纯的文本学习或研究，需要实地参与、亲身体验从而获得认识过程和方式方法上的提升。课堂是进行理论学习的主要渠道，教师在课堂中传授的内容以理论知识为主，大学生在课堂上能够快速掌握学界的历史理论与前沿动态。但是由于大学生自身经历的局限性，对于理论的理解可能只是知其然而不知其所以然，对于理论的实际运用效果也不甚了解。社会实践就是对于理论学习的重要补充，能促进大学生的理论学习融会贯通。这种方式是对课堂教学的补充、延伸、完善和提高。所谓学以致用，学有所用，就是要将课堂上所学的各个学科的专业理论知识结合到社会经济发展中的具体个例中去。通过发挥大学生的主观能动性，为社会痛点问题的解决提供新的视角和可解决的方案，这就有助于提升大学生的综合能力，适应社会经济建设发展进步的各种需求。理论教育与社会实践双向融通是历史与时代的必然选择。

（二）个体与群体的互惠融和性

在社会实践中，大学生作为个体，广泛参与和其他个体和群体的互动，在人际互惠中不断获得提升，实现个体的社会化。

在不同类型的社会实践中，大学生需要扮演不同的角色，和社会各群体进行互动，他们不能仅从自身出发去看待和思考问题，也要思考和理解不同社会群体的需求，内化社会群体的规范，逐步学会如何与人分工合作，怎样与群众配合学习，并在行动中增强对不同群体的理解，学会关心和尊重别人，能变得更有同理心。在丰富立体的人际互动中，大学生能逐渐形成带有个人独特风格的人际交往模式，能够不断增强自身的社会资本，带来更多的幸福体验。

大学生在社会实践中获得的成长，不仅仅能提高自身能力与修养，也能对群体产生正面的引领和辐射作用，让整个社会共享大学生社会实践育人成果。大学生通过实践活动所提升的精神面貌，会提升整个校园的道德水平、净化校园的学习风气，促使更多大学生实现自我教育。此外，社会实践能促进青年学生准确定位自身价值，深化大学生对时代责任和历史使命的正确认识。例如在乡村振兴和精准扶贫中，大学生能结合专业知识和智力优势，利用电商、新媒体等创新方式开展行动，为更广泛的社会群体谋取利益，为社会问题的解决带来新的视角，实现大学生个人成长和社会进步的互惠互动。

（三）校内与校外的协同融汇性

校内社会实践活动是指大学生在学校的指导和规范下，以校园环境为载体，利用校内资源开展的社会实践活动。校外社会实践教育活动是指在校内课堂教学外，以校园外的社会环境为载体，利用政府、企事业单位等校外资源开展的社会实践活动①。校外实践能为实践育人工作提供更广阔的支持。因为有些大学生实践成才所需的平台、政策等资源是高校不具有或者无法提供的。校外的社区、企业能提供更多、更加契合学生成才需要

① 胡树祥，吴满意．大学生社会实践教育理论与方法［M］．北京：人民出版社，2010：180.

的实践平台和实践岗位来支持学生开展实践活动。校外也能为大学生提供社会实践的场馆资源，对校内的学习场所进行补充，比如博物馆、美术馆、展览馆、科技馆等。学生在这样的学习场景中，更有利于实现知识的延伸和视野的拓展。

校内与校外社会实践活动相互融汇、互为补充。有些社会实践活动并没有校内与校外明显的分割，而是逐步发展成为由社会、学校、学生和学生家庭协同参与的一项整体工程，通过充分调动社会力量的支持和参与，社会实践已经逐渐从学校的单向行为转变为社会多边的互动行为。例如学生进入社区和企业，围绕志愿服务、创新创业等开展实践性活动，就是社会化学习的过程。学习场景从校内切换到校外，可以让更多的大学生拥有深度参与和体验的机会，而不至于沦落为被动的倾听者。

（四）现实与虚拟的交织融合性

随着互联网技术和虚拟现实（Virtual Reality，VR）技术的飞速发展，人们的实践活动空间实现了从线下现实空间到线上虚拟空间的拓展。这种技术变革带来的实践空间拓展，催生出大学生虚拟社会实践。它是大学生社会实践的新发展、新形式和新载体，是一种新型的社会实践活动。现阶段，大学生虚拟社会实践育人主要侧重两个方面：一是基于人工智能等新技术的现实环境模拟，如大学生进行虚拟滑雪体育运动，通过 VR 手段使大学生通过戴上头盔，穿上设备，站在虚拟的滑雪板上，视觉、听觉和触觉的感官反馈可以完全做到与现实滑雪运动一样，在滑雪场地、天气等受限的情况下同样能通过虚拟滑雪达到运动锻炼的效果。二是以网络为平台开展的模拟现实的实践活动，比如网络志愿服务、线上调研等。第一种是现实模拟，第二种是模拟现实①。

大学生虚拟社会实践与现实社会实践彼此渗透、相互作用。首先，从实践内驱力来看，大学生现实社会实践是大学生虚拟社会实践发展的内在动力。大学生虚拟社会实践一定是以现实为基础的，不可能在完全脱离现实诉求的环境中进行，许多虚拟社会实践活动其实就是换一个空间场域来

① 吴满意，肖永梅，曹银忠．大学生社会实践活动的新形式：虚拟社会实践［J］．理论与改革，2010（2）：123.

模拟现实的社会实践活动。比如线上模拟求职、线上模拟创业、线上模拟农场耕作等，这些实际上都是对线下现实实践的预演。其次，实践的目标来看，二者都是为了立德树人。比如新冠肺炎疫情防控期间，大学生通过线上为医护人员孩子辅导作业这样的志愿服务来切实减轻医护人员线下的教育负担，同时提升自身的服务意识，在抗疫中彰显青春担当和奉献精神。最后，从组织形式看，大学生的网络班级群、年级群、课堂群、社团组织都是现实真实的社群组织。比如疫情封闭管理期间，大学生的日常学习和管理全部在线上进行，通过微信、QQ、腾讯会议、企业微信等虚拟平台组建的各种社团、群组，虽然头像是虚拟的，昵称是虚拟的，是每个大学生的线上“代理人”角色，但是实质上实名化之后，线上所有的虚拟实践都是换了一个空间场域的真实的现实实践。

（五）传统与现代的更迭融创性

大学生社会实践育人具有传统与现代的更迭融创性，在时代进步和社会发展的过程中既有优秀传统的传承又不断迭代创新。从实践主题来看，大学生社会实践育人具有时代性，每一个时期的大学生社会实践育人活动都有鲜明的时代主题，而这些活动主题都与党和国家一定阶段一定时期的工作重点紧密相关；从实践内容来看，大学生社会实践内容体现着一定历史发展时期的社会风貌和时代特色，既有传统的生产劳动，又有现代的创新创业；从实践载体看，大学生社会实践既有传统的现实的大学生社会实践基地，又有借助新技术搭建的现代化智能化的虚拟网络实践平台；从实践手段看，大学生社会实践活动既有传统的手工操作实践，又有借助现代科技手段开展的譬如虚拟仿真实验等新型大学生社会实践活动。

总之，社会实践是传统与现代更迭过程中内容、形式、手段、方法等都不断创新、变化、发展的实践活动，大学生社会实践育人质量的提升也应该在传承传统和迭代创新之间寻找平衡点。

三、大学生社会实践育人的构成要素

大学生社会实践育人的构成要素有很多，从大学生社会实践育人机制运行的联结性和契合性来看，主要包含大学生社会实践育人的主体要素、客体要素、介体要素和环体要素，各要素间紧密联系、环环相扣、缺一不可，共同决定着大学生社会实践育人的质量提升。

（一）主体要素

大学生社会实践是高校育人过程中的必要环节，所谓大学生社会实践育人的主体要素，即是指在高校实施实践育人过程中具有主动教育功能的组织或个人。通常而言，在育人过程中的主体要素主要指高校，高校中又以教师为主要依托；而在实践育人的场域中，由于教育环境更为开阔，教育手段更为丰富，因而育人的主体范围也更为宽泛，通常会包含诸多要素，而只有筑牢和织密各实践育人主体要素间的关系，系统调好内部和外部关系，才能形成“五位一体”的实践育人主体间合力，开创多主体协同育人新局面，才能更好提升大学生社会实践育人质量。

一是政府。首先充分发挥政府职能，进一步加强对高校实践育人工作的指导和重视，解决高校实践教学的难题。同时加强和高校的合作，一方面，搭建政校合作的实践基地和平台，例如和基层机构共建，扎实开展“三下乡”等实践活动，或是和地方机关科研单位结对开展挂职锻炼、实习实践等；另一方面，高校是创新的重要主体，但如何从科研成果产出专利再到高质量转化，一直是横在不少高校面前的难题，因此可以通过政校联手，打造科研成果专利池，探索科研课题政校合作模式，提升大学生科研水平和实践能力，促进实践教学模式中的产学研用一体化。

二是企事业单位。通过校企合作增加大学生实习实践渠道，畅通大学生和实习单位的联通渠道，促进大学生就业，并且可以依托优质的校友资源，进一步开展实习实践指导和宣讲。

三是家庭。家庭教育在大学生成长成才中发挥着最为隐性但深远持久的作用，即使在大学生这个年龄层家庭教育的影响力逐步减弱，但良好的家校联动机制能够很好地促进育人力量的协同。例如依托家庭在寒暑假进行大学生的劳动教育、美育等都是能将教育与生活无形融合的方式。

四是高校。毋庸置疑，高校是开展大学生实践教育的主阵地，主要依托专任教师、学工队伍、团学组织以及所有实践育人部门来有目标、有组织、有计划地搭建全方位的实践育人体系，通过提升教师队伍将实践融入教学的意识，调动起实践育人各组织各部门的全体参与、高效运转和运行保障，形成高校实践育人的合力，提升大学生社会实践育人的质量和成效。

五是朋辈。一个朋辈团体会影响团队中的个人改变其态度、价值观甚至行为准则，积极的朋辈关系和朋辈影响能够起到正面有效的教育作用。高校通过树立、宣传实践活动中的典型，开展经验交流分享会，能够有效提升实践育人的吸引力和参与度，达到很好的动员、效仿和鼓励作用。

（二）客体要素

大学生社会实践育人的客体要素主要指的就是实践育人的工作对象，也就是大学生，他们同时也是高校组织的社会实践中的主要参与者。在完善大学生人格、实现育人目标的过程中，高校需要综合理论和实践两种教育形式与方法，通过实践的方式促使大学生在实践情景中体验和体悟，验证课堂中所学到的理论知识，并将其中产生的新的好奇和疑问带回到课堂中得到解答和进一步钻研，从而实现教学的双向互动，并帮助大学生内化道德规范和价值准则，通过沉浸式的实践体验接触社会、了解世情国情，促进知识与能力的互相转化，从而提升育人的质量和水平。而在其中，尽管教育主体是大学生社会实践组织者、设计者和推进者，在整个实践育人质量提升体系中发挥着核心和驱动的作用，但育人客体的主观性、能动性、配合度和领悟力的不同会很大程度影响到实践育人的质量和实效。

（三）介体要素

大学生社会实践育人的介体要素，也就是为实现大学生社会实践育人的各级各类目标所运用和依托的方式、手段和介质。

一是体制机制。大学生社会实践育人质量提升是一项庞大的工程，涉及大学生人数多、组织管理的难度大，因此要顺利推进高校实践育人质量提升，必须首先要有构思完整、严丝合缝的高效运转机制，调动各方资源包括人力、物力、财力等，形成组织合力。同时高校实践育人的管理体制层面也十分重要，将大学生社会实践纳入人才培养学分体系，制订大学生社会实践教学大纲和培养方案，并构建科学的评价体系、后勤保障体系、奖惩机制等，各实践部门联动开展规范化管理。

二是依托平台。高校通过与政府机关、企事业单位等联合建立实践教育基地，例如依托红色资源建立党史学习教育基地、深入基层设置挂职锻炼基地、联合企事业单位设立实习实践基地、联络科研单位成立科学研究基地等，都能够有效畅通实践渠道，搭建广阔多样的实践平台，为大学生社会实践育人创造条件。

三是选取方式。开展实践教育的场地和方式方法都十分丰富，根据育人目标的差异，实践所选择的方式方法也不尽相同。例如对于提升大学生理论知识和坚定理想信念的育人目标，通常会选择带领学生前往纪念馆、革命旧址、博物馆等场所进行参观学习；又如对于帮助大学生了解社情民情，受教育、长才干、作贡献的育人目标，多会选择深入基层，开展助力脱贫攻坚、志愿服务等形式的实践；还如对于提升大学生综合素质和就业水平的育人目标，多会选择采取到机关单位或企事业单位开展挂职锻炼或实习等方式。

四是网络介质。目前我们正处于信息极速发达的大数据时代，之所以将网络这个介质单独提出，也正是因为目前高校实践育人中无论是管理、教育，还是服务都无不与网络信息相关。高校通过网络发布社会实践的相关信息，为大学生选择符合自身需求的实践形式提供便利；同时依托信息系统对学生实践队伍进行统一管理和安全追踪，并且通过网络宣传平台对实践中孕育而生的优秀团体、典型事迹优秀作品进行宣传，从而有效提升其积极正面的影响力、渲染力和覆盖面。

（四）环体要素

大学生社会实践育人的环体要素，也就是大学生社会实践育人环境，大体可分为物质环境和精神文化环境两大部分。

物质环境主要包括高校在开展实践育人过程中的实践场所、搭建的实践平台和基地、配套硬件设施等，创造良好的实践场所能够有力提升大学生参与实践的积极性和感染力。在建设社会实践场所时，要遵循因地制宜的原则，根据不同类型不同目标的实践要求，根据不同地域和场域的特色，发挥多元优势，制定长期发展规划。例如可依托一批土地、山林、农业用地作为劳动教育实践基地，利用一批企事业单位开设专业实习实践和科学研究实践，依托社区、街道、福利院、中小学、社会机构等开展基层服务实践，通过纪念馆、博物馆等红色资源和基地开展理论学习实践等，充分发挥各类场所和平台的实际育人功能。

精神文化环境主要指关于大学生社会实践育人的宏观政策指示和精神、教育环境、校风学风和文化氛围、舆论氛围等。当前世界正处于百年未有之大变局，我国也正处于向第二个百年奋斗目标迈进的新征程，国家对大学生实践能力的培养和要求也愈来愈高，指导高校通过广泛开展大学生社会实践教育促使大学生了解社情民情，长才干、作贡献。同时，高校与社会发展日益同频共振、联系紧密，通过有效的实习实践教育，满足市场对高素质人才的需求。而在国家和学校愈发重视和支持的背景下，参与社会实践蔚然成风，形成良好的实践氛围和风气，能有效帮助大学生自发意识到实践的重要性和对自身锤炼提升的重要意义。同时通过例如实践学分制度、教学实践规则、实践评价和保障机制等形成有体系的实践文化，使大学生在文化的浸润中得到滋养，形成积极正面的实践意识和观念，激发大学生参与社会实践的内生动力，由内而外提升育人成效。

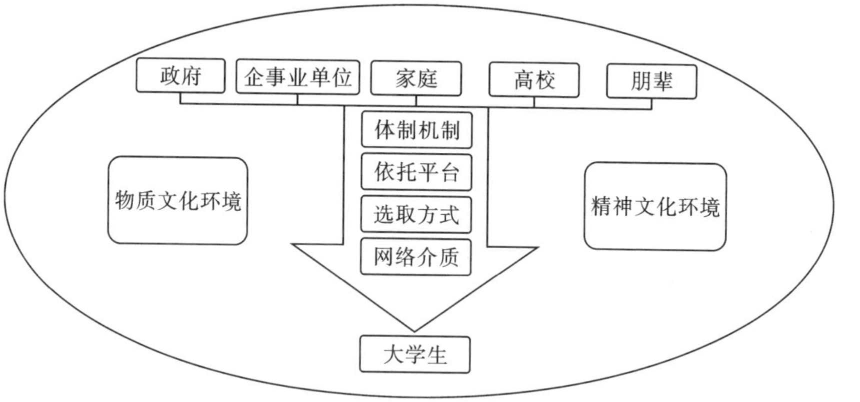

图 1-1　大学生社会实践育人的构成要素关系导图

四、大学生社会实践的育人过程分析

大学生意识和行为的改变和驱动是一个主客观实践不断相互作用、相互确证的复杂产物，大学生社会实践要实现育人的目标和功能也需要遵循意识行为生成和发展的一般规律。通常而言，育人过程会表现出一定的递进性，通过灌输引导、唤醒启迪、目标驱动、行为模仿和同化、反馈评价等手段和机制实现调节和控制，最终以人类心理活动和行为驱动的知、情、意、行规律，从了解到触动，再到思考与行动，通过实践教学引导引发大学生对国情社情民情的客观认知，从而对了解和融入社会产生积极情感、形成正确态度，从而促成正向行动，积极投身中国特色社会主义实践。

（一）通过贴近社会引发客观认知

认知是一个不断更新的主观客观化过程，通常贯穿于人的整个生命周期，大学生在青年阶段正处于认知体量快速膨胀的时期。对于大学生而言，他们原有的对社会的认知在青少年时期就已经初步形成，多来源于社会、家庭的隐性影响和中小学教育的显性学习，但受限于获取信息和知识的方式和内容导致知识结构单一。而高校社会实践活动旨在通过实践形式达到育人的目的，这首先就需要从大学生的认知层面进行引导，通过感知、记忆、控制和反应等模式帮助大学生了解社会、贴近社会，在认知领域埋下一颗种子。

具体而言，通常高校社会实践育人通过对国家政策和地方法规的解读、对祖国大好河山的介绍、对国家社会新闻热点的分析等来扩展和丰富大学生知识层面的认识；树立实践先进榜样，分享实践中的见闻和感悟，间接感受和启迪大学生社会实践的目的与意义。如今的大学生正处于国家迈向第二个百年奋斗目标的新征程中，社会文化环境、社会矛盾、政策推进效果和民众生活诉求与水平和之前的社会改革攻坚阶段有较大的差异，新时代的青年有更多应该做的和更多能够做的事，因此，在更好了解社情民意的前提下，进一步认识到当前时代的特征和国家、社会的发展程度与需要，认识到大学生自身的价值和责任，这也就完成了社会实践育人的第一阶段。

（二）通过认知社会产生积极情感

情感是人对客观事物是否满足自己的需要而产生的态度体验，能激发心理活动和行为的动机。大学生群体情感充沛，情绪多变，在对国家和社会有一定的认知和判断下，所产生的情感往往是浓烈的，但同时由于大学生涉世未深，其认知程度本身可能存在不定性和片面性，因此所产生的情感通常也容易产生两极化或情绪化，较为缺乏稳定性和持久性。例如不同的社会实践、社会舆论、社会思潮等外力煽动和影响都极易对大学生的情感体验造成波动和摇摆，因此需要高校持续稳定且积极的价值输出和影响，及时的引导和纠偏，帮助大学生深入了解社会实践的意义，通过社会实践的体悟加深对国家和社会的积极情感，厚植爱国、爱党、爱社会主义的丰沛情感，从而汇聚成投身社会实践、服务社会、服务人民的磅礴力量。

通过正面引导激发大学生的积极情感，是高校社会实践育人的生成过程中十分重要的一环，情感层面的调动和培养主要通过价值感和道德感两个方面得以实现。从价值感层面而言，在社会实践和志愿服务中，大学生体悟奉献的快乐和个人价值的具体实现，从而提升自我价值感和效能感，进一步激发积极的情感。从道德感层面而言，通过社会实践的亲身体悟和直接感受，增强道德体验，激发道德情感。在社会实践中，大学生用双脚丈量祖国山野，在感受祖国河山之广袤秀丽之间，增强文化认同和文化自信，从而产生对祖国浓烈的热爱；在田野调查、基层挂职中感受党员干部带领人民创造的美好幸福生活，不断在精神情感层面凝结成爱国、爱党、爱社会主义的高度统一；在实习实践、走访调研中感受在中国共产党的领导下祖国的百年沧桑变化，生发对中国共产党的爱戴和感恩之情。

（三）通过情感认同形成正确态度

态度是人们情感反应和行为意向的外化表现，是由情感转化为行为的中介，其倾向性某种程度上就决定了行为的选择和指向。高校社会实践育人作用很大程度上体现在大学生态度的转化和改变，通过不断加深大学生的积极情感，进而从浓厚的情感转化为坚定的意向，形成正确的态度，再进而驱动正向实践行为的发生。

如果大学生通过社会实践观察了解到现实社会生活对人才的综合要求和自己已有的素质和能力不一致，甚至有一定的差距，就会造成大学生一定范围的认知失调，当认知失调比重过大，大学生的心理就会因此产生紧张压力状态，随后大学生会因为生理唤醒或他人积极劝说而主动改变态度，想方设法减轻或者消除这种失调状态，以此重新形成认知协调平衡状态。

具体来说，大学生社会实践通过组织开展多渠道、多平台、多形式的社会实践活动，帮助大学生广泛接触社会、积累社会经验、提高综合素质、明确新时代青年学子的历史使命和时代责任，使其在实践中受教育、长才干、作贡献，从不同的实践组织形式和教育主体、场域中对大学生的态度加以正面感染和积极塑造。

1. 社会实践的组织引导教育，确立大学生人生目标理想信念

社会实践组织引导教育的教育场域和情景通常是以高校有目的、有计划、有组织的社会实践为主要实现方式，通常主导者是高校承担社会实践育人职能的相关部门、组织或老师，通过有主题、有规划的实践引导，帮助大学生循序渐进、一步步地在实践中确立人生目标和理想信念。

一是了解国情、民情，增长社会知识。大学生由于长期处于校园生活中，生活阅历较浅，缺乏社会实践经验。而新时代大学生要成为社会主义现代化的合格建设者和可靠接班人，不仅需要学习和精进科学文化知识，还需要关注国家和世界发展大势，了解社会的现实需要，贴近实际贴近社会。大学生可以选择通过“三下乡”、挂职锻炼、支教、社区服务等实践渠道，让青春的种子在基层实践中发芽，在基层实践中了解我国的国情、社情和民情，亲身感受和体悟中国社会发展所取得的巨大成就，增强大学生的民族自豪感和自信心；同时参与基层管理、社区服务、文化建设等实习实践，真切了解目前的发展瓶颈和困难，找差距查不足，激发内生动力，加强自身责任感和使命感，帮助大学生积累社会经验，完善自身知识结构，增长知识见识。

二是激发爱国精神，树立家国情怀。通过组织开展红色文化、革命文化主题实践，带领大学生前往红色教育基地、纪念馆等进行参观学习，观看主题展演、重走革命之路等沉浸式主题实践教育，讲授红色故事，重温革命历史，传承红色基因，引导大学生通过感受中华民族从苦难走向辉煌的反抗史、崛起史、奋斗史，激发爱国精神，牢记初心使命。

三是确立人生目标，坚定理想信念。一方面，通过各种形式的社会实践，大学生对自身擅长和感兴趣的方面逐渐清晰，并通过实践提升自我能力素质，提高达成人生目标所需的能力，进一步实现人生价值；另一方面，在当前多元思潮的影响和网络世界放大扩散的作用下，部分大学生容易出现理想信念缺失、价值观念偏移、责任感缺乏等思想问题，而通过社会实践，大学生能够更好了解我国社会主义现代化建设取得的伟大成就，

感受到中国国际地位的日益提升和国际话语权的日益增强，从而增强对社会主义的“四个自信”，坚定对中国特色社会主义共同理想和共产主义远大理想的信念，并在磨炼意志品质中养成优良的道德品质，增强堪当大任的时代新人的意志和信念。

2. 社会实践的群体影响教育，培育大学生集体观念团结精神

大学生社会实践绝大部分是以群体或团体为基本单位开展的，而群体的存在实际上也形成了一个小范围的教育场域，群体影响是大学生社会实践的育人过程中形成正确态度环节一种重要的形式。当前社会，受市场经济和文化多样性影响，大学生的自我中心思想和个体意识不断增强，而集体观念和团结协作、人际交往能力则有退化趋势，不少大学生在网络环境和实践生活中性格和言行表现差异迥异，甚至有不少大学生出现“社交恐惧症”，这与新时代对大学生团结合作和富有集体精神的要求背道而驰，而投身社会实践能有效帮助大学生感受集体观念、养成团结协作精神、提升人际交往能力。

一方面，社会实践多为群体性活动，实践过程中来自不同年级、专业的团队成员同吃同住，有利于大学生了解他人，更多沟通交流。而实践场所多为与校园生活差异较大的陌生环境，实践中接触到的人和事物也多为背景、年龄差异较大的复杂情况，在完成任务和解决困难的过程中，团队成员的配合和默契程度、合作意识和协作能力直接影响任务完成的效率和质量，这就要求大学生必须克服以自我为中心的个人主义，逐步认识到遵守规则和团结合作的重要性，形成大局观念和合作意识。

另一方面，由于各种主客观因素的影响，大学生在社会化过程中不能准确认识自身，明确自己的社会角色和社会价值，从而处理好自己与他人、自己与社会之间的关系。而在社会实践过程中，大学生可以了解社会不同角色所应当承担的权利和义务，同时，群体教育能够发挥“以人为镜”的作用，大学生可以通过比较和参照他人来更好认识自己的素质与能力、优势与弱势，更好地找准方向、明确自身角色和定位。

与此同时，社会实践的群体性教育中，朋辈之间的榜样教育方式也发挥着重要的育人作用。大学生之间的朋辈榜样教育具有示范性、激励性、平等性和互助性的特点。大学生可以从朋辈、前辈和同伴的优秀实践经历和成效中受到激励和鼓舞，对其示范性行为受到启发并产生模仿和尝试的

趋向，促进自身不断完善行为习惯、知识技能和思想品德。由于在朋辈群体性教育的场域中没有明确的教育者和受教育者的角色定位，一切的影响和晕染是在自然而然的群体活动和人际交往中产生的，是平等和自觉自愿的行为，因而在其中大学生所受到的教育是无形的、不刻意的、自觉自发和主动内化的，达到润物无声的效果。另外这种教育场景内，朋辈群体间各有所长，大家可以互相取长补短，各学所需，从而形成良好和良性的互助学习氛围。

3. 社会实践的个体自我教育，增强大学生自律意识奋斗精神

在大学生社会实践的育人过程中，自我教育是形成正确态度最本质也是最终的一环，高校通过组织各式各样的社会实践活动，创造贴近社会、贴近生活的场景和环境，帮助激发大学生投身社会实践、提升品质修为的主观能动性，从而将其内化为自觉自律的意识。可以说，大学生品德修为的提升归根到底取决于其自我教育能力的提高。许多大学生存在知行矛盾和知行不一的现象，通常情况下大学生都具备一定的认识水平和理论知识，而知晓并不等同于理解，理解并不等同于情感上的认同，认同也并不代表会自觉转化为正确的态度；因此，将理论知识和认识内化为个人道德品质，并进一步外化为日常行为，在此知行转化的过程中离不开社会实践这一关键的一环。

大学生处于从学生即将但还未走向社会的发展关键期和特殊时期，大学生们普遍对未来处于非常好奇但又非常疑惑的状态，他们的人生普遍处于非理性的状态，他们常常对自己本身，对自己未来的方向选择有着大大小小的困惑。而社会实践则是帮助大学生跳出“象牙塔”，走出“舒适圈”的有力一推，将大学生从单纯的校园环境推动到复杂的社会现实中去，让大学生在理想与现实之间的矛盾差距中检视自身、认识自我、了解自己，在社会实践的经验教训中自我反思，从而不断完善现实自我，并不断修正理想自我，在一次次理想和现实的磨合中完成理想和现实的融合，形成健康完整的人格。

当前正处于世界百年未有之大变局，社会处于巨大转型期，文化的多元开放性、思想观念的复杂多样性、社会竞争的激烈性等原因都极大地冲击着当代大学生的自律意识和自立自强的奋斗精神。部分大学生对中华优秀传统文化认识不足，在尊老爱幼、诚信友爱方面做得不够，缺乏社会责

任意识，还有一部分大学生独立意识差，生活学习迷茫，产生自由放任和自我堕落的现象，个人主义和享乐主义盛行，甚至出现了消极逃避的“佛系”青年文化，在社会现实和个人期望产生冲突情况下表现出无助和逃避。面对自主独立意识、自律意识的缺乏，以及享乐主义和消极逃避思想击退奋斗精神的问题，社会实践是一个恰如其分的教育引导契机。大学生在志愿服务中实现自我价值，在付出和助人中收获价值感和成就感，培养奉献精神；在基层服务和挂职锻炼中关注民生艰难，在扶贫攻坚中听取民意服务群众，培养艰苦奋斗精神；在实习和创业中增强职业道德感，树立正确的择业和就业观，培养创新创业精神；在团队合作中感悟团队精神，在普及政策和宣讲中提升社会责任感；在劳动实践教育中体会汗水的意义和劳动的辛勤与价值，在科研实习实践中明确学习的意义和奋斗的价值，在没有网络游戏刺激和挥霍享乐的实践中自我剖析、自我检验、自我评价，增强自身的自律意识和奋斗精神等，这些积极正向的态度观念和意志品质都能有效帮助大学生在认知、认同的基础上完成心理建构，最终落实到积极行为之中。

（四）通过内生驱动促成正向行动

行为行动是对前三个环节的实施过程和外显表现。新时代高校以培养堪当民族复兴大任的时代新人为育人目标，通过社会实践促成正向行动，最终落脚点还是回归于实践生活中，就在于激励大学生勇立鸿鹄志，争当奋斗者、实干家。

行动是基于内在的愿望，而不是外在的强迫。通过社会实践，大学生会将取得的能力提升实效与设定的实践目标进行对比，通过完成预期目标产生正向的获得感、幸福感等心理体验，在正视不足的基础上产生自我批判。正向的心理体验会使大学生的行为得以巩固和强化，使他们感受到行为的价值和意义，从而激发大学生以更大的内生驱动力向预先设定的目标持续不断的正向行动。自我批判则使大学生对某种实践行为给予了负面评价，使之不断地调正，从而转化为正向的行动。

中国共产党的百年历史就是一部百年奋斗实践史，是无数青年先辈践行先进理论指导下的革命实践，不断的艰苦奋斗和摸索前行换来了今日的和平和幸福，国家命运历来都与大学生群体息息相关。如今，站在“两个一百年”的历史交汇点，面对全新的时代机遇和挑战，大学生的使命和担当也被赋予了更重要的意义和更丰富的内容。高校通过社会实践磨砺青年、感召青年，引导大学生苦练本领、增长才干，积极投身第二个百年奋斗目标的新时代实践。

综上本章所述，本书研究中所指的大学生社会实践是一种以大学生为行动主体，面向知识、能力和综合素养的全面提升，在相关制度的安排和配合下，投身广泛社会场域而不断展开的实践活动。大学生社会实践育人是一种以培育时代新人为核心使命，充分结合百年未有之大变局和实现中华民族伟大复兴的社会实践要求，提升大学生在不断变动的实践中站稳立场、把握时代、掌握规律、创新创造的全面能力和素养的高等教育新理念、新战略、新方式。在当今中国语境下，大学生社会实践育人质量是指高校为实现“为党育人、为国育才”的根本任务，通过构建科学化、规范化、系统化的大学生社会实践育人体系，促进大学生德、智、体、美、劳等综合素质的提升，满足大学生全面发展的需要和国家发展进步需要的程度。

大学生社会实践育人的主要特征是理论与实践的双向融通性、个体与群体的互惠融和性、校内与校外的协同融汇性、现实与虚拟的交织融合性、传统与现代的更迭融创性。大学生社会实践育人的构成要素有很多，从高校实践育人机制运行的联结性和契合性来看，主要包含大学生社会实践育人的主体要素、客体要素、介体要素和环体要素。包含政府、企事业单位、家庭、高校、朋辈等要素的主体要素通过体制机制、依托平台、选取方式、网络介质等介体要素，在物质环境和精神文化环境两大部分的环体要素中共同作用于大学生这一客体要素，最终决定大学生社会实践育人的质量。

最后，本章从知、情、意、行四个方面系统剖析了大学生社会实践的育人过程，即大学生通过贴近社会引发客观认知，通过认知社会产生积极情感，通过情感认同形成正确态度，通过内生驱动促成正向行动，积极投身中国特色社会主义实践。

第二章　大学生社会实践育人的理论依据

道不可坐论，德不能空谈。社会实践是理论知识生根发芽的源头，是主观见之于客观的桥梁与中介，更是高校育人育才的重要场域和途径。大学生社会实践育人质量提升已成为新时代高校创新创业改革和人才培养的重要课题，正确认识和掌握大学生社会实践育人的理论依据是重中之重。对此，我们首先要从马克思主义中寻找理论指导，同时要立足思想政治教育理论，兼顾其他学科的相关理论。就三者的逻辑关系而言，马克思主义相关理论是本原，思想政治教育理论是建立于本原基础上的衍生理论，具有理论和实践紧密耦合的特点，它从理论品格上属于马克思主义，但在实践上又具有开放包容的特征。因此，相关学科理论可以在这种"中观"理论的过渡和承接下，实现多视角多学科的理论并存互补，共同为大学生社会实践育人质量提升供给相应的观点、逻辑、方法论据。

一、马克思主义相关理论指导

社会实践育人是马克思主义的重要德育思想，是遵循马克思主义教育原理的基本要求。研究大学生社会实践育人质量提升，首先需要从马克思主义的实践论依据、认识论依据和发展观依据三个层面来寻找理论指导。

（一）马克思主义实践论

在马克思主义看来，实践既包括现实生产活动又包括精神生产活动，是人们认识世界的基础，也是人们改造外在客观世界和内在主观世界的方式。通过理解实践的构成要素、本质特征、基本形式，有利于更准确把握马克思主义实践论的科学内涵，更有助于通过探寻大学生社会实践育人过程的衍生要素和内在规律，提出更有针对性和实效性、科学性的实践育人质量提升策略。

从实践的构成要素来看，马克思主义实践论认为，“实践结构是由以人为主体，以物质对象为客体和以中介手段作为工具的三大基本要素综合而成的动态物质结构体系”①。可见，实践主要由主体、客体和中介三大要素构成。自然人构成实践的主体，是实践活动的实施者和承担者，只有在实践的方式中才能确立主体性存在，也就是说，处于一定社会历史关系中创造物质和精神活动的个人或群体都是实践的主体。而自然界中的万事万物，也只有成为实践活动主体的对象时方能被称为客体，客体同主体在社会历史活动中构成实践的两极并发生主客体功能关系。工具即是指中介，是置于主客体之间，通过一定方式方法，为实现主体实践目的而作用于客体的中介手段和媒介。由此可见，高校社会实践育人质量提升中三要素缺一不可，要同时从主体、客体和中介三方同时发力，既注重大学生在社会实践中的主体性和能动性，也要认识到主体认识某种程度上是受制于客观存在和现实条件的，在遵循客观事物发展规律的同时，要有条件有限度地优化实践客体，搭建高校实践平台和场域，创建好的社会实践环境，同时推动实践介体与时俱进创新发展。

从实践的本质特征来看，实践是主体主观能动地探索和改造客体的客观物质活动，其本质强调主客体相统一的总体性，具有客观物质性、主观能动性、社会历史性和双向互动性四大基本特征。一是实践的客观物质性，即实践的主体、实践的客体、实践的工具或手段以及实践所形成的结果都是客观的，客观物质性是实践客观性的反映。二是实践的主观能动性，即人作为有独立意识和主体性的存在，具有能动地认识和改造世界的特性，主观能动性是实践的主体性的显现。当然，主观能动性并不意味着完全意义上的自由和能动，其发挥要受到客观物质条件和客观规律的制约与限制，人需要在客观物质条件允许的范畴内，在遵循客观规律的前提下，根据主体需求和意志，有目的、有计划地认识和改造客观物质世界，创造人类适宜的生存环境和生存条件。三是实践的社会历史性，即实践主体的实践活动会受到社会历史条件的制约。实践活动是发生在一定的社会

① 聂世明. 马克思主义实践观新探［M］. 北京：当代中国出版社，1994：123-124.

关系中的，无论是实践主体的实践能力和水平，还是实践环境的社会历史条件，抑或实践的工具和媒介，都是随着历史的发展而发展的。实践主体在当下时代的社会条件下，一方面享受着此前时代的优质实践成果，并继承和发扬优秀的实践经验；另一方面与时俱进地提升自身能力与水平，推陈出新创造新的优质的实践成果，从而推动整个社会历史的绵延发展。四是实践的双向互动性，即主体在创造客观世界的同时创造主观世界。如马克思所说："环境的改变和人的活动的一致，只能被看做是并合理地理解为变革的实践。"① 一方面，人们的主观世界会在其改变的客观世界中得到映射；另一方面，人们在改变客观世界的同时，其主观世界也会在一定程度上随之改变。实践的本质特征决定了社会实践是大学生全面发展、成长成才的必修课，是高校育德育才的必由之径。与此同时，大学生社会实践既要符合社会历史发展阶段，又要遵循大学生思想道德形成和发展规律；既要有时代性，又要讲求科学性。同时，高校应着力发挥大学生的主体能动性，不将社会实践演变成强制和学生被动接受的教育内容，而应让学生理性认识到实践的意义与价值，从而积极主动、身心合一地投入实践中去。

在实践的基本形式中，生产实践是基础，主要包括物质生产和精神生产两个方面，是促进人类认识生成和发展的来源与根本动力，其中精神生产实践最初是蕴含于物质生产实践当中的，在一定历史阶段后逐渐分化和相对独立。在物质生产实践当中，人们与自然界产生相互关系，最初形成生产关系，而后在生产关系之上还会形成诸如道德关系、政治关系、法律关系等更为复杂和丰富的相互关系。如果说生产实践的目的在于解决人与自然之间的矛盾，那么，处理社会关系的实践就是用来维系和发展这个更为复杂多样的社会关系、解决社会矛盾的实践活动。在实践的基本形式中，除了生产实践和处理社会关系的实践，还有一种出现较晚并且相对独立的形式就是科学实验。科学实验以获取科学知识为直接目的，为改造自然和变革社会服务。这三种基本形式既相对独立、各司其职，又相互联系和促进，三者间的协调积极发展对推动社会进步和人类发展发挥着极为重要的作用。由此可见，大学生社会实践育人理应多样供给、个性化地设置

① 马克思恩格斯选集：第1卷［M］. 北京：人民出版社，2012：138.

社会实践内容，满足不同阶段和不同需求的大学生需要。例如以生产劳动、实习实训为主的生产实践，再如以公益服务、社会调查为主的社会关系实践，又如以科学研究、科技创新、大众创业为主的科学实验形式实践，从而提升育人质量和实效性。

科学理解和坚持马克思主义实践观，就是要求大学生体悟理论联系实际的重要性。高校要科学掌握实践特征，准确把握实践各要素作用和相互关系，运用丰富的实践形式，全方位增强大学生实践能力，从而提升大学生社会实践育人质量，帮助大学生提升自身素质、锤炼品德修为。

（二）马克思主义认识论

毛泽东指出："实践的观点是辩证唯物论的认识论之第一的和基本的观点。"[①] 马克思主义认识论将实践观引入其中，把辩证法应用于反映过程，成为马克思主义哲学辩证唯物主义的重要组成部分，不仅为人们揭示认识的发展规律，并阐明了认识与实践的辩证关系。高校通过社会实践达到育人育才的成效并非一个主观命题，它具有科学和深厚的认识论基础。

首先，马克思指出，"社会生活在本质上是实践的。凡是把理论引向神秘主义的神秘东西，都能在人的实践中以及对这种实践的理解中得到合理的解决"[②]，即实践的观点是认识论最首要和基本的观点，只有通过实践，才能够认识事物，从而发现客观规律。"这一观点的论述有四个著名论断，即实践是认识的源泉，实践是推动认识发展的动力，实践是检验真理的唯一标准，实践是认识最终的目的。"[③] 实践是认识的源泉，人类的认识总是从实践出发而后回归指导实践，由浅入深、由低阶到高阶、由片面到全面，一切认识的起点和基础都源于实践。实践是推动认识发展的动力，人们在实践中形成初步认识，并将认识运用于实践中，在实践中得以检验和验证，而后不断加以总结与完善，在此过程中，实践在提供已有物质条件和手段的同时，也对人提出新的需要，因此在实践—认识—实践的循环往复中，完善的不仅仅是人们的认识，同时优化和提升的还有人们的

① 毛泽东选集：第1卷［M］. 北京：人民出版社，1991：284.

② 马克思恩格斯选集：第1卷［M］. 北京：人民出版社，2012：135-136.

③ 王荣党. 大学生社会实践的理论渊源［J］. 学术探索，2000（3）：71.

认识能力和思维能力。实践是检验真理的唯一标准，真理即是客观事物及其规律，人们通过实践发现和检验真理，在循环往复的认识与矫枉中更贴近事物本身并反映其发展规律，正如马克思所说："人的思维是否具有客观的真理性，这不是一个理论的问题，而是一个实践的问题。"① 实践是认识最终的目的，认识的目的并非"解释世界"，其归宿在于指导实践从而能动地"改造世界"。人们在实践中获得对客观世界及其规律的正确认识，进而指导和服务实践，创造更适宜人类生存和发展的物质与精神世界。

其次，马克思主义认识论是能动地反映论，阐明了认识与实践的辩证关系，体现了唯物论和辩证法的统一。一方面，人对外部世界的认识是在实践的基础上主体对客体的能动反映，人的全部认识活动都是在实践的基础上进行和完成的。正如恩格斯指出的，"人的思维的最本质的和最切近的基础，正是人所引起的自然界的变化，而不仅仅是自然界本身；人在怎样的程度上学会改变自然界，人的智力就在怎样的程度上发展起来"②。另一方面，人对内心世界的认识也依赖于实践，人们通过客观世界这面镜子映照自身的主观世界，人们的自我价值并不能脱离物质世界和社会条件凭空地独立产生和创造，而是在完成实践的过程中，通过改造世界的行为和对客观世界带来的变化，间接地认识和剖析自我。在此过程中，起初人们最容易获得对事物现象和各个片面的感性认识，而后在实践中修正与完善，形成逐步接近客观真理的理性认识。感性认识和理性认识相互渗透和促进，结合形成完整的认识，凝练成理论回归并指导实践。由此可见，大学生社会实践将受教育者置身于真实的实践场域中去，在切身体悟中获取对知识和世界的感性认识，并不断验证已知理论知识的真理性，从而完善自身知识结构，加深对理论知识的理解，并形成未来将理论知识实践化的能力。

最后，认识的过程是不断往复和无限发展的。我们知道客观事物的发展过程是曲折的、有规律可循的，同样的，人的认识也是遵循规律的复杂曲线运动过程。实践与认识的矛盾运动是以实践、认识、再实践、再认识

---

① 马克思恩格斯选集：第 1 卷 [M]. 北京：人民出版社，2012：134.
② 马克思恩格斯选集：第 3 卷 [M]. 北京：人民出版社，2012：922.

的循环往复的无穷形式进行，具有反复性和无限性，也并非原地踏步的平面循环，而是螺旋式的曲折上升。因而，即使当今社会资讯高度发达，大学生比以往更容易在更短时间掌握到更丰富的知识，但即使能够“站在巨人的肩膀”上，认识依旧是一个无止境的过程。在瞬息万变的当今社会，认识世界和掌握知识绝无法一蹴而就，大学生要在实践中不断验证已有的认识成果，形成自己的直观感受和感性认识，并经过在实践中自我求证逐步上升为理性认识。既要避免没有理论指导的盲目实践，也要避免没有实践体验的空洞抽象理论，只有创造大量多元、多层次、多要素的实践活动，才能为大学生形成正确理性认识和发展思想道德修养提供环境与平台。

（三）人的全面发展理论

在马克思看来，人的自由全面发展是其最为关注的目标，也是马克思主义的最终目标，如此人们才能实现从必然王国向自由王国（即共产主义社会）的过渡。何为人的自由全面发展，即对人的劳动异化和社会关系异化现象实现真正的扬弃，实现从异化的现实状态向通过劳动实践占有和展示人的本质力量的完全和自觉的过渡，完成人的本性的复归，完成人的本质的真正占有。因此，马克思主义人的自由和全面发展并非指人人都同水平均衡发展，或是所有素质能力面面俱到全部发展，而是按照自己的自由意愿来发展自身的能力和素质。可以说社会实践是人实现自身自由全面发展的必经之路，与此同时人的自由全面发展可视为一个长期的变化着的实践过程。这就要求我们在锻造和培育时代新人时，要注重将理论传授与实践体悟有机融合，带领大学生认识国情、了解民情，切身与这个鲜活的世界和纷繁的社会产生联结，使他们在亲身感受和体悟中感受到提升能力素质的必要性，并主观能动地为获取这种能力素质而丰富知识体系、投身实践锻炼，进而坚定理想信念，促进自身自由全面发展。

（四）教育与生产劳动相结合理论

教育与生产劳动相结合，是马克思主义教育的基本原理之一，它明确了生产劳动在社会实践育人中的根本作用，是社会实践育人的重要理论基础，为大学生社会实践育人质量提升指明了一条现实途径。正如马克思在《资本论》中所指出的，未来教育“就是生产劳动同智育和体育相结合，它不仅是提高社会生产的一种方法，而且是造就全面发展的人的唯一方法”①。教育与生产劳动相结合实际上就是理论与实践、脑力劳动与体力劳动、精神生产与物质生产的相互结合，因此即使是在科学技术高度发达的当今现代社会，也仍然需要大力推行劳动教育，切实推动教育与生产劳动相结合。当今现代社会的生产劳动是以当今历史发展条件为基础前提的，要求大学生正确了解现代科学技术的深刻价值和自身担负的时代使命，增强自身的劳动观念和发展提升意识，从生产劳动实践的生产关系中正确认识人与人以及人与社会的关系，形成主体意识和集体主义精神，提升团队协作能力和互助意识，并以生产劳动为原点辐射开来，积极参与更多种类和形式的社会实践活动，完善自身能力，提升综合素质。

（五）习近平关于教育的重要论述

党的十八大以来，习近平总书记多次发表关于教育的重要讲话，其中有很多涉及大学生社会实践的观点和论述。习近平关于教育的重要论述是高校教育工作的纲领性文献，是高校为谁培养人、培养什么人、如何培养人的标准答案，也是大学生社会实践育人质量提升的价值指引。

习近平总书记在 2013 年五四讲话中强调，“要坚持学以致用，深入基层、深入群众，在改革开放和社会主义现代化建设的大熔炉中，在社会的大学校里，掌握真才实学，增益其所不能”②。他在 2014 年五四讲话中强调，“道不可坐论，德不能空谈。于实处用力，从知行合一上下功夫，核心价值观才能内化为人们的精神追求，外化为人们的自觉行动”③。他在 2016 年 4 月 26 日同知识分子、劳动模范、青年代表座谈会上强调，“广大青年要如饥似渴、孜孜不倦学习，既多读有字之书，也多读无字之书，注重学习人生经验和社会知识”④。他在 2016 年全国高校思想政治工作会议

---

① 马克思恩格斯选集：第 2 卷［M］. 北京：人民出版社，2012：230.

② 中共中央文献研究室. 习近平关于青少年和共青团工作论述摘编［M］. 北京：中央文献出版社，2017：46.

③ 中共中央文献研究室. 习近平关于青少年和共青团工作论述摘编［M］. 北京：中央文献出版社，2017：28.

④ 中共中央文献研究室. 习近平关于青少年和共青团工作论述摘编［M］. 北京：中央文献出版社，2017：53.

上讲话指出：“社会是个大课堂。青年要成长为国家栋梁之材，既要读万卷书，又要行万里路。社会实践、社会活动以及校内各类学生社团活动是学生的第二课堂，对拓展学生眼界和能力、充实学生社会体验和丰富学生生活十分有益。高校学生支教、送知识下乡、志愿者行动等活动，都展现了学生的风貌和服务社会、报效国家的情怀。许多学生正是在这样的社会实践和社会活动中树立了对人民的感情、对社会的责任、对国家的忠诚。当年，我在梁家河插队，实际上就是在上社会大学，向群众学习，向实践学习，那段经历让我受益匪浅”①。他在2017年五四讲话中强调，“当代青年要……励志勤学、刻苦磨炼，在激情奋斗中绽放青春光芒、健康成长进步”②。他在2018年五四讲话中强调广大青年要求真学问、练真本领；要知行合一、做实干家③。他在2019年纪念五四运动一百周年大会上对新时代中国青年提出“六要”：要树立远大理想、要热爱伟大祖国、要担当时代责任、要勇于砥砺奋斗、要练就过硬本领、要锤炼品德修为④。他2020年五四寄语新时代青年要坚定理想信念，站稳人民立场，练就过硬本领，投身强国伟业，始终保持艰苦奋斗的前进姿态⑤。他2021年4月19日到清华大学考察时指出，“广大青年要……立大志、明大德、成大才、担大任，努力成为堪当民族复兴重任的时代新人，让青春在为祖国、为民族、为人民、为人类的不懈奋斗中绽放绚丽之花”⑥。他2022年4月25日到人民大学考察调研时指出，“希望广大青年用脚步丈量祖国大地，用眼睛发现中国精神，用耳朵倾听人民呼声，用内心感应时代脉搏……把对祖国血浓于水、与人民同呼吸共命运的情感贯穿学业全过程、融汇在事

---

① 中共中央文献研究室. 习近平关于青少年和共青团工作论述摘编［M］. 北京：中央文献出版社，2017：55-56.

② 中共中央文献研究室. 习近平关于青少年和共青团工作论述摘编［M］. 北京：中央文献出版社，2017：18.

③ 本报评论员. 做勇担民族复兴大任的新时代追梦者圆梦人［N］. 中国青年报，2018-05-04（1）.

④ 纪念五四运动100周年大会在京隆重举行 习近平发表重要讲话［N］. 光明日报，2019-05-01（1）.

⑤ 牢记总书记嘱托 担当新时代使命［N］. 中国青年报，2020-05-04（1）.

⑥ 让青春在不懈奋斗中绽放绚丽之花［N］. 人民日报，2021-04-22（1）.

业追求中”[①]。

习近平总书记对青年学生的期望和寄语，为高校培养什么样的大学生提供了质量标准，也为大学生社会实践育人质量提升提出了价值设定。综合归纳来看，习近平关于教育的重要论述饱含着对青年的关心、厚爱、希冀和期待，期望新时代青年能够练就坚忍不拔、敢闯敢拼的实践精神，坚持结合实际、与时俱进的实践原则，遵循求真务实、知性合一的实践方法，勇于到条件艰苦的基层，到国家建设的一线，到项目攻关的前沿实践阵地去经受锻炼，实现成长成才、服务社会、报效祖国的实践目标。

二、思想政治教育相关理论根据

思想政治教育是指社会和社会群体用一定的思想观念、政治观点、道德规范，对其成员施加有目的、有计划、有组织的影响，使他们形成符合一定社会或一定阶级所需要的思想品德的社会实践活动[②]。从动因和目的上看，思想政治教育旨在通过一定手段和活动提升受教育者的思想道德素质和水平，为社会进步和人的自由全面发展服务；从手段上看，思想政治教育是有计划和有组织的教育活动，通过揭示并遵循人的思想道德形成的规律，有目的地达到教育目的，通过前期预设和计划、中期实施和控制、后期总结和优化等完整有体系的模式达成育人实效；从宏观层面看，思想政治教育本身就是一种特殊的社会实践活动；从微观视域而言，社会实践育人是对大学生进行思想政治教育的必备形式和重要手段，它既是课堂理论知识传授的延伸和拓展，又对理论知识进行有效补充和完善，这种教育方式既遵循了教育的普遍规律，又符合大学生成长成才的内在规律。要研究好大学生社会实践育人质量提升，首先要运用好思想政治教育的基本原理，掌握育人规律以期更好提升社会实践育人实效和质量。

---

① 仲音．在新时代勇挑重担、奋勇争先［N］．人民日报，2022-04-30（4）．

② 陈万柏，张耀灿．思想政治教育学原理［M］．3版．北京：高等教育出版社，2019：4．

（一）过程理论

思想政治教育过程理论是思想政治教育学的基本理论，是思想政治教育学理论体系中研究和发展相对成熟的理论，其重点在于通过掌握思想政治教育过程中的要素、结构和运行模式，揭示思想政治教育过程的本质和特征，发现思想政治教育过程内在遵循的基本规律和具体规律，从而更好指导思想政治教育实践。何为思想政治教育过程，有学者将其定义为："教育者根据一定社会的思想政治品德要求和受教育者思想政治品德形成、发展的规律，对受教育者施加有目的、有计划、有组织的教育影响，促使受教育者产生内在的思想矛盾运动，以形成一定社会所期望的思想政治品德所经过的程序。"①

由上述定义来看，一是强调过程是程序，在思想政治教育的语境下意指思想政治教育活动进行的程序以及受教育者思想品德生成和发展所经过的动态变化和发展的程序；二是强调教育过程中，教育者应当遵循人的思想和品格形成发展的规律，不可违反客观规律急功近利、急于求成，而应充分调动思想政治教育中的各个要素协调运用和发展，顺应教育的内在规律；三是强调教育过程中，受教育者的品德形成发展和教育成效不仅会受到外部教育环境、教育活动的客观影响，同时会很大程度受到自身主观能动性影响，因而教育者应当在营造良好教育环境、设置丰富多样教育活动的同时，注重发挥受教育者自身能动性，促使受教育者将教育内容内化于心，融为自身的思想和品德修为，而后外化于行，通过行为和习惯表现和落实。

从思想政治教育过程的构成要素和运行环节来看，即使目前理论界对于思想政治教育过程的构成要素的认识和分类标准并未统一，但普遍认为其包含教育者、受教育者、教育内容、教育方法和教育环境五大要素，即包含教育的主体、客体、介体和环体。思想政治教育过程的各要素相互联系、有机统一，构成一个密不可分的矛盾运动整体。横向来看，在进行思想政治教育活动中，思想政治教育过程诸要素同时产生和存在，并各司其

---

① 韦冬雪. 思想政治教育过程矛盾和规律研究［M］. 北京：光明日报出版社，2011：42.

职，共同发挥作用并相互协调；纵向来看，诸要素贯穿于思想政治教育过程的始末，每个要素的发展和变化既有赖于与其他要素的联系，又一定程度影响着其他要素的变化与发展，从而在此矛盾运动中不断推进思想政治教育活动的实施发展。思想政治教育过程的运行通常会经过确定教育目标、制订教育计划和方案、推进思想政治教育过程实施和指导践行、进行思想政治教育过程评估、总结经验完善方案等多阶段完成，教育者在检视教育成果并进行提炼和超越的基础上，不断指导进入新的教育运行周期。

从思想政治教育过程的矛盾和规律来看，主要存在三个层面的矛盾：一是思想政治教育过程与外部环境之间的矛盾，即外部世界和社会对受教育者的思想品德和素质修养提出的要求与当前受教育者思想品德和素质修养的现实状况之间的差异矛盾，这也是思想政治教育过程的基本矛盾；二是思想政治教育过程的内部矛盾，即是指思想政治教育系统内部各子系统之间的矛盾，例如教育主体和客体之间的矛盾、教育目标与教育内容之间的矛盾等，尤其是施教系统和受教系统之间的矛盾；三是思想政治教育过程中主体自身的矛盾，教育者和受教育者在思想政治教育实践过程中都会经历主体性和社会性之间的矛盾，在自我角色矛盾中完成批判与超越。在应对以上三个层面矛盾的基础上，我们可以得出思想政治教育过程的规律体系，主要分为外部规律、内部规律和主体自身发展规律三层次。具体而言，一是“思想政治教育过程既受外部环境的影响、制约又对外部环境具有能动的改造作用的规律”，二是“思想政治教育过程在施教系统和受教系统的均衡与非均衡交替渐进中曲折发展的规律”，三是“思想政治教育过程中，个体思想品德在社会要求与自身主体性之间的矛盾运动中迂回发展的规律”①。

综上可见，大学生社会实践育人质量提升应当遵循思想政治教育过程中的客观规律，一要协同调动社会实践育人的各要素，协调好实践目标、实践形式内容、实践指导老师和参与实践的学生之间的关系，充分调动大学生参与实习实训和社会实践的积极性与能动性；二是要制订周详的社会实践育人运行方案，前期根据实际状况、培养方案、受教育者需求等考察和确定实践环境，设置实践情境，营造实践氛围，合理多元化安排社会实

① 刘烨. 现代思想政治教育过程研究［D］. 武汉：武汉大学，2004：125.

践活动，同时注重生成社会实践成果，参考前期预设对实际施行和成果进行评估与反馈，从而实现大学生社会实践育人周期的不断优化和提升。

(二) 关于人的品德形成的规律

人的品德的形成规律是思想政治教育理论的核心内容，品德的形成过程与思想政治教育实践过程是协同发展的，要讨论思想政治教育过程和规律，尤其具体到育人质量提升上，就必然需要首先掌握人的品德的形成规律。所谓思想品德，是指“人们在一定社会一定阶级的思想体系指导下，按照一定的言行规范行动时，集中表现在个体身上的相对稳定的心理特点、思想倾向和行为习惯的总和”①。在进入大学后，大学生普遍都会进行系统严密的思想政治理论课的学习，届时大学生会对思想政治教育理论知识和理论体系产生整体轮廓和框架上的了解，并对具体理论知识有一定程度的掌握，能够大致形成理论层面的关于品德修养的选择判断标准和知识系统，但理论维度的认知并不等同于言行举止上的自觉规范和主动承担。这也就是人们常说的认知与行为之间的距离，对理论知识的掌握不等同于理解，认知层面的理解不等同于内心世界的认同，内心世界的认同也不等同于能够自觉将以这种理论来指导行为和实践以及价值追求的方向，那么思想政治教育的过程以及人的品德的形成过程，就不能算是真正的完成和终结。而大学生在“知”与“行”之间的认同和自觉的过程就需要通过社会实践来完成。要提升大学生社会实践育人的质量，就必须要遵循人的品德形成规律，总的来说主要是以下两条基本规律。

一是“内化外化律”，即受教育者在接受教育后主动将教育内容和对人的品格的要求内化为自身的品德修养目标，并为了达到这种目标，将理想的品德特质外化为行为和习惯，并从外化的行为习惯所得到的外界世界的或积极或消极的评价与反馈中检视和改变，不断修好内心世界，并进一步改变指导实践。可见人的品德的形成是一个十分复杂的矛盾运动过程，它既受到先天条件即人自身原有的特质影响，又很大程度受到后天纷繁复杂的外界环境和客观存在的影响，也正因主客观因素的差异性，因此不同

① 陈万柏，张耀灿．思想政治教育学原理［M］．3 版．北京：高等教育出版社，2019：124.

的主体对同种外部影响的反应和发射出的效果也因人而异。而主客观因素相互平衡、协调运动的完成需要在社会实践的基础之上，可以说如果脱离了社会实践平台，那么知与行就无法正常转化，人的品德就无法顺利形成，可见社会实践是人的品德形成的必要条件和必经阶段。

二是在德育工作和心理学领域提及较多的知、情、意、行统一发展的规律，四者彼此之间相对独立，又相互联系，是人的品德的心理结构四要素。根据人的品德形成的过程和先后顺序而言，通常是主体先形成品德认知和道德认识，即对社会中的是非善恶有一定的认知和判断；再形成道德情感，即对社会现象、思想理论等产生爱憎、好恶、认可和反对的主观情绪；而后产生道德意志，是道德情感在心理状态层面上程度的加深，使道德主题自觉地确定行为目的，并产生依据此目的支配自身行为从而实现预定目标的心理倾向；最后指导道德行为的产生。在人的品德形成之中，四要素从不平衡到平衡再到平衡之前循环往复运动发展，人的品德也在此矛盾运动中从萌芽和雏形，到初步形成，再到动摇和再形成、稳定、发展，最终一步步迈向成熟。通过社会实践这种形式，完善大学生的道德认知，强化大学生的道德情感，坚定大学生的道德意志，从而指导大学生外化为道德行为和习惯，完成大学生品格从旧质到新质的飞跃。

（三）评价理论

质量评价是思想政治教育过程的重要环节，也是人才培养工作有效开展、立德树人根本任务贯彻落实的关键保障①。研究大学生社会实践育人质量提升，应有科学的评价理论作为重要支撑。古往今来，思想家和哲学家对评价问题情有独钟，因为评价事关价值、事实和效果判断。对大学生社会实践育人而言，科学的评价理论应当是一种以崇高价值为理念追求、以精准事实为根本依据、以综合效应为指标要素的体系构造。就当下中国而言，思想政治教育理论在马克思主义的指引下愈益走向科学的实证化，这种趋势也鲜明体现在评价理论的迅速发展上。近年来，党中央、国务院对思想政治教育质量评价不断提出新要求，有力推动了相关理论的发展。

---

① 冯刚. 高校思想政治教育工作质量评价的时代特点与展望 [J]. 湖北社会科学，2021 (1)：157.

需要注意的是，评价不同于事后评估或效果反馈，评估和反馈通常被认为是思想政治教育过程的一个环节①。评价理论之所以是一门系统科学，不能局限在单方面的价值定位、事实定量或效果定性上。聚焦这些内容的某个方面，往往构成评估研究的对象，而非评价理论的客体。评价从理论上不同于评估，主要因为它是以价值判断为重心的②。评估通常以价值评价为前提，换言之，科学评价需要首先攻克价值判断的疑难，为事实和效果评估奠定基础。此外，评价理论还要解决制度建设的标准设定问题，这就不可避免地涉及规范评价。作为一种不同于日常生活事实的“制度事实”，规范评价具有“应然性实然”的复杂特征。

科学的评价理论具有理念上的高远定位、事实上的精准定量、效果上的均衡定性等特点和优势。就理念定位而言，把握新时代思想政治教育质量评价的方向维度，关键是要坚持正确的政治立场，坚持习近平新时代中国特色社会主义思想的指导，坚持对受教育者进行系统的思想政治理论教育，坚持引导和帮助受教育者树立正确的世界观、人生观和价值观，坚持将是否与新时代中国特色社会主义建设事业同步，是否与新时代新阶段高质量发展同向同行，作为评价的首要标尺③。就事实定量而言，精准是对待工作的科学态度，是做好工作的基本方法，也是纠治当前思想政治教育高质量发展面临问题的不二法门。这需要思想政治教育精准识别教育对象、精准供给教育内容、精准选择教育方法，在此基础上对全方位的事实进行识别分析、理性评价④。就效果定性而言，评价理论因应实践发展，须走向综合化建构。系统理论和评价理论的融合，产生系统评价论的新范式。运用此种范式审视大学生社会实践育人质量，必然要求同时进行过程评价和效果评价，过程评价相对容易，而效果评价难度很大。这是因为育

---

① 陈万柏，张耀灿. 思想政治教育学原理［M］. 3版. 北京：高等教育出版社，2019：142.

② 石中英. 杜威的价值理论及其当代教育意义［J］. 教育研究，2019（12）：42-43.

③ 邓卓明，宋明江. 新时代思想政治教育质量评价的六个维度［J］. 思想理论教育导刊，2020（9）：139.

④ 沈壮海，刘灿. 论新时代思想政治教育的高质量发展［J］. 思想理论教育，2021（3）：7.

人效果究竟应该用什么样的尺度去衡量，这是一个迫切需要深入讨论的理论问题和实践问题①。这就需要我们通过战略均衡的新思维新方法，将隐性效果与显性效果、间接效果与直接效果、近期效果与长远效果等统筹一体、通盘考量。

三、其他学科相关理论借鉴

大学生社会实践育人质量提升的研究是兼具理论性和实践性的，从教育范畴来看，囊括了社会教育、学校教育、群体教育和自我教育等；从育人过程来看，社会实践育人的效果和质量提升与教育思想、大学生思想和心理变化等都具有密切联系，是多学科、多领域、综合性的复杂研究。因此，本研究的理论依据还涉及教育学、社会学、管理学等多门其他学科理论。

（一）教育学主体教育思想

大学生社会实践育人质量提升的基本要求之一就是要必须掌握和遵循教育和大学生成长成才的基本规律，因此大学生社会实践育人质量提升必须将研究教育现象和规律的教育学原理作为重要理论依据。在大学生社会实践育人过程中，大学生作为受教育者，不仅仅要从教育的客体层面更应从主体层面进行理解，大学生的思想和品德是通过实践过程，是作为客体被指导、传授和接受，与作为主体的能动和自觉改变这二者的统一来形成、发展和升华的。

与传统的教书育人观念片面强调书本理论和权威知识、过分强调教育者的主导性不同，现代教育同时强调学生作为教育的接受者的主体性和能动性，并重视实践的重要性。大学生社会实践育人模式符合主体性教育的基本要求，所谓主体性教育，即“根据社会发展的需要和教育现代化的要求，通过启发、引导受教育者内在的教育需求，创设一种和谐、宽松、民主的教育环境，有目的、有计划地组织、规范各种教育活动，从而把他们

---

① 贾兆帅，王顺洪. 高校思想政治教育效果层次论［J］. 思想政治教育研究，2019（6）：58.

培养成自主地、能动地、创造性地进行认识和实践活动的社会主体"①。从定义来看，主体性教育将人的自由全面发展作为教育目的，教育理念注重关注受教育者的内在需求，强调通过启发和引导式的教育感化受教育者，从而使其自主和能动地参与实践。

我们知道，教育活动的完成实际上是教育者和受教育者双向对象化的过程，教育的特殊性在于作为教育客体的学生具有自我意识，并且是接受、理解、学习知识过程中的主体。在这一过程中，需要教育者有计划、有目的地设计教育内容、规划教育方案，运用多样的教育手段和载体，从知识结构和内容上充实教育客体、从情感意志上感化教育客体引发共鸣、从能力提升上锻造教育客体，从而使教育客体完成受教育过程中的转化和提高。当然，这一转化和提升的过程不仅依赖于教育者的教学技术和主观努力，更取决于受教育者的接受度、认可度和积极主动性。主体性教育恰好修正了传统教育中一味单向输出，甚至"填鸭式"教学，忽视学生的主体性的弊端。而实践育人理念立足于人的实践本质、遵循教育的实践属性，在育人过程中探寻教育者和受教育者发展的主体性和多样性，强调在宽松开放的教育氛围下，以真实的社会生活为大背景，创设实践教育情境，扩大了教育平台，丰富了教育内容，为学生提供了学习的自主性和选择性，为学生发展提供了更为广阔的空间，从而潜移默化地在实践体验中促进学生转变和发展。

（二）社会学群体理论

社会性是人的根本属性。人无法在完全意义上脱离群体而独立存在，人需要依赖群体而活。所谓群体（group），是指为实现某个特定目标，两个或两个以上相互作用、相互依赖的个体的组合②，出于生存的需要，同时也出于交往、情感、自我价值实现等方面的需要，人们离不开群体，可以说，人们自出生以来就生活在各式各样的初级或高级群体、正式或非正式群体、特殊群体之中。而大学生正处于思想价值观念形成的关键时期，由大学生组成的群体具有其年龄段的显著特征，同时他们也处于极易受到

① 张天宝. 试论主体性教育的基本理念［J］. 教育研究，2000（8）：13.

② 罗宾斯. 组织行为学［M］. 孙健敏，李原，等译. 北京：中国人民大学出版社，1997：11.

群体影响的发展阶段。在大学生自主意识愈来愈强的今天，群体在大学生言行举止和价值观念形成中的作用也愈发关键，大学生社会实践多为群体性活动形式，因此高校在社会实践育人中要牢牢把握组织行为学中的群体理论依据，提升思想政治教育的科学性。

对大学生进行分层分类和适当正确的群体划分是高校学生教育管理工作中十分重要且需要前置的一环。俗话说，物以类聚，人以群分。大学生中存在着形形色色的群体，通常我们根据不同的标准来进行划分：根据大学生群体规模大小的不同，分为大型群体和小型群体；根据组织性的严密程度的不同，分为松散型群体和严密型群体；根据大学生接触的程度及组织性的不同，分为假设群体和接触群体①。而针对社会实践中常用的大学生组织管理形式，我们这里主要从正式群体和非正式群体两类别来分析。正式群体通常来说是组织团体，具有明确的群体任务、目的、机构和分工，相对稳定。例如大学中常见的班集体就是正式群体的典型，其在年龄、专业、学习目标和文化水平等方面基本一致，具有共同的大学学习经历、共同需要遵守的规则、共同的目标和需求以及相近的人生规划节奏，再如官方的学生组织等。非正式群体主要是大学生在日常生活、学习和交往活动中由于共同的兴趣爱好、价值观念而自然自发形成的较为松散的、非稳定的群体。例如兴趣类、学术型、服务型社团，等等。

在开展大学生社会实践中，以正式或非正式组织形式统一规划开展的方式都十分常见。群体理论的相关研究发现，大学生正式群体通常具有权威性、主导性和系统性，非正式群体则通常表现出具有情感性、平等性、共创性的特点。由于大学生的社会实践主要在社会实践团队中进行开展，因此实践效果和育人成效会较大程度受到群体之间的影响，也就是群体自我教育或者说朋辈教育。“社会实践团队中的群体自我教育主要通过团队成员之间的从众与感染效应、示范与模仿效应、合作与冲突处理方式等来实现育人目的”②，且不同类型群体的不同特点能够在各类社会实践形式

---

① 万红. 论群体理论在大学生思想政治教育中的作用 [J]. 黑龙江史志，2011 (15)：52-53.

② 呼和，彭庆红. 大学生社会实践的群体自我教育机理及其实现 [J]. 思想教育研究，2016 (8)：79.

和活动中发挥出相应不同的作用。因此，要实现大学生社会实践育人质量提升，就必须要把握好不同类型群体的特点和优势，一方面，鼓励大学生以群体和团队形式参与实践，并多方促进团队内部建设，进行适当的指导和干预；另一方面，在前期设计实践活动和实践成果时分层分类，既满足不同类型学生需求，又使群体和朋辈之间的正向影响作用发挥到最大化。

（三）管理学组织管理理论

组织与集群是人类生存和社会生活的普遍形式。有效的组织形式和管理是促使人类走向更高境界和长远发展的关键因素，而管理学中的组织管理理论正是一项着力于研究管理组织的结构、职能和原则的理论。高校组织管理中主要通过制度管理和文化管理两种形式开展。制度管理是以制度作为管理的最主要手段，以明确的等级管理制度、针对性的奖惩制度、精确量化的评价方式来作为主要的管理手段从而达到管理目标，强调制度化、标准化、规范化和程序化的刚性管理。这种管理形式的优势在于能够有效保证事物的正常运转秩序，达到效率的最大化，其缺点在于过度强调程序和规则的重要性，而忽略了高校主体作为“人”的复杂性和不定性，文化管理则能很好地弥补和中和这一缺陷。文化管理是将文化理念和价值观传递作为管理的重要方式，以人为本，将“人”作为组织管理的中心，通过潜移默化的校园文化浸育和价值引领影响师生的思想观念和行为准则，从而达到约束和引导的作用。高校要进行有效的组织管理，就必须要融合文化管理和制度管理，“两条腿走路”软硬兼施，既注重人文色彩、人文关怀、文化建设，形成共同的价值观念；又注重以严谨高效的制度规范进行约束，形成行动规范。大学生社会实践管理更是如此，不仅需要制定周密严肃的管理制度，例如实践学分制度，即将实习实践纳入大学生培养方案，还包括安全管理、纪律管理、流程管控等，同时也需要用实践文化感染学生、浸育学生，让学生自觉自愿投入社会实践，在实践中增长才干见识、担当责任使命。

除了组织管理的形式，大学生社会实践的组织管理体系也十分重要。当前随着大学生社会实践场域愈发丰富、实践模式愈发成熟，大学生社会实践管理逐步朝着科学化、社会化和项目化运作的方向发展，需要在科学的组织管理理论的指导下建立起有效的高校社会实践管理体系。大学生社会实践是涉及方方面面的系统工程，需要运筹帷幄统一协调调配。目前高校对社会实践的重视不断增强，社会实践的内容和形式也不断丰富和发展，但在组织管理工作中还显现组织管理体系亟待完善的不足，体现在高校对社会实践的统筹力度不够。高校组织社会实践需要聚集多方自愿，从实践内容形式设计、实践基地平台建设、实践经费保障等多方面为大学生创造理想条件。而目前存在社会实践缺乏科学规划、活动内容形式受限无法满足大学生需求、缺乏学校层面统筹安排和科学管理体系等。因此，高校在充分认识到实践育人重要性的同时，还应努力构建多模式、多生态、立体化的大学生社会实践模式和权责明晰、科学分工、运转有效的大学生社会实践协调机制，有效联结和动员起相关行政管理和教育教学部门，积极参与大学生社会实践的谋划、组织与推进中去，形成实践育人合力，提升实践育人质量和成效。

（四）经济管理学质量管理理论

经济管理学中全面质量管理理论、持续质量改进理论和系统管理理论是关于质量管理的三大经典理论，为大学生社会实践育人质量提升研究提供了科学的方法论启示。

全面质量管理理论指的是以质量为中心，以全员参与为基础，围绕质量管理开展各项工作，通过顾客满意和组织所有成员及社会受益而达到成功的一种有效的质量管理理论①。20 世纪 80 年代美国高校将全面质量管理理论引入高校教育管理的相关实践表明，全面质量管理理论对高等学校教育管理质量提升发挥着巨大的促进作用②。其中戴明循环是全面质量管理理论的经典理念。戴明循环质量提升模型（如图 2-1 所示）包含 PDCA 四个循环反复的步骤，即计划（plan）、执行（do）、检查（check）、处理（act），是一种质量提升所应遵循的科学程序③。根据全面质量管理理论，

① 李红. 全面质量管理理论视角下高职院校在线教学质量保障体系构建［J］. 教育与职业，2020（12）：95-98.

② 倪庚，陈俊生，秦宇彤，等. 基于全面质量管理理论的本科教学质量监控工作评价指标体系的构建［J］. 教育理论与实践，2019（33）：15-16.

③ 邬丽群，曲长海，刘华利. 持续提升德育实践育人效能的原则与路径［J］. 高校辅导员学刊，2020（12）：44.

本书的实证研究部分尝试通过对正在执行阶段的大学生社会实践育人进行影响质量因素的识别和确定，并利用问卷星建立质量数据采集平台，进入检查阶段的质量数据采集和质量数据分析，运用回归分析法确定影响质量的因素，最后到达处理阶段，也就是提出大学生社会实践育人质量提升的目标和原则，并制定实施大学生社会实践育人质量提升的创新路径，最终为下个循环阶段的大学生社会实践育人执行提供行动计划。

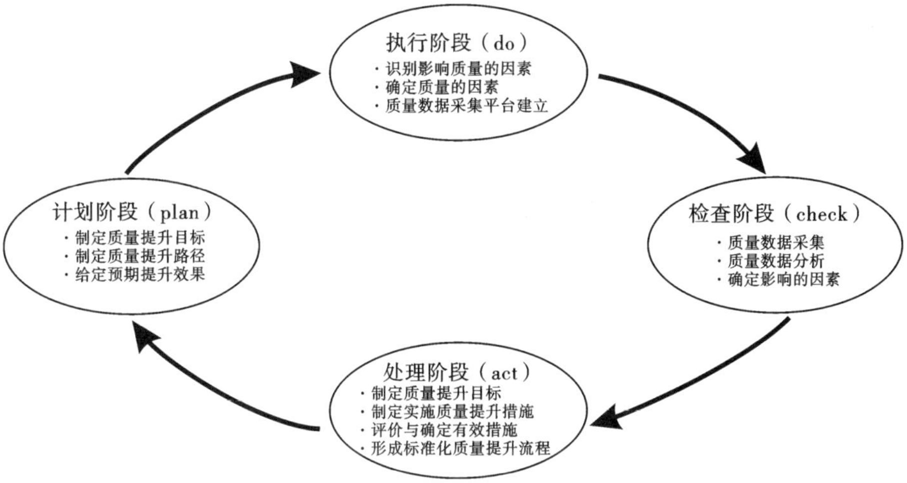

图 2-1　戴明循环质量提升模型

持续质量改进理论是在全面质量管理基础上发展起来的注重过程管理、环节质量控制的质量管理理论。是一种使组织中的成员参与计划设计并实现持续改进流程的具有一定结构的组织过程，用以提供符合或超过人们预期的高质量产品或服务。主要是以成效改善循环（FOCUS-PDCA）来解决不断出现的质量问题。成效改善循环中的 PDCA 就是上文所述戴明循环，在戴明循环前面加上了五个步骤，如图 2-2 所示。依照持续质量改进理论中的成效改善循环，本研究中的实证研究部分就首先通过结构访谈提纲对高校共青团组织负责人进行书面访谈和电话访谈，通过访谈发现问题，并识别可能影响大学生社会实践育人质量的相关因素，然后在学生工作团队中进行讨论和修改，明确学生问卷的问题板块和设置，通过回归分析对采集的数据进行整理，分析影响质量提升的主要问题，分析质量问题的主要原因，最后在提出大学生社会实践育人质量提升的具体方案。

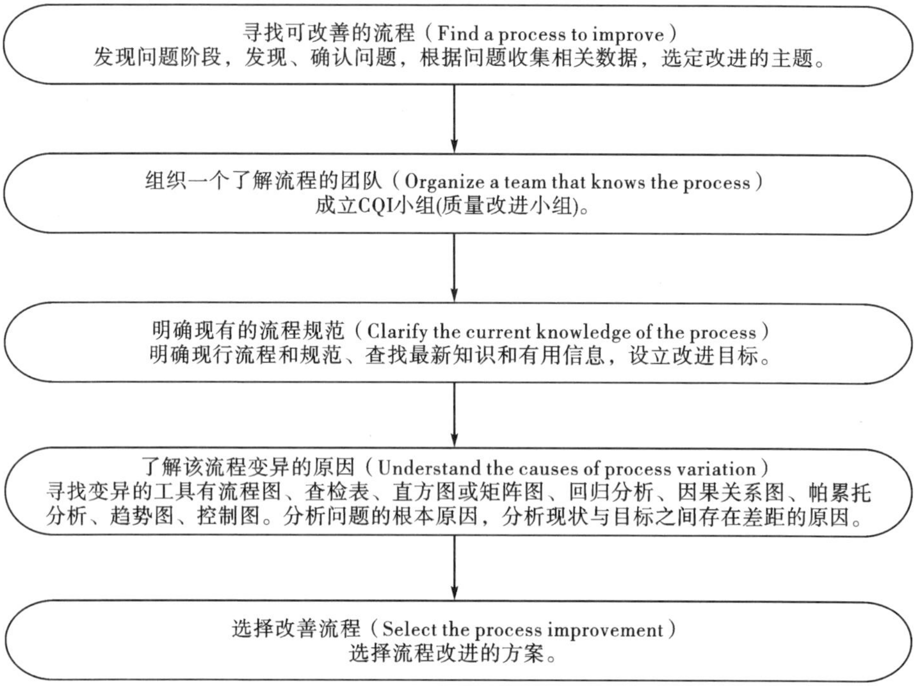

图 2-2　成效改善循环 FOCUS 模型

系统管理理论是把管理视为一个系统，以实现管理优化的理论。后来发展为“三因素论”，即管理系统由人、物、环境三因素构成，要进行全面系统分析，建立开放的管理系统。系统管理理论的核心是用系统方法分析管理系统①。

大学生社会实践育人质量提升也应该是全面、全过程、全员参与的系统化质量提升，应该遵循全面质量管理理论、持续质量改进理论和系统管理理论的基本要义，按照戴明循环质量提升模型和成效改善循环模型的思路分阶段循环往复，把控好育人过程中的每个质量环节和要素，最终实现系统化的可持续提升。

综上本章所述，大学生社会实践育人质量提升要以马克思主义相关理论为研究的理论指导。马克思主义实践论为大学生社会实践育人质量提升奠定理论基石，马克思主义认识论为大学生社会实践育人质量提升提供规

---

① 徐蕊，钟秀明，刘华锋. 基于三大质量管理理论的医院全面质量管理体系构建[J]. 现代医院管理，2020（10）：3.

律参照，人的全面发展理论为大学生社会实践育人质量提升指明价值目标，教育与生产劳动相结合理论为大学生社会实践育人质量提升指明现实途径，习近平总书记关于教育的重要论述为大学生社会实践育人质量提升提供根本遵循。

大学生社会实践育人质量提升还要以思想政治教育相关理论为研究的理论基础。首先应当遵循思想政治教育过程中的客观规律，协同调动社会实践育人的各要素，制订周详的社会实践育人运行方案，同时注重生成社会实践成果，从而实现大学生社会实践育人周期的不断优化和提升。其次，还应当遵循人的品德形成的规律。社会实践是人的品德形成的必要条件和必经阶段。通过社会实践这种形式，完善大学生的道德认知，强化大学生的道德情感，坚定大学生的道德意志，从而指导大学生外化为道德行为和习惯，完成大学生品格从旧质到新质的飞跃。最后，还要有科学的评价理论为质量提升保驾护航。对大学生社会实践育人而言，科学的评价理论应当是一种以崇高价值为理念追求、以精准事实为根本依据、以综合效应为指标要素的体系构造。需要我们通过战略均衡的新思维新方法，将隐性效果与显性效果、间接效果与直接效果、近期效果与长远效果等统筹一体、通盘考量。

大学生社会实践育人质量提升还要以教育学、社会学、管理学等相关理论为研究的理论借鉴。大学生社会实践育人质量提升的基本要求之一就是要必须掌握和遵循教育和大学生成长成才的基本规律，因此大学生社会实践育人质量提升必须将研究教育现象和规律的教育学原理作为重要理论依据。大学生社会实践多为群体性活动形式，因此高校在社会实践育人中要牢牢把握组织行为学中的群体理论依据，提升思想政治教育的科学性。有效的组织形式和管理是促使人类走向更高境界和长远发展的关键因素，而管理学中的组织管理理论正是一项着力于研究管理组织的结构、职能和原则的理论。大学生社会实践管理更是如此，不仅需要制定周密严格的管理制度，同时也需要用实践文化感染学生、浸育学生，让学生自觉自愿投入社会实践，在实践中增长才干见识、担当责任使命。经济管理学中全面质量管理理论、持续质量改进理论和系统管理理论是关于质量管理的三大经典理论，为大学生社会实践育人质量提升研究提供了科学的方法论启示。大学生社会实践育人质量提升也应该是全面、全过程、全员参与的系统化质量提升，应该遵循全面质量管理理论、持续质量改进理论和系统管理理论的基本要义，按照戴明循环质量提升模型和成效改善循环模型的思路分阶段循环往复，把控好育人过程中的每个质量环节和要素，最终实现系统化的可持续提升。

第三章　大学生社会实践育人质量提升的历史回顾

每个时代有每个时代的历史使命，一代青年有一代青年的历史际遇。大学生社会实践是一种社会性、时代性和历史性的育人活动，生活在不同历史时期、不同历史阶段的大学生所面临的社会环境和所承担的历史责任各不相同，并随着社会发展而置身于动态的历史进程中，是一定的历史条件下国家、学校、社会、家庭和大学生自身互动的结果①。只有搞清楚这个动态的历史发展历程，总结历史经验，才能以史为鉴启迪当下和未来，找到提升大学生社会实践育人质量的方向和路径。本章将在文献研究的基础上，全面梳理新中国成立 70 多年来大学生社会实践育人质量提升的发展历程，总结基本的经验，为后续开展实证调研奠定基础。

一、新中国成立以来大学生社会实践育人质量提升的发展历程

70 余年来，我国始终把教育与生产劳动相结合作为一条重要的方针来推动教育改革和建设，大学生的社会实践育人正朝着系统化、制度化、基地化和项目化的方向发展。我国大学生社会实践育人质量提升的发展历程大致可以分为以下四个阶段。

（一）萌芽起步阶段（1949 年—1966 年）

新中国成立之后，在中国共产党的领导下，我国高等院校开展了规模宏大的教育改革，进行了全国范围内的院系调整，并开展了一系列的政治运动和活动。在这一阶段，大学生社会实践育人作为高等学校思想政治教

① 胡树祥，吴满意．大学生社会实践教育理论与方法［M］．北京：人民出版社，2010：50．

育的有益补充，在内容、形式创新和制度化建设等方面都作出了一些有益的尝试和探索。具体表现在以下几个方面①：

第一，高度重视生产劳动与教育相结合，将生产劳动列入教学计划。党和国家逐步重视开展实践教育，强调青年学生要参加生产劳动和社会实践，接受实践锻炼。1958 年毛泽东视察天津大学时指出，高等学校应抓住三个问题，其中之一就是教育与生产劳动相结合的问题。同年 9 月《中共中央、国务院关于教育工作的指示》中规定高等学校必须把生产劳动列入教学计划，组织学生参加生产劳动，“在一切学校中，必须把劳动列为正式课程”。

第二，将实习列入教学计划。成立中央生产实习指导委员会，负责全国高等学校和中等技术学校学生生产实习的组织领导工作。将实习的方针、任务、要求、原则和具体办法作了详细规定并在部分高校专业中实行固定实习场所，摸索建立一套比较健全的实习规章制度。

第三，提倡和开展勤工俭学活动和半工半读。第一次明确指出勤工俭学是具体实现知识分子和工农相结合，脑力劳动和体力劳动相结合的一个重要途径。半工半读的尝试在全国范围内兴起。

第四，参加政治活动和运动成为大学生社会实践的重要内容。与在全国上下普遍开展的镇压反革命运动、抗美援朝、土地改革、“三反”“五反”等政治运动相结合，引导学生参加各项运动和社会实践活动，树立与工农群众相结合，为工农为人民服务的思想，加深了高校学生对社会主义的认识。

第五，军训在高等学校试点。北京体育学院、北京钢铁学院等进行了军训试点。中途因为器材不足、教员质量不高、学生负担过重等问题军训试点暂停了一段时间。1958 年全国大办民兵师，军训试点又在高校重新开始。1961 年，高校陆续建立了武装部，配备了专职武装干部，负责组织领导学生军训。

第六，大学生志愿服务活动在这一阶段孕育诞生。大学生志愿服务活动是在学雷锋活动的基础上发展起来的，1963 年 3 月 5 日，毛主席挥笔

---

① 曹银忠，胡树祥. 新中国成立以来大学生社会实践活动的回顾与展望 [J]. 思想理论教育导刊，2010（5）：84-85.

题词“向雷锋同志学习”，全国上下开展了具有广泛群众基础的学雷锋运动。高校历来是开展学雷锋活动的主要力量，并以此为基础探索出了具有中国特色的大学生志愿服务①。

（二）艰难探索阶段（1966 年—1978 年）

在 1966 年 5 月到 1976 年 10 月这十年，我国经历了“文化大革命”。在毛泽东主席“知识青年到农村去，接受贫下中农的再教育”的号召下，大批知识青年奔赴广大农村，在实践中接受锻炼和教育。大学的课堂教育被忽视，停课进行“斗批改”和“教育革命”，为实现所谓的“劳动化”和“工农化”，大学生社会实践往往是到工厂、农村等条件艰苦的地方直接从事体力劳动，片面认为：“知识分子只有实行经常性地参加体力劳动的制度，才能切身感受到人民群众的创造力，才能真正虚心向工农群众学习，才能站稳立场，才能从思想到感情真正同劳动人民打成一片。”这个口号实际上被简单化和极端化，对劳动的理解过于狭隘，片面夸大了体力劳动的意义。事实上大学生社会实践育人被泛化，过于看重实践育人的活动形式，忽视了实践育人的实际效果。

“文化大革命”结束后，随着拨乱反正的不断进行，恢复了高考制度，高等教育开始步入正轨。但是，在总结“文革”教训的过程中由于认识过于极端，过分强调课堂教育、理论教育的重要性，忽视实践活动的开展，在某种程度上又造成了一些消极后果。在这样的背景下，社会实践再一次被提出并重视起来。邓小平废除了“文革”中纯粹依靠体力劳动这样单调的实践方式来改造知识分子思想的做法。他指出实行教育与生产劳动相结合的方针要适应当前的实际情况，在实践内容和工作方法上要具有丰富性，并且这种结合要不断地随时代的发展而不断更新发展②。同时，针对学校的劳动实践活动开展，邓小平重点强调实践安排和内容要求应与高校的教学和我国经济社会的发展保持一致，这就重新确立了实践活动的重要地位并对大学生的实践能力培养提出了更高要求。

---

① 杨贤金. 高校实践育人的探索与创新［M］. 北京：中国书籍出版社，2015：49.

② 文霞. 建国以来我国高校实践育人的理论与实践研究［D］. 西安：陕西师范大学，2013：19-22.

（三）扎实推进阶段（1978年—2012年）

改革开放以后，党的十二大和十三大开创了中国特色社会主义现代化建设的新局面，而大学生社会实践教育也进入了一个新阶段。真正意义上的高校社会实践由20世纪80年代清华大学的学生发起，口号是“振兴中华，从我做起，从现在做起”，并率先进行积极工作，开展了各种社会实践活动。在这一口号的号召下，许多高校积极开展各种类型的实践活动，在全国大学生中引起了强烈反响①。团中央、全国学联于1983年10月发出《关于纪念“一二·九”运动四十八周年开展“社会实践周”活动的通知》，第一次提出了“大学生社会实践活动”的概念，并充分阐述了开展大学生社会实践活动的意义②。

1984年9月8日，中宣部、教育部《关于高等学校学生参加生产劳动的若干规定》对大学生参加生产劳动实践活动做出了明确细致的规定和系统妥善的安排③。1987年6月27日，国家教委、团中央发出《关于广泛组织高等学校学生参加社会实践活动的意见》。意见强调，除了已列入教学计划的生产实习和社会实践外，今后高等学校还要把在假期和课外组织学生参加社会实践活动，作为高等教育的一个重要组成部分④，并对大学生社会实践活动的组织领导保障、教师指导保障、制度保障等提出了具体要求。1992年6月中宣部、国家教委、团中央在《关于广泛深入持久地开展高等学校学生社会实践活动的意见》中指出，大学生社会实践是高等教育不可缺少的重要组成部分，应从活动领导、经费保障和规范化组织、宣传报道等多方面进行努力，为学生提供更好的社会实践教育⑤。

---

① 文霞. 建国以来我国高校实践育人的理论与实践研究［D］. 西安：陕西师范大学，2013：19-22.

② 曹银忠，胡树祥. 新中国成立以来大学生社会实践活动的回顾与展望［J］. 思想理论教育导刊，2010（5）：86.

③ 教育部思想政治工作司. 加强和改进大学生思想政治教育重要文献选编：1978—2014［M］. 北京：知识产权出版社，2015：32.

④ 教育部思想政治工作司. 加强和改进大学生思想政治教育重要文献选编：1978—2014［M］. 北京：知识产权出版社，2015：79.

⑤ 教育部思想政治工作司. 加强和改进大学生思想政治教育重要文献选编：1978—2014［M］. 北京：知识产权出版社，2015：122-124.

1996年12月28日，团中央、中宣部、国家教委发出《关于深入持久开展大学生社会实践活动的几点意见》，进一步对大学生社会实践活动的制度化、规范化建设形成更明确的政策指导①。

这段时期，在共青团中央的精心组织和指导下，高校普遍注重把思想政治教育与社会活动结合起来，并且把思想政治教育放在首位，积极创新大学生社会实践活动的方式，结合青年学生的实际特点组织青年学生开展社会调查、科技文化服务、考察访问、救灾防疫、挂职锻炼等多种形式的社会实践活动。2004年中共中央、国务院下发《关于进一步加强和改进大学生思想政治教育的意见》（中发〔2004〕16号）明确指出，社会实践是大学生思想政治教育的重要环节，要从保障体系、长效机制等方面着力，深入开展社会实践②。2005年2月，中宣部、中央文明办、教育部、团中央联合下发《关于进一步加强和改进大学生社会实践的意见》，针对大学生社会实践进行了全面的规定和指导，强调大学生社会实践是一项系统性工作，并进一步对高校社会实践的展开进行了具体细致的说明，大学生社会实践活动在这一纲领性文件的指导下全面深化发展③。

2009年，教育部下发《关于深入推进学生志愿服务活动的意见》（教思政〔2009〕9号）指出，要在社会实践活动中加大志愿服务力度，可将学生志愿服务活动折算成社会实践学分④。2010年，教育部下发《关于大力推进高等学校创新创业教育和大学生自主创业工作的意见》（教办〔2010〕3号）指出，要广泛开展创新创业实践活动，提升学生的创新精神和创业能力⑤。2012年，教育部、共青团中央等七大部委联合下发《教育部等部门关于进一步加强高校实践育人工作的若干意见》（教思政

---

① 教育部思想政治工作司．加强和改进大学生思想政治教育重要文献选编：1978—2014［M］．北京：知识产权出版社，2015：173-174．

② 教育部思想政治工作司．加强和改进大学生思想政治教育重要文献选编：1978—2014［M］．北京：知识产权出版社，2015：290．

③ 教育部思想政治工作司．加强和改进大学生思想政治教育重要文献选编：1978—2014［M］．北京：知识产权出版社，2015：290．

④ 教育部思想政治工作司．加强和改进大学生思想政治教育重要文献选编：1978—2014［M］．北京：知识产权出版社，2015：385．

⑤ 教育部思想政治工作司．加强和改进大学生思想政治教育重要文献选编：1978—2014［M］．北京：知识产权出版社，2015：389．

〔2012〕1号)，从观念认识、协同发力和组织领导三大方面对提升大学生社会实践育人成效进行了工作部署①。总之在这一阶段，大学生社会实践育人受重视程度越来越高、规模越来越大、内容形式越来越丰富多样，系统化和制度化建设得到了快速发展。

(四) 蓬勃发展阶段 (2012年至今)

党的十八大之后，习近平总书记在多次重要讲话中强调实践教育对于青年成长成才的重要性，全社会都开始加强与改进社会主义意识形态建设，培育和践行社会主义核心价值观，大学生社会实践教育也在一定程度上有了新的发展。2014年《关于进一步加强和改进新形势下高校宣传思想工作的意见》指出高校要立足学生全面发展，努力构建全员全过程全方位育人格局，形成实践育人长效机制②。2017年2月，中共中央、国务院印发《关于加强和改进新形势下高校思想政治工作的意见》，指出“要强化社会实践育人，提高实践教学比重，完善协同育人模式，加强实践教学基地建设，建立健全实习实训制度，开设创新创业教育专门课程，增强军事训练实效，建立健全学雷锋志愿服务制度”③。

习近平总书记在党的十九大报告中再次强调了实践的重要性。2018年，在全国教育大会上习近平总书记指出，要努力构建德、智、体、美、劳全面培养的教育体系，形成更高水平的人才培育体系④。这一提法将教育目标的“四育”增加了一个“劳”字，而成为“五育”，一字之差，非比寻常。2020年，教育部等八部门印发《关于加快构建高校思想政治工作体系的意见》(教思政〔2020〕1号)，指出要“深化实践教育。把思想政治教育融入社会实践、志愿服务、实习实训等活动中，创办形式多样的

① 教育部思想政治工作司. 加强和改进大学生思想政治教育重要文献选编：1978—2014 [M]. 北京：知识产权出版社，2015：496.

② 中共中央办公厅，国务院办公厅. 关于进一步加强和改进新形势下高校宣传思想工作的意见 [Z].（中办发〔2014〕59号）.

③ 中共教育部党组. 高校思想政治工作质量提升工程实施纲要 [Z].（教党〔2017〕62号）.

④ 习近平在全国教育大会上强调：坚持中国特色社会主义教育发展道路 培养德智体美劳全面发展的社会主义建设者和接班人 [N]. 人民日报，2018-09-11 (1).

‘行走课堂’。健全志愿服务体系，深入开展‘青年红色筑梦之旅’、‘小我融入大我，青春献给祖国’主题社会实践等活动。推动构建政府、社会、学校协同联动的‘实践育人共同体’，挖掘和编制‘资源图谱’，加强劳动教育”①，对大学生社会实践育人高质量发展提出了具体要求。

在党和国家的高度重视下，大学生社会实践育人活动从量到质上都有了新的提升和飞跃，并逐渐从量变引发质变，因质变接续推动量变，进入良性的螺旋式上升发展中。大学生社会实践育人不仅从形式、平台、主题等多方面紧扣时代脉搏、社会热点和学生需求，呈现多地开花的良好局面，更是在育人成效和优秀典型的打造与涌现上打出了特色品牌。

近年来，各类实践活动蓬勃发展，且逐步朝着多样、系统、分层分类的方向发展，实践成果精彩纷呈。

例如，自2019年末新冠肺炎疫情暴发后，全国各地许多大学生纷纷加入疫情防控和志愿服务的队伍中，帮助各地政府机关、基层组织单位筹措资金、物资，协助医护人员核酸采样等；各地各高校也积极组织动员组建大学生疫情防控专项社会实践团队，在疫情防控常态化的背景下持续推动社会实践活动蓬勃发展，并在这场“大考”实践中更加认识到党和国家的政策优势，取得了显著的育人实效。

再如，在庆祝中国共产党成立100周年之际，全国各地各高校以此为契机开展了如“我和我的祖国”“请党放心，强国有我”等主题的形式各样的实践活动，为培养堪当民族复兴重任的时代新人提供了坚强的政治保证。哈尔滨工业大学组织学生前往酒泉卫星发射中心仰望神舟十二号飞船发射升空，实地观摩威海新体制雷达站、“中国天眼”等工程现场，弄清弄懂“国家最需要的是什么”“产业发展困境怎么破”等问题，在学思践悟中培根铸魂、启智润心；北京理工大学挖掘校史校情中的红色资源，并在新生入校、新教职工入职时作为“第一课”进行教育，开展“延安寻根计划”等一系列的红色主题实践活动；浙江大学打造“百条党史路线，千支青年团队，万里行走课堂”的红色主题实践育人新模

---

① 教育部等八部门．关于加快构建高校思想政治工作体系的意见［Z］．（教思政〔2020〕1号）．

式，派出众多青年大学生团队奔赴各地开展“党史青年行”专项实践，以红色实践推动思想政治工作与时代同频共振。不仅如此，在社会调研层面、创新创业实践、志愿服务、校园文化等多方面都打造出一批又一批优质创新的实践品牌，推动社会实践活动品牌化、体系化，凝结出精彩纷呈的实践成果。

二、新中国成立以来大学生社会实践育人质量提升的经验总结

高校不断深化社会实践育人理念，提升社会实践育人质量，是深化教育综合改革，推动教育高质量发展，优化人才结构的必由之路。自新中国成立以来，我国在大学生实践育人方面进行了持续和深入的理论探寻与实际探索，帮助和引导大学生将个人理想与家国梦想同频共振，将第二课堂的社会实践阅历体悟与第一课堂的专业理论知识学习融会贯通，既增强大学生服务奉献的社会责任与担当，培养学生走进基层关注民生、积极调研潜心学术的科学研究精神，又提升了解决实际问题与矛盾的能力。如今我们身处日新月异的信息化时代，科技的发展和学习生活方式的改变，都促使高等教育面临新时代的新变革和新挑战，继承和发扬好目前高校实践育人的宝贵经验，有利于我们更好地总结优秀成果、弥补不足，构建新时代大学生社会实践育人质量提升格局。

（一）坚持党的领导是保障

历史和实践充分证明，党的全面领导是我国高等教育蓬勃发展的最大优势，也是加快推进高等教育现代化、建设高等教育强国的根本保证。建设好中国特色世界一流大学，必须毫不动摇坚持党的全面领导这个政治原则，使党的领导覆盖办学治校各领域、贯穿教育教学各环节、融入人才培养各方面，在高校各项工作中全面发挥作用。高校不断提升社会实践育人质量的最终目的，是通过实践活动沉浸式陶冶和引导塑造大学生，为党育才，为国育人。

一方面，善于运用党的理论创新指导高校社会实践育人工作开展。先进的理论是中国共产党革命、建设、改革和发展时期在高校实践育人取得

丰硕成果的高度概括和精准凝练，能有效指导高校社会实践活动的展开，提供强有力的价值归旨。党的先进理论在实践中不断打磨和更新，去粗存精，循环往复，推动高校社会实践育人向科学化和更深入的方向发展。另一方面，在高校实践育人中坚持党的领导也是帮助新时代大学生在国际国内复杂新形势下抵御风险和坚定正确理想信念的根本保证。我们正处于世界百年未有之大变局中，国际国内形势风云变幻，国际敌对势力的文化渗透与破坏，无不侵蚀着我国青年大学生的价值观念和思想心理，在大学生责任意识、实践观念、担当作为和奉献精神等方面都不同程度造成影响。只有坚持党的领导，以党的先进理论武装头脑，在百年苦难辉煌的党史中汲取营养，才能帮助大学生进一步树立家国情怀，热忱地投入中国特色社会主义伟大实践中。

（二）坚持社会主义办学方向是根本

高校作为青年大学生思想政治教育的主阵地，具有鲜明的政治属性和重要的政治功能，方向问题是一流大学建设的根本性问题，必须旗帜鲜明。我们要推动高校育人工作高质量可持续发展，就必须始终坚持社会主义办学方向，深深扎根中国大地，与祖国共进、与时代同行，把服务国家、奉献人民作为最高追求，全面融入民族复兴的伟大进程。

面对近年来世界格局深度调整，意识形态领域斗争不断加深，更需要从思想政治领域守好高校这个培养高素质人才和科学文化创新的重要阵地，在提升大学生社会实践育人质量的过程中，始终坚持政治过硬、方向正确，在实地实践中源源不断培养出社会主义建设者和接班人，更好地把发展科技第一生产力、培养人才第一资源、增强创新第一动力结合起来，更好为人民服务、为中国共产党治国理政服务、为巩固和发展中国特色社会主义制度服务、为改革开放和社会主义现代化建设服务。一方面，引导学生在社会实践中掌握马克思主义科学武器，拨开思想迷雾、感悟真理力量、坚定理想信念；另一方面，通过大学生社会实践的形式推动党的创新理论生动活泼进课堂、融会贯通进头脑，真正在学生心中落地生根，进一步形成生动实践。

（三）育人主体高度重视是前提

实践育人是马克思主义实践观在人才培养领域的具体运用，我们党和国家历来都高度重视实践的重要性，实践教学已逐步成为高等学校育人育才的重要一环。

从党和国家在教育事业上的方针政策和具体文件要求中可见，实践育人从重要地位到战略地位，从需求性到必要性再到不可替代性，从宏观泛谈到细化深化再到强调科学体系，其在人才培养中的地位不断增强。

社会实践在育人工作中得到高度重视，促使社会实践育人的内容更加丰富，形式更加多样，在许多地区和高校十分重视实践育人工作，开创了许多特色做法，积累了宝贵的经验，进一步促进实践育人发挥的作用也逐步增强和提升，体现在人才培育的方方面面。一是在大学生成长成才方面，实践育人在夯实巩固和促进理论学习成果、培养创新思维、锻炼解决问题的能力、增强服务国家和服务人民的社会责任感等都有突出效果；二是在深化教育改革方面，强化社会实践育人，顺应了当前经济发展方式加快转变的趋势，满足了建设创新型国家和人力资源强国的需求，能现实有效地提升人才培养的质量；三是有效增益高校思想政治教育中课堂理论教育的不足，思想政治理论课是大学生思想政治教育的主渠道，但高校容易产生重理论轻实践的误区，一定程度上导致育人的有效性达不到预期程度；四是回归到“培养什么人”和“如何培养人”的问题，为政之要，惟在得人，党的十九届六中全会通过的《中共中央关于党的百年奋斗重大成就和历史经验的决议》中指出，“党和人民事业发展需要一代代中国共产党人接续奋斗，必须抓好后继有人这个根本大计”，强调“要培养造就大批堪当时代重任的接班人”，这为高校培养青年人才指明了正确方向、确立了理想坐标、吹响了奋斗号角，新时代所期待和需要的人才不仅是理论知识扎实，科研能力突出的创新型人才，更对其理想信念和道德情操、精神意志提出了更高的要求，实践育人促使青年大学生用双脚丈量祖国河山，在考察调研和深入研究国情、社情、民情中，树立家国情怀，增强“四个自信”，并将所学所见真正运用于党和国家建设的实际中去，让书本知识落地生根、开花结果。

（四）多措并举大力推进是重点

我国高校在探索中实践、在实践中总结经验，不断推进多措并举，逐步形成分层分类、丰富充实的实践育人格局，这是高校社会实践育人质量提升的重点。自新中国成立以来，高校社会实践育人从最初的以单一的政治运动、工农业生产劳动为主，发展到如今新时代依托不同场域和平台、针对不同需求特点、形式方法，引导大学生从书斋迈向社会，从理论步入现实。目前社会实践育人方式囊括人文性的实践教育活动、专业知识实践活动、志愿服务活动、创新创业活动等种种，在此基础上逐步构建出一个循序渐进且层次不断深化和细化的实践育人内容体系。有学者将实践育人的内容体系分为两个层次：规范、价值体系和教育对象需要体系[①]。在此基础上，依据不同类型实践活动的不同教育目标和提升模块，顺应不同培养层次和教育发展阶段的规律与差异性，将目前初步形成的实践育人格局划分为三个层面，即规范引导层面、个性发展和素质提升层面、价值实现层面，循序渐进，不断深化。

规范管理和教育引导层面的实践活动通常在实践育人中发挥着基础性的作用，贯穿大学生培育的全过程，且尤其是低年级的塑形定调阶段，好的规范引导实践能有效辅助学生“扣好第一颗扣子”。规范引导层面的实践活动主要以基本的公民道德、行为规范和价值观基本塑造为主要内容和育人目标，如大学生入学时所接受的军事训练，随着国家对育人工作和实践教育的持续重视，大学生军训日益向制度化、规范化道路演进，军训作为实践教学的一种基础形式，不仅能密集高效地规范大学生日常行为，更重要的是能有效帮助学生涵养家国情怀和民族气节，帮助大学生养成忧患意识和安全意识，磨炼意志品质和艰苦奋斗精神。再如大学生思想政治理论课教学中的实践教学部分，思想政治理论课是开展大学生思想政治教育的主渠道，其教学形式也在不断根据党和国家育人的方针政策，贴近和顺应新时代大学生特点而丰富和创新，其实践教学部分更是以一种更潜移默化和喜闻乐见的形式对大学生思想品德行为进行有效的正面引导。又如以

① 罗亮. 改革开放以来高校实践育人的发展历程与基本经验探析［J］. 思想理论教育，2019（5）：106-111.

重大节日与重大实践为契机的人文性实践活动，还有心理健康教育拓展实践等，高校在设置心理健康教育理论课程时也会适时安排团体辅导和咨询体验等实践课程，从而更好帮助大学生形成理性平和的健康心态。

个性发展和素质提升层面的实践活动内容主要以大学生发展过程中的实际需求为导向，注重社会实践供给侧和需求侧的平衡，对优化实践育人结构发挥着关键性作用。个性发展和素质提升层面的实践活动内容相较则更为丰富，主要囊括提升综合能力的素质实践、提高专业素养和能力的专业实践和增强创新创业能力的创新创业实践三大方面。提升综合能力的素质实践具体包括文化艺术活动、体育锻炼活动、依托各大学生组织和兴趣类社团开展的一系列社团活动、学生骨干训练营等，旨在从德智体美劳等各方面提升大学生综合能力，培养大学生人际交往、组织统筹、交流沟通、团队协作等方面素质能力；提升专业素养和专业能力的专业实践具体包括专业课程实践、专业实习、企事业单位参观调研、职业技能培训、岗前实习等一系列旨在丰富和巩固专业知识、提升专业素养和能力的实践活动；增强创新创业能力的创新创业实践具体包括参加科创类赛事、创新创业类课题和项目申报、专利发明、创业体验等帮助学生摆脱闭门造车的困扰，真正走出校园、接触社会，了解社会和群众的需求，在自身知识能力储备和国家社会需求中寻求均衡点。

价值实现层面的实践活动内容主要以挖掘自身价值、提升价值认同、践行社会价值、实现人生价值为主要目的，是更为深化和内化的实践内容形式。近年来，志愿服务已逐渐成为大学生参与社会实践的重要途径之一，随着志愿服务实践的蓬勃发展，志愿精神也不断随时代发展而充实和更新，对大学生产生良性引导，引导大学生更好为实现“两个一百年”奋斗目标服务、为实现中国梦服务、为中国特色社会主义建设服务，更好传承奉献精神，担当社会责任。挂职锻炼通常会在双休、课余和寒暑期选派优秀的大学生派往基层机关、街道、社区或企事业单位开展挂职锻炼活动，引导学生全面深入地参与基层的管理和建设，在体察民情中深入调研，在实际的基层工作中受教育、长才干、作贡献，实现人才与地方的双向受益。而支教也是价值实现的重要实践活动之一，暑期“三下乡”，前往中西部等教育资源匮乏地区开展支教服务工作，响应国家号召，服务乡村振兴，为教育资源合理分配和贫困地区精准帮扶贡献属于大学生的力量。我国在不断推进多措并举的实践体制中引导大学生践行青春力量。

（五）合力机制构建是关键

实践育人是高校思想政治教育中不可或缺的板块和方式，其中，整合资源，构建合力机制是提升实践育人质量的关键。某学校思想政治理论课教师座谈会提出，“要建立党委统一领导、党政齐抓共管、有关部门各负其责、全社会协同配合的工作格局”，这突出强调了合力机制构建的关键性作用，并提出了要求、指明了方向。大学生社会实践育人中所涵盖的教育元素、所需要的社会资源、所涉及的育人场域存在多样、多变、灵活、复杂等特点，需要通盘考虑，向整体、系统和协调的方向发展，凸显全员参与、全过程覆盖、全方位协同的特点，打通社会实践育人的“最后一公里”。

大学生社会实践育人合力机制的构建在前期存在着一些问题。一是实践育人的参与主体认知度不高、积极性不足、责任感不强，导致实践育人各方联动机制不畅通，无法及时互相补充、良性促进，同时由于地缘因素，学校实践与企事业单位、社会团体、家庭等衔接不够、沟通不足，没能充分利用社会资源、扩展实践场域，合力机制的长期性和有效性无法完全落地；二是针对性和实效性不强，过去实践的教学方式相对单一，更重视以灌输为主的实践教学方式，实践形式和平台的供给与学生实际的需求不符，导致实践活动缺乏针对性，实践成效欠佳，与预期存在落差；三是合力机制推进中缺乏制度保障，组织领导机制、保障机制和成果考核及激励机制不健全，或是难以执行，导致相关政策的落实落地存在困难，相应配套措施和体制未能实现。

而新时代以来，实践育人形成合力的必要性进一步得到国家、社会、高校等层面的重视，实践育人进入“快车道”。首先是国家政策方面的支持，党和国家将大学生思想政治教育放在大学生培育乃至国家人才战略中的突出位置，鼓励高校善用“大思政课”，重视将思政小课堂同社会大课堂有机结合；同时，科教兴国、人才强国的国家战略下，新时代社会对人才的知识结构、实践能力、职业素养等有了更高层次的时代召唤，高要求和高需求的双重刺激，很大程度促进了高校新型高素质人才培养愈发重视大学生实践能力、实践思维、合作能力、实操水平等；另外，随着科教融合、校企联合的不断深入，加强和各级政府机关、企事业单位、科研单位的合作，开展大学生实践调研、实习实训等培养，已成为大势所趋，一批批集实践教学、实操培训、社会生产、科创技术服务于一体的高水平实习实践基地应运而生，在政、校、企合作不断加深的进程中，学生在锻炼和增长技能的过程中磨炼意志，将理论知识转化为技能，以实践所获补充理论知识的薄弱板块，在躬身实践中逐步培养自身艰苦奋斗和改革创新的时代精神。

当前，在实践育人这个复杂的系统工程中，多方力量有机融合，逐步形成社会实践育人的合力机制。从实践育人主体合力来看，如今“全员育人”的观念和意识逐步扎根，高校有计划有规模地推动政府、学校、社会团体、家庭的力量聚合，促使多方力量相互配合、相互支持、互惠互利、共同繁荣，利用舆论宣传的激励引导功能促进社会共识和资源共享，盘活多方资源，创造开放共享的优质信息化交流平台，逐步形成实践育人全员参与的格局。从实践育人模式来看，坚持实践育人问题导向和目标导向的统一，探索“实践＋”的育人新模式。例如“实践＋课程”“实践＋互联网”等，统筹外部资源，在“大思政”格局下融会贯通、转型发展，连接多导向的实践教学和育人模式。这种模式通过“一破”，即破除思想政治教育“坐而论道”的危险；通过“一立”，即锻造可担大任的新人；在这“一破一立”中，探寻时代和大学生所需要的“实践＋”的实施路径①。从实践育人体制机制上看，高校逐步构建围绕管理规划、安全保障、经费支持、平台支撑、考核激励、监督评价、队伍建设等方面，推进多位一体的协同保障机制，促使实践活动更加规模化、体系化，互动交流更加开放化、立体化，评价反馈更加科学化、多元化，切实增强了各方参与的积极性，有力保障各项实践育人体制机制落实落地。

综上本章所述，我国大学生社会实践育人质量提升的发展历程大致可以分为四个阶段。在萌芽起步阶段（1949 年—1966 年），大学生社会实践育人作为高等学校思想政治教育的有益补充，在内容形式创新和制度化建设等方面都做出了一些有益的尝试和探索。高度重视生产劳动与教育相结

① 李蕉. 新时代思想政治教育的“实践＋”逻辑［J］. 马克思主义理论教学与研究，2021（2）：134-140.

合，将生产劳动列入教学计划。将实习列入教学计划。提倡和开展勤工俭学活动和半工半读。参加政治活动和运动成为大学生社会实践的重要内容。军训在高等学校试点。大学生志愿服务活动在这一阶段孕育诞生。在艰难探索阶段（1966 年—1978 年），尤其是“文化大革命”期间，大学生社会实践往往是到工厂、农村等条件艰苦的地方直接从事体力劳动，大学生社会实践育人被泛化，过于看重实践育人的活动形式，忽视了实践育人的实际效果。“文化大革命”结束后，重点强调实践安排和内容要求应与高校的教学和我国经济社会的发展保持一致，这就重新确立了实践活动的重要地位并对大学生的实践能力培养提出了更高要求。在扎实推进阶段（1978 年—2012 年），第一次提出了“大学生社会实践活动”的概念，并充分阐述了开展大学生社会实践活动的意义，高校在共青团组织下，普遍注重把思想道德教育与社会活动结合起来，积极创新实践活动的方式，组织青年学生开展社会调查、科技咨询、考察访问、技术服务等多种形式的社会实践活动，大学生社会实践育人受重视程度越来越高、规模越来越大、内容形式越来越丰富多样、系统化和制度化建设得到了快速发展。在蓬勃发展阶段（2012 年至今），在党和国家的高度重视下，大学生社会实践育人活动从量到质上都有了新的提升和飞跃，并逐渐从量变引发质变，因质变接续推动量变，进入良性的螺旋式上升发展中。大学生社会实践育人不仅从形式、平台、主题等多方面紧扣时代脉搏、社会热点和学生需求，呈现多地开花的良好局面，更是在育人成效和优秀典型的打造与涌现上打出了特色品牌。

自新中国成立以来，我国在大学生实践育人方面进行了持续和深入的理论探寻与实际探索，在大学生社会实践育人质量提升方面形成了一系列宝贵的经验。一是坚持党的领导是保障。一方面，善于运用党的理论创新指导高校社会实践育人工作开展。另一方面，在高校实践育人中坚持党的领导也是帮助新时代大学生在国际国内复杂新形势下抵御风险和坚定正确理想信念的根本保证。二是坚持社会主义办学方向是根本。要推动高校育人工作高质量可持续发展，就必须始终坚持社会主义办学方向，深深扎根中国大地，与祖国共进、与时代同行，把服务国家、奉献人民作为最高追求，全面融入民族复兴的伟大进程。三是育人主体高度重视是前提。从党和国家在教育事业上的方针政策和具体文件要求中可见，实践育人从重要地位到战略地位，从需求性到必要性再到不可替代性，从宏观泛谈到细化深化再到强调科学体系，其在人才培养中的地位不断增强。四是多措并举大力推进是重点。自新中国成立以来，高校社会实践育人从最初的以单一的政治运动、工农业生产劳动为主，发展到如今新时代依托不同场域和平台、针对不同需求特点、形式方法，引导大学生从书斋迈向社会，从理论步入现实。目前社会实践育人方式囊括人文性的实践教育活动、专业知识实践活动、志愿服务活动、创新创业活动等种种，在此基础上逐步构建出一个循序渐进且层次不断深化和细化的实践育人内容体系。五是合力机制构建是关键。从实践育人体制机制上看，高校逐步构建围绕管理规划、安全保障、经费支持、平台支撑、考核激励、监督评价、队伍建设等方面，推进多位一体的协同保障机制，促使实践活动更加规模化、体系化，互动交流更加开放化、立体化，评价反馈更加科学化、多元化，切实增强了各方参与的积极性，有力保障各项实践育人体制机制落实落地。

第四章　大学生社会实践育人质量提升的现实考量

在历史的新时期，大学生社会实践育人质量提升面临着许多新的时代机遇。改革开放 40 多年来，我国经济发展迅猛腾飞，为我国高等教育事业的高速发展提供燃料和助力。教育事业的稳定保障和办学条件的优化完善，为大学生社会实践育人的队伍建设、平台完善和科学谋划提供的坚定的后方保障，为大学生社会实践育人质量提升提供了良好的外部条件。另外，高等教育更加注重人才培养的过程，更加关注人的全面发展，为大学生社会实践育人质量提升创造了肥沃的土壤和广阔的空间。而大学生社会实践育人质量提升在面临重大发展机遇期的同时，也面临着时代提出的新问题和严峻的现实挑战，社会思想观念领域发生深刻变化，信息化发展颠覆大学生社会实践育人传统理念，因应新冠肺炎疫情防控常态化催生出“云”实践等新形式。

本章通过结构访谈和调查问卷的实证研究方法，以湖北省高校为样本进行 PPS 抽样调查，对大学生社会实践育人的质量现状进行深入的调查分析，分析大学生社会实践育人质量的总体概况、影响质量提升的主要问题和质量影响因素，进而为质量提升指明现实路径。

一、大学生社会实践育人质量现状的实证研究设计与实施

本次调研根据调研对象的不同分别编制了访谈提纲和调研问卷，即“关于大学生社会实践育人质量现状的访谈提纲（校团委老师）”（以下简称“访谈提纲”）和“关于大学生社会实践育人质量现状的调查问卷（学生）”（以下简称“调研问卷”）。

（一）访谈提纲及调研问卷的编制

访谈提纲设计基本信息和结构化访谈提纲两个部分。结构化访谈提纲共设计 11 类大问题，每类大问题设 2～4 个小问题，涉及组织机构、制度保障、经费保障、基地建设、奖励机制、培训机制、评价机制、意见和建议等方面，既有客观题也有主观题，既有行动层面的也有态度层面的。由于各高校校团委基本上都会参与组织大学生社会实践活动，因此访谈主要面向高校的校团委领导老师。在湖北省高校中随机选取了 20 所高校，面向高校的校团委领导老师采用书面的形式进行访谈。最终回收并整理书面访谈记录近 4 万字，通过对问题的回答进行梳理和质性分析，结合前文的理论研究形成一定的研究假设，为调研问卷问题和选项的设置以及测量工具的选择奠定了很好的基础。

根据前期理论研究和访谈整理分析形成的研究假设确定了自变量和应变量以及关键词条和项目，利用 5 分李克特量表工具编制初始问卷，经过试测收集意见建议进行修改完善，最终版本的调研问卷设计调查问题 22 项，问卷调查内容主要体现在五个方面：一是被调查者的性别、学校、学历、年级、专业类别、政治面貌、学生干部经历等个人基本情况；二是大学生对社会实践认知程度量表，调查大学生对社会实践重要性的理解和认识；三是大学生参与社会实践现状量表，包括参与实践活动形式及次数、线上社会实践活动的优势与不足、社会实践活动组织形式、获取信息的渠道、参加社会实践的主要原因，等等；四是大学生参与社会实践成效量表，包括对社会实践评价的认识、社会实践对促进大学生德、智、体、美、劳素质全面发展的实际效果，以及社会实践对大学生能力提升的影响程度；五是大学生参与社会实践满意度量表，包括大学生对学校社会实践工作机制的满意度、社会实践存在的困难和期待得到的实践支持。

（二）问卷调研的抽样及样本基本情况

本书通过 PPS 抽样方法，以湖北省高校大学生为调研对象。第一步，在湖北省 130 所高校（其中本科学校 68 所，专科学校 62 所）的官网或百度百科上搜集到当前在校学生人数（截至 2021 年 9 月 30 日），然后计算出各高校学生人数占湖北省高校学生总人数的比重。第二步，将各高校按照拼音先后顺序排序，并计算出学生人数的累计占比，继而得出每所高校对应的抽样编号范围（该范围的大小等于各所高校学生人数占比），然后采用随机抽样的方式抽取 50 个抽样编号，这样便能保证学生人数较多的高校被抽中的概率更大。第三步，将随机抽取的 50 个抽样编号与相应高校进行匹配，恰好对应到 50 所高校，最后分别面向这 50 所高校随机抽取 100 名学生。

通过 PPS 抽样，本书选取的 50 所高校名单如附录 2 所示。这些高校分别坐落在武汉市（40 所）、黄石市（3 所）、襄阳市（2 所）、宜昌市（1 所）、黄冈市（1 所）、十堰市（1 所）、咸宁市（1 所）、恩施土家族苗族自治州（1 所），包括 8 所中央部委属高校、18 所省属公办高校、18 所省属民办高校以及 6 所省属高职院校，涵盖理工类（20 所）、综合类（12 所）、财经类（5 所）、师范类（5 所）、医药类（2 所）、民族类（2 所）、农林类（1 所）、财政政法类（1 所）、艺术类（1 所）和体育类（1 所）等不同办学类别和特色。因此，在样本高校的选取上，本书兼顾到了地域因素、学校类型[①]、办学类别和特色等因素。

本书通过问卷星共发放 5000 份问卷，回收有效问卷 4229 份，占发放问卷的 84.58%。本书主要依据以下两个步骤筛选有效样本：第一步，借助问卷星记录的学生填写问卷所用时间，本书考虑到过短或过长的填写时间会影响问卷的整体质量，删除了所用时间左右各 1%分位数以外的极端样本；第二步，借助问卷中设置的“您参加社会实践活动的情况”一问中“只参加过线下社会实践”“只参加过线上社会实践”“线上和线下社会实

① 为准确把握不同层次高校大学生社会实践育人质量的现状，根据“2015 年 6 月湖北省高等学校名单”及“教育部 2016 年拟批准设置的高等学校名单”分类，本书在湖北省调研的高校类型分为中央部委属高校（“985 工程”高校、“211 工程”高校、部委属重点高校）、省属公办高校、省属民办高校及省属高职院校四类进行问卷调查。

践都参与过”等问题，分别与“您上大学以来参与过的线下社会实践活动形式及次数”一问中“未参加过线下社会实践”，以及“您参与过的线上社会实践形式及次数”一问中“未参加过线上社会实践”之间的逻辑关系，进一步排除无效样本。

最终得到的调查样本发放范围和样本数量如表 4-1 所示。从有效样本的个人基本特征分布来看，性别方面，共有男生 1771 名，女生 2458 名，男女比例约为 7∶10，分布适度；政治面貌方面，以共青团员为主，占 73.66%，基本符合当前高校学生政治面貌的现状；学历方面，以本科生为主，占 77.37%，这与选取学校多以招收本科生为主有关；略有不足的是，有效样本多以有学生干部经历的学生为主，占 75.34%，不过这些学生更可能是参与，甚至组织大学生社会实践的骨干，对他们进行调查更有利于了解大学生社会实践育人质量的现状。总体来看，在学生个人基本特征的分布上，本书尽可能地涵盖了大学生社会实践的潜在参与人群，具有一定的广泛性和代表性。

根据本书调查得到的样本，有 89.38%的大学生参与过不同形式的社会实践活动，分别有 88.18%、71.53%的大学生参与过线下、线上形式的社会实践活动。在参与过社会实践活动的样本中，有 97.46%的大学生认为社会实践活动对德、智、体、美、劳各方面素质发展产生了良性的助益，有 90.98%的大学生认为社会实践活动对个人能力提升存在积极的作用①。因此，通过简单的分析可以看出，大学生社会实践活动已成为高校“五育并举”的重要抓手和平台，取得了实质性的育人成效。

---

① 在这里，采用一种非常严格的方式来界定大学生社会实践成效，只有当“您认为您参与过的社会实践活动对促进您的德、智、体、美、劳各方面素质发展的实际效果”10 个维度的子问题，学生都选择“非常符合”或“比较符合”时才记为大学生认为社会实践活动对德、智、体、美、劳各方面素质发展产生了良性的助益；同理，只有当“您认为社会实践对您提升以下能力的影响程度”15 个维度的子问题，学生都选择“影响很大”或“影响较大”时才记为大学生认为社会实践活动对个人能力提升存在积极的作用。

表 4-1　调查问卷（学生）样本分布及被调查人（有效问卷）基本情况统计表

调查学校	样本数量		性别		政治面貌				学历层次			是否担任过学生干部	
	发放样本	有效样本	男	女	中共党员	共青团员	民主党派	群众	专科生	本科生	研究生	是	否
武汉大学	100	94	42	52	42	46	2	4	6	66	22	10	84
华中科技大学	100	86	40	46	41	40	0	5	3	63	20	10	76
武汉理工大学	100	87	64	23	7	77	0	3	1	81	5	51	36
华中师范大学	100	92	12	80	24	67	1	0	0	74	18	29	63
华中农业大学	100	87	45	42	2	68	0	17	0	87	0	52	35
中国地质大学（武汉）	100	81	56	25	5	64	0	12	0	78	3	48	33
中南财经政法大学	100	89	23	66	58	30	0	1	0	35	54	7	82
中南民族大学	100	88	28	60	10	70	0	8	0	87	1	26	62
武汉科技大学	100	94	50	44	23	65	0	6	0	67	27	4	90
湖北大学	100	86	35	51	1	78	0	7	0	86	0	17	69
三峡大学	100	92	44	48	4	80	0	8	0	92	0	10	82
武汉工程大学	100	87	49	38	3	72	0	12	1	85	1	20	67
武汉纺织大学	100	90	32	58	1	80	0	9	0	90	0	11	79
湖北中医药大学	100	88	31	57	5	70	0	13	1	87	0	2	86
武汉轻工大学	100	90	48	42	1	75	0	14	1	89	0	55	35
江汉大学	100	85	35	50	5	66	1	13	0	85	0	50	35
湖北民族大学	100	89	36	53	4	69	0	16	0	89	0	5	84
湖北医药学院	100	59	15	44	28	31	0	0	0	59	0	3	56

续表

调查学校	样本数量		性别		政治面貌				学历层次			是否担任过学生干部	
	发放样本	有效样本	男	女	中共党员	共青团员	民主党派	群众	专科生	本科生	研究生	是	否
湖北师范大学	100	93	26	67	1	82	0	10	1	92	0	19	74
湖北科技学院	100	92	41	51	4	80	0	8	6	86	0	55	37
湖北文理学院	100	77	27	50	0	52	0	25	2	75	0	17	60
武汉体育学院	100	43	18	25	5	30	1	7	0	42	1	0	43
黄冈师范学院	100	92	27	65	0	78	0	14	0	92	0	3	89
武汉音乐学院	100	45	17	28	0	33	0	12	0	45	0	1	44
湖北理工学院	100	92	32	60	1	77	0	14	0	92	0	23	69
湖北第二师范学院	100	89	28	61	4	71	1	13	4	85	0	0	89
武昌首义学院	100	85	41	44	3	73	0	9	13	72	0	9	76
文华学院	100	85	48	37	0	48	0	37	18	67	0	13	72
武汉学院	100	71	29	42	1	51	0	19	3	68	0	5	66
武汉城市学院	100	84	36	48	0	62	0	22	15	69	0	6	78
武汉工商学院	100	90	42	48	3	53	0	34	22	68	0	16	74
武汉华夏理工学院	100	86	41	45	1	81	0	4	0	86	0	46	40
汉口学院	100	88	35	53	2	64	0	22	18	70	0	21	67
湖北商贸学院	100	79	35	44	2	50	0	27	2	77	0	26	53
湖北师范大学文理学院	100	84	26	58	2	65	0	17	38	46	0	49	35
武昌理工学院	100	83	39	44	2	61	0	20	13	69	1	3	80
武汉东湖学院	100	82	34	48	1	56	0	25	17	65	0	13	69

续表

调查学校	样本数量		性别		政治面貌				学历层次			是否担任过学生干部	
	发放样本	有效样本	男	女	中共党员	共青团员	民主党派	群众	专科生	本科生	研究生	是	否
武汉晴川学院	100	86	38	48	2	62	0	22	2	84	0	5	81
武汉工程科技学院	100	83	32	51	2	60	0	21	21	62	0	15	68
湖北经济学院法商学院	100	82	29	53	4	73	1	4	6	76	0	12	70
武昌工学院	100	84	40	44	4	50	0	30	8	76	0	18	66
武汉生物工程学院	100	89	36	53	3	67	0	19	28	61	0	10	79
武汉文理学院	100	88	23	65	0	58	0	30	9	79	0	54	34
武汉纺织大学对外经贸学院	100	85	40	45	2	58	0	25	23	61	1	5	80
襄阳职业技术学院	100	83	21	62	0	39	0	44	78	4	1	52	31
武汉船舶职业技术学院	100	93	65	28	1	72	0	20	93	0	0	21	72
武汉铁路职业技术学院	100	93	40	53	0	71	0	22	93	0	0	28	65
武汉交通职业学院	100	85	33	52	8	64	0	13	85	0	0	19	66
长江职业学院	100	83	25	58	1	52	0	30	83	0	0	50	33
湖北科技职业学院	100	91	42	49	1	74	0	16	88	3	0	19	72
合计	5000	4229	1771	2458	324	3115	7	783	802	3272	155	1043	3186

数据来源：本书利用 PPS 抽样方法调查数据整理得到。

（三）问卷的信效度检验

为检验本书调查问卷的可靠性与准确性，本书分别对问卷中“根据您对大学生社会实践重要性的理解和认识，您对下列观点的态度”（简称“认知程度”）、“您认为您参与过的社会实践活动对促进您的德、智、体、美、劳各方面素质发展的实际效果”（简称“素质发展成效”）、“您认为社会实践对您提升以下能力的影响程度”（简称“能力提升成效”）、“您对目前学校社会实践工作机制的满意度”（简称“学校满意度”）、“您认为影响您所在学校社会实践育人质量的不利因素”（简称“不利因素”）、“您期待得到学校及实践单位给予以下方面支持的程度”（简称“改进空间”）6个基于李克特量表设计的态度、意见式问题，进行信度和效度分析。

对6个维度问题进行的信度检验结果如表4-2所示。这些问题的整体信度Cronbach's alpha值为0.97，基于数据标准化后的Cronbach's alpha值为0.98；除未标准化的认知程度外，各问题内部的信度Cronbach's alpha值也均大于0.8。因此，研究数据的一致性和可靠性很高，该调查数据具有良好的信度。

表4-2　大学生社会实践育人质量现状的信度分析

问题维度	问题数量	样本数量	整体信度	数据标准化的整体信度
认知程度	7	4229	0.7500	0.9068
素质发展成效	10	3780	0.9828	0.9828
能力提升成效	15	3780	0.9794	0.9800
学校满意度	10	4229	0.9832	0.9834
不利因素	14	4229	0.9885	0.9885
改进空间	14	4229	0.9874	0.9875
整体层面	70	4229	0.9692	0.9803

对6个维度问题进行的效度检验结果如表4-3所示。一方面，各问题

的KMO值均大于0.9，说明各问题内部各指标存在非常强的相关性，满足开展因子分析的前提条件；另一方面，各问题均能在显著性水平为1%水平下，拒绝Bartlett球形检验变量之间不相关的原假设，再次证明各问题内部各指标具备非常强的相关性。因此，该调查数据具有良好的效度，可以开展因子分析。

表4-3　大学生社会实践育人质量现状的效度分析

问题维度	问题数量	样本数量	KMO	球形检验
认知程度	7	4229	0.925	25642.580***
素质发展成效	10	3780	0.971	58786.473***
能力提升成效	15	3780	0.981	71454.959***
学校满意度	10	4229	0.972	68144.331***
不利因素	14	4229	0.975	108000.000***
改进空间	14	4229	0.977	104000.000***

注：*、**、***分别表示显著性水平为10%、5%和1%。

二、大学生社会实践育人质量的总体概况

（一）观念认知整体积极向好

大学生社会实践活动的组织机构因高校重视程度不同和机制不同而呈现出差异化。部分高校高度重视大学生社会实践育人，专门由校领导挂帅成立学校社会实践领导小组统筹协调相关职能部门协同开展大学生社会实践育人工作。

我校充分重视大学生社会实践工作，学校科学领导，全面部署，成立了以副校长为组长，组织、宣传、学工、团委、综保等职能部门负责人为副组长，各学院分管学生工作的副书记为成员的“三下乡”社会实践领导小组，办公室设在校团委。（WM20220106）

在本书的调查中，有3780名学生参加过大学生社会实践。对这些学

生进行参加大学生社会实践原因的调查，结果如表 4-4 所示。不难发现，锻炼个人能力（85.74%），丰富个人阅历（75.32%），服务社会、奉献力量（69.42%）是大学生参加社会实践活动的主要原因，选择这 3 方面原因的人数占比均在 69%以上，这说明大学生参加社会实践的观念认知整体积极向好。同时，选择有奖金奖励（2.25%），有相关团队或个人邀请（2.41%），学校或学院要求参加（4.18%），为了获得综合测评加分、评奖评优等（7.06%）、为获得实践学分或课程分数（11.03%）等被动原因的学生均较少，占比均不足 12%。不过值得注意的是，仅有 15.95%的学生因为与自身兴趣爱好契合而参加社会实践活动，未来可能需要思考如何将大学生社会实践内容与大学生兴趣爱好有机结合起来。

表 4-4　大学生参加社会实践活动的原因分析

参加原因	选择人数	占比（%）	参加原因	选择人数	占比（%）
锻炼个人能力	3241	85.74	有奖金奖励	85	2.25
丰富个人阅历	2847	75.32	为了获得综合测评加分、评奖评优等	267	7.06
服务社会、奉献力量	2624	69.42	学校或学院要求参加	158	4.18
与自身兴趣爱好契合	603	15.95	有相关团队或个人邀请	91	2.41
为获得实践学分或课程分数	417	11.03	其他原因	10	0.26

（二）组织机构协同初步形成

大学生社会实践活动的组织机构之间在实践育人工作方面的协同性较好，离协同性很好还有一定的提升空间。

学校社会实践工作校党委、教学系统、学工系统、团学组织齐抓共管，各学院、各部门、各素质导师全面落实，各相关政府部门、中小学校、社会组织协同推进，学生党员、志愿者组织、全体学生积极行动，形成了共同推进社会实践活动的大格局。（LM20211227）

各部门之间在实践育人工作方面协同性较好，学校将大学生社会实践纳入目标责任管理体系，由团委具体负责组织实施，其他职能部门从舆论营造、后勤保障、实践经费等各个方面协同合作，各部门积极落实责任，共同关心、指导学生实践活动。（WM20220106）

20位受访者中仅一位受访者认为“在部门协同性方面还要进一步加强工作统筹和资源共享”。（CW20220106）

（三）活动内容丰富多样

在本书的调查中，有3729名学生参加过线下社会实践，有3025名学生参加过线上社会实践。分别对这些学生进行参与活动形式的调查，结果如表4-5所示。在线下社会实践方面，参与志愿服务的人数最多，占比高达72.00%，其次是社会调查（33.31%）、公益劳动（25.05%）、文体艺术活动（19.25%）；参与义务支教（4.24%）、科技创新活动（6.36%）、参观考察（7.51%）的人数较少，占比均不足8%。在线上社会实践方面，参与线上理论宣讲的人数最多，占比高达41.62%，其次是线上科普（29.62%）、线上社会调查（29.06%）、线上防诈骗宣传（23.24%）；参与线上扶贫支农（1.62%）、虚拟仿真实验（3.24%）、线上虚拟展厅参观（3.57%）、线上支教（4.96%）的人数较少，占比均不足5%。

表4-5　大学生参加社会实践活动的形式分析

活动形式	选择人数	占比（%）	活动形式	选择人数	占比（%）
Panel A 线下社会实践活动形式					
社会调查	1242	33.31	参观考察	280	7.51
志愿服务	2685	72.00	就业见习	417	11.18
公益劳动	934	25.05	义务支教	158	4.24
科技创新活动	237	6.36	文体艺术活动	718	19.25
勤工助学	492	13.19	线下其他形式	168	4.51
Panel B 线上社会实践活动形式					
线上理论宣讲	1259	41.62	线上实习、兼职	255	8.43
线上科普	896	29.62	线上防诈骗宣传	703	23.24

续表

活动形式	选择人数	占比（%）	活动形式	选择人数	占比（%）
Panel B 线上社会实践活动形式					
线上社会调查	879	29.06	线上虚拟展厅参观	108	3.57
线上心理辅导	377	12.46	虚拟仿真实验	98	3.24
线上支教	150	4.96	线上其他形式	230	7.60
线上扶贫支农	49	1.62			

通过上面的分析，可以发现大学生社会实践的内容丰富多样，这一点也能得到学生对实践主题和内容设计满意度调查的支撑。如表 4-6 的结果所示，在本书调查的 4229 名学生中，分别有 60.98%、28.26%的学生对实践主题和内容设计感到非常满意或比较满意，感到不大满意或很不满足的学生仅 41 人，占比仅 0.97%。

表 4-6　实践主题和内容设计的满意度分析

实践主题和内容设计	非常满意	比较满意	一般	不大满意	很不满意
选择人数	2579	1195	414	31	10
占比（%）	60.98	28.26	9.79	0.73	0.24

（四）线上社会实践形式受到重视

2019 年 12 月以来，新冠肺炎疫情席卷全球，各地高校纷纷因地制宜，针对学科内容，运用“互联网＋”思维开展教学工作，在高校师生掀起了一股线上教学热潮。而在此期间，由于疫情防控的限制，教育和实践的形式、场域严重受限，但大学生社会实践没有停摆，线上社会实践方式应运而起。疫情初始，各高校就纷纷组织大学生在线上开展防疫政策与知识宣讲、学业帮扶、兴趣辅导、心理援助等实践活动，同时组织大学生聚焦疫情防控工作的主要事件、重大进展及舆情发展，运用线上问卷、访谈、分析等方法，开展线上国情社情民情调研，并围绕城乡公共管理、志愿服务体系、基层社会治理、社会动员机制等视角撰写调研报告，将“疫情大考”变为鲜活的大学生思想政治教育实践课堂，让大学生在线上社会实践中读懂中国故事，讲好疫情故事。

在本书的调查中，有3025名学生参加过线上社会实践，线上社会实践正成为社会实践的全新模式。本书对线上社会实践的优势、不足与问题进行调查，结果如表4-7所示。在参加过大学生社会实践的3780名学生中，绝大部分学生认为时间灵活（74.58%）、不受空间限制（73.47%）、不受天气限制（69.81%）、受疫情影响降低（65.08%）、降低实践成本（63.23%）是相比于线下社会实践，线上社会实践的主要优势。同时，大多数学生认为缺乏系统的培训（50.40%），整体规划未成系统、组织不到位（49.79%），体验感、参与感不强（43.41%）是目前线上社会实践存在的主要不足与问题。

表4-7　大学生对线上社会实践活动的评价分析

Panel A 与线下社会实践相比，线上社会实践存在的优势					
优势	选择人数	占比（%）	优势	选择人数	占比（%）
降低实践成本	2390	63.23	实践效率更高	1031	27.28
时间灵活	2819	74.58	成员组队更便捷和多元	1164	30.79
不受空间限制	2777	73.47	服务对象覆盖面更广	1447	28.28
不受天气限制	2639	69.81	宣传辐射面和社会影响力更广	1164	30.79
受疫情影响降低	2460	65.08	其他优势	27	0.71
Panel B 目前线上社会实践存在的不足与问题					
不足与问题	选择人数	占比（%）	不足与问题	选择人数	占比（%）
整体规划未成系统、组织不到位	1882	49.79	成果展现形式有限	1239	32.78
线上实践活动资讯信息不畅通	1397	36.96	团队沟通没有面对面交流便捷有效	1200	31.75
缺乏系统的培训	1905	50.40	体验感、参与感不强	1641	43.41

续表

Panel B 目前线上社会实践存在的不足与问题					
不足与问题	选择人数	占比（%）	不足与问题	选择人数	占比（%）
指导教师参与度较低	1108	29.31	自身能力提升实效打折扣	836	22.12
信息隐私保护方面存在风险	1045	27.65	其他不足与问题	35	0.93

通过上面的分析，可以发现培训、规划、组织、体验感、参与感是线上社会实践需要重点突破的地方，这显然需要成熟的线上平台做技术支撑，丰富的渠道做资源支撑，这也得到关于是否需要学校拓展线上社会实践渠道和资源、实践单位开拓线上社会实践渠道和平台调查的支撑。如表4-8的结果所示，在本书调查的4229名学生中，分别有65.05%、26.81%的学生对呼吁学校拓展线上社会实践渠道和资源感到非常符合或比较符合，感到不大符合或完全不符的学生仅56人，占比仅1.32%；分别有64.06%、27.88%的学生对呼吁实践单位开拓线上社会实践渠道和平台感到非常符合或比较符合，感到不大符合或完全不符的学生仅39人，占比仅0.92%。

表4-8　线上社会实践的改进空间分析

	非常符合	比较符合	说不清楚	不大符合	很不符合
Panel A 学校拓展线上社会实践渠道和资源					
选择人数	2751	1134	288	39	17
占比（%）	65.05	26.81	6.81	0.92	0.40
Panel B 实践单位开拓线上社会实践渠道和平台					
选择人数	2709	1179	302	27	12
占比（%）	64.06	27.88	7.14	0.64	0.28

（五）制度体系比较完善

1. 大学生社会实践育人制度化程度较高

第一，高校出台的关于大学生社会实践育人方面的专门文件和制度基本上涵盖了第二课堂学分评定和管理办法、社会实践和志愿服务活动管理办法、社会实践测评办法等。有的高校根据自己的实际情况出台了一些特色制度和创新制度。

我校于2020年12月印发《××大学关于加强新时代大学生美育教育的实施办法（试行）》《××大学关于加强新时代大学生劳动教育的实施办法（试行）》。（ZJ20211227）

以往的社会实践组织工作以专项通知的形式下发，由团委负责的《社会实践（二）》课程纳入本科生培养方案后，团委制定了《社会实践（二）课程管理实施细则》，拟于2022年发布通知时一并下发。（LSD20211227）

第二，绝大部分高校已经将大学生社会实践纳入人才培养方案，和学生毕业直接挂钩。但是有的高校是作为必修课，有的是作为选修课，各高校的社会实践学分规定差异性较大。

我校将社会实践纳入人才培养方案，作为必修课程要求，规定本科生社会实践学分2个、专科生社会实践学分1个，做到全校所有专业全覆盖，学生拿不到学分不能毕业。要求每次社会实践时间不得少于25天，分项制定详细的表格、日志、联系电话、照片等材料清单，专门开发测评系统，测评结果合格学生才能获得相应学分，弄虚作假将给予纪律处分。（LM20211227）

有。必修。《××大学关于修订本科专业人才培养方案的指导意见》规定第二课堂实践3个学分（包含安全素养教育及能力提升必修1个学分，艺术实践、文化体育活动、社会实践、志愿服务活动和社会工作等2个学分）。（LS20220106）

我校大学生社会实践纳入人才培养方案，是必修课，是第二课堂成绩单学分。人才培养方案中具体规定：社会实践成绩计2个学分。专科生按2个学分计，第一至第二学年每学年1个学分；本科生按2个学分计，第一至第三学年每学年1个学分。（LF20211227）

纳入人才培养方案。作为必修课，素质学分。具体规定：达到体育合格标准，受到必要的军事训练和社会锻炼，有较强的社会、环境及工作的适应能力，身心素质健康。（HMM20220106）

已经纳入素质学分。《××学院“人人成才”大学生素质拓展计划》：

（四）实施“人人实践”计划。推行学生在校期间参与学校认可的社会实践活动不少于120小时（15日）且参与志愿服务活动不少于40小时制度。（XGW20211227）

自2020年起，学校教务部门将社会实践课程列入本科生培养方案的“集中性社会实践”环节，两门课程共4个必修学分，由学校马克思主义学院和学校团委分别负责2个学分的《社会实践（一）》和《社会实践（二）》的组织工作，其中团委负责的是《社会实践（二）》课程。（LSD20211227）

我校大学生社会实践已纳入人才培养方案，并在第二课堂成绩单中进行体现。暑期社会实践是第二课堂的必修项目，要求我校大学生每人每年至少要参加一次社会实践活动，并以发放“实践实习”类的二课学分记录在第二课堂成绩单中。具体规定为：《××学院学生社会实践管理办法》第十一条 社会实践纳入学校第二课堂成绩单，实行学生社会实践记载和台账管理。原则上，未进入实习阶段的学生，每年均应当开展社会实践。每年由班级登记造册、学院分团委统一汇总备查，成绩考核合格者，发放0.5个二课学分。（WM20220106）

已将社会实践纳入培养方案中，作为必修课，赋予素质拓展学分。学校各专业的人才培养方案不相同，但都统一按照《××大学大学生素质拓展课程校级学分置换标准》规定了社会实践要求和学分，如学生参加社会实践活动和社会实践调研获奖，均可以取得相应素质学分。（CW20220106）

纳入学校人才培养方案。作为选修课素质学分。学校人才培养方案规定如下：5. 社会实践类：涵盖寒暑期“三下乡”实践活动、志愿服务、“新青年下乡”活动等综合性社会实践。主要培养学生综合素养、劳动精神，引导学生崇尚劳动、尊重劳动。由团委负责管理，各学院指派教师团队负责指导和考核。将社会实践在教学进程表的拓展课程中作为第1～4学期的实践选修课程具体安排。（YJS20211224）

本校的大学生社会实践已纳入人才培养方案，要求学生完成第一课堂的学分之外，还需完成第二课堂7个学分。其中，社会实践是必修学分2分，属于素质学分。含暑期“三下乡”社会实践1分，志愿服务1分，需要每学年完成社会实践不少于一周，完成实践报告撰写；每学年志愿服务

时长达到20小时以上。(ZY20211228)

本书进一步对3780名参加过大学生社会实践的学生，进行所在学校社会实践成绩计算认定的调查，结果如表4-9所示。不难发现，有高达60.77%的学生所在学校，将社会实践纳入评奖评优的综合成绩体系；有37.86%的学生所在学校，单独设有社会实践学分，参加并合格后才能认定学分，修不够不能毕业，将其与毕业直接挂钩；还有37.43%的学生所在学校，将其作为课程实践环节，计入课程成绩；仅有6.32%的学生所在学校，对其没有任何学分或成绩认定。

表4-9 学校对社会实践成绩的计算认定分析

计算认定方式	选择人数	占比(%)
纳入评奖评优的综合成绩体系	2297	60.77
作为课程实践环节，计入课程成绩	1415	37.43
单独设有社会实践学分，参加并合格后才能认定学分，修不够不能毕业	1431	37.86
没有任何学分或成绩认定	239	6.32
不清楚	503	13.31

第三，大学生社会实践基地的数量整体比较充足，但也有少量高校基地数量仍为个位数。基地日常维护和管理有的高校依靠校院两级团委，有的高校只依靠二级学院，有的高校依托对口单位如当地村委会、乡县政府的乡村振兴办、地市州本地企业等进行管理。

161个基地。校团委规范社会实践基地建立程序，统一审批挂牌；各二级学院具体负责实践基地管理，结合学院专业建设、人才培养等工作，派遣实践团队到基地开展实践，推进校地合作、校企合作。(LLJ20211223)

截至目前有校级实践基地(挂牌)12个；通过寒暑期社会实践，依托当地村委会、乡县政府的乡村振兴办、地市州本地企业、当地希望小学等合作方，提供场地、生源(参与活动的人员)、实践地，定期组织学生每年在社会实践基地开展乡村支教、产业调研、产业兴农、环境小品改造、关爱留守老人儿童、志愿服务、职业启蒙等社会实践活动；依托社团活动中心成立乡村振兴协会(社团)，在校期间在校内进行社会实践方案

的设计研制，在假期里依照项目方案进行社会实践，到社会实践基地开展“三下乡”活动。（XGW20211227）

第四，大部分高校都会开展各种形式的表彰活动，表彰力度很大。

我校设立大学生社会实践专项表彰奖励，具体开展情况如下：每年9月，组织“三下乡”校级团队答辩暨优秀团队展示活动，评选出“优秀组织单位”“优秀团队”“先进工作者”“优秀指导教师”“优秀个人”“优秀通讯员”等奖项，下发表彰决定，并于每年志愿者文化节晚会进行表彰。（WM20220106）

我校每年开展大学生社会实践表彰活动，对社会实践工作中涌现出来的优秀组织单位、优秀团队、优秀个人进行表彰。在“五四表彰”中设立青年志愿者标兵、优秀青年志愿者等表彰，并配套奖励素质学分及奖学金。（LM20211227）

第五，有的高校结合自身实际探索出一套科学合理、行之有效的评价办法。

在大学生社会实践育人成效方面，学校通过建立校院两级的评比制度，以社会实践成果现场答辩评分机制来评价社会实践育人效果，现场答辩评比标准如图4-1所示。（CW20220106）

资料完整度（20分）	策划书（80分）			
包括安全协议书、立项申报书、接受地证明、策划书。	完整性（16分） 包括的内容是否全面、完整且达到所规定的涉猎范围。	创新性（16分） 社会实践的主题、形式或内容新颖，有创意。	可持续性（24分） 项目的后续发展策划符合实际，具有可持续性。	影响程度（24分） 项目能否引起社会效应和大众的关注，得到学院或社会的广泛支持等。

图4-1　K大学大学生社会实践成果现场答辩评分标准

我校出台了针对实践内容、实践成果和参与情况的明确的评价标准。具体为：《××学院学生社会实践管理办法》第十二条 学生参与社会实践活动，所在团队和学生个人应达到基本考核要求，并满足团队和个人相应考核标准，视为考核合格。

（1）基本考核要求

①政治性：以习近平新时代中国特色社会主义思想为指导，牢固树立

“四个自信”，切实增强“四个意识”，始终做到“两个维护”，提升政治敏锐性，自觉抵制和防范意识形态渗透，确保实践安全。

②创新性：在“健康中国”战略指引下，立足学院学科专业，紧盯行业动态，面向基层需求，大力运用和转化科学知识和业务技能，主动创新创造，为增进人民健康福祉、推动经济社会发展积极贡献智慧和力量。

③规范性：认真遵守学校关于实践教育、外出活动、社会实践的各项规定要求，按程序依申请组织实践活动。加强社会实践主题、成员、场所、时间等对接协调，团结协作，不搞应景、扎堆、重复社会调研，杜绝形式主义、本本主义。社会实践方案、调查问卷、调研报告、调研论文、通知商函等要科学、规范。

（2）团队结题标准

①组织管理：实践团队专业、年级分布合理，指导教师积极参与，团队分工科学高效，组织协调安全有序。调查、考察的样本应具有统计学意义或社会学价值，能实现实践目标。

②实践成果：至少形成1篇符合实践主题的调查研究论文（调查研究类）或社会考察报告（非调查研究类）；形成一批有社会影响力的宣传报道或文化产品，如资料汇编、宣传片、画册等。

（3）学生个人考核标准

①实践过程：每个学年累计不得少于1周。积极完成团队分配的实践任务，或自行设计并开展活动。

②实践成果：必须履行《大学生社会实践登记表》规定的所有项目，同时提供2000字以上的调查报告或心得体会。

团队达不到结题要求者，不予结题，团队成员个人考核不合格。(CP20211227)

我校对大学生社会实践育人成效中的实践内容、实践过程、实践结果（包括获得荣誉、奖项、新闻报告等）等进行评价。学校制定社会实践测评方法，要求每次社会实践时间不得少于25天，分项制定详细的表格、日志、联系电话、工资条等材料清单，专门开发测评系统，测评结果合格学生才能获得相应学分，弄虚作假将给予纪律处分，严格保证社会实践质量和效果，每次社会实践测评合格给与1个素质学分认定。(LM20211227)

2. 重视对指导教师和学生的社会实践培训

有的高校对培训非常重视，在培训方面做得非常扎实，由校级层面主抓培训工作的具体实施，培训内容十分丰富。

学校党委组织召开“三下乡”专题会议，精心部署“三下乡”工作。校团委积极筹备暑期社会实践活动安全、宣传等系列工作培训，各学院分团委结合实际进一步加强各团队的培训和指导，学校构建“三下乡”工作体系，保障社会实践活动质量。(WM20220106)

学校对师生开展生命安全、疫情防控、个人防护、文明礼仪、经费使用报销、突发事件处置、实践报告撰写、新闻报道撰写等培训。(YJS20211224)

我校在大学生社会实践方面针对教师和学生开展了社会实践选题培训会、社会实践安全教育培训会、社会实践宣传工作培训会、成果凝练及项目报送培训会等一系列培训工作，旨在加强指导教师和学生在社会实践方面的经验和技能，为社会实践最后的圆满成功奠定基础。(LM20211227)

学校统一安排给参与社会实践学生开展安全教育培训和实践内容培训等。比如开展基础理论、实践要求等培训；邀请专业人员开展急救知识培训；邀请指导教师开展大学生社会实践报告竞赛和培训交流活动。(CW20220106)

校、院两级社会实践部每年均会组织社会实践培训工作，内容包括：如何开展社会实践、过程管理、新闻撰写投稿、数据分析成果转化等相关培训，主要以邀请专业老师和优秀团队以讲座、经验交流会等形式开展。每个社会实践团队印发社会实践指导手册，签订社会实践安全承诺书，建立社会实践交流群，每支团队配备专业指导教师和带队老师，对实践专业性和安全性进行过程性指导。同时，每年9月开展社会实践评选活动，召开表彰和经验分享交流会，让新生对于社会实践活动有基本的认识。(CP20211227)

有的高校直接把培训工作下放给二级学院具体实施，还有的高校完全没有任何培训。有的高校培训内容单一化、片面化，没有形成系统性。

3. 高校基本上都要求配备大学生社会实践指导教师

有的高校配备的是团委老师或辅导员老师，有的是专业教师，还有的配备有马克思主义理论指导教师。关于对指导教师的激励措施主要是三个方面：一是社会实践总结表彰设立“优秀指导教师”选项。二是在学校人事部门制定的工作量计算办法中将指导社会实践列入工作量计算纳入年终绩效酬金。三是认定指导教师指导实践时长，作为职称评审、职务晋升的补充条件。

我校社会实践活动为每支社会实践团队配备指导教师，出台《××学院2021年学生暑期“三下乡”实践育人活动方案》，校团委和马克思主义学院为每个学院配备1～2名思政课教师担任社会实践团队指导教师，具体负责社会实践选题拟定、实践过程指导等。切实保障学生的理想与认知接受真实社会的砥砺磨炼。对指导教师指导的团队获得荣誉或奖项奖励相应的教学成果积分，对职称评定和年终考核具有相应加分考核，并相应配套资金奖励。（LM20211227）

本书进一步对3780名参加过大学生社会实践的学生，进行指导教师投入程度的调查，结果如表4-10所示。不难发现，一方面，大部分学生均有指导教师，仅7.07%的学生没有指导教师；另一方面，大部分学生非常认可指导教师的作用，分别有36.27%、26.48%认为指导教师的指导力度比较大或很大，仅4.07%的学生认为指导教师未做实际指导。

表4-10　指导教师投入程度分析

指导教师投入程度	选择人数	占比（%）
实践全程参与并指导，指导力度很大	1120	26.48
在实践的大部分环节有指导，指导力度比较大	1534	36.27
只有个别环节有指导，指导力度不大	655	15.49
有实践指导教师，但未做实际指导	172	4.07
没有指导教师	299	7.07

（六）实践育人阶段性成效显现

本书面向3780名参加过大学生社会实践的学生，从素质发展与能力提升两方面对大学生社会实践育人成效进行调查，结果如表4-11所示。不难发现，有超过75%的学生从十个方面非常赞同大学生社会实践能促进大学生德、智、体、美、劳各方面的素质发展，尤其是塑造大学生的社会公德、职业道德、家庭美德、个人品德（77.20%）；仅不足1%的学生认为大学生社会实践不能或不大能促进大学生德、智、体、美、劳各方面的素质发展。同样，有超过63%的学生从十五个方面认为大学生社会实践对提升能力有很大的影响，尤其是提升劳动能力（70.53%）、团队合作能力（70.45%）、人际交往能力（70.21%）、执行力（70.03%）；除审美能力（1.75%）、生活自理能力（1.11%）外，仅不足1%的学生认为大学生社会实践对提升其他能力的影响较小或没有影响。

表 4-11　大学生社会实践育人成效分析

Panel A 促进德、智、体、美、劳各方面素质发展的实际效果					
选项	非常符合	比较符合	说不清楚	不大符合	很不符合
坚定了理想信念，塑造和完善道德观念与价值标准	2905 (76.85)	767 (20.29)	90 (2.38)	10 (0.26)	8 (0.21)
进一步了解国情、社情、民情，激发爱国意识，根植家国情怀	2901 (76.75)	766 (20.26)	93 (2.46)	14 (0.37)	6 (0.16)
塑造了大学生的社会公德、职业道德、家庭美德、个人品德	2918 (77.20)	764 (20.21)	82 (2.17)	9 (0.24)	7 (0.19)
切实强化责任意识，全面认识职责和使命，促使大学生把社会责任感落实到行动上	2916 (77.14)	760 (20.11)	86 (2.28)	11 (0.29)	7 (0.19)
完善知识结构，激发理论学习热情，形成学以致用和终身学习的态度和能力	2848 (75.34)	815 (21.56)	95 (2.51)	15 (0.40)	7 (0.19)
发现和弥补知识、技能的不足，提高创新实践能力和就业创业能力	2850 (75.40)	826 (21.85)	83 (2.20)	14 (0.37)	7 (0.19)
加速大学生社会化进程，明确社会角色意识，提高社会适应性	2856 (75.56)	819 (21.67)	87 (2.30)	11 (0.29)	7 (0.19)
促进身心健康，锻造大学生堪当重任的强健体魄	2881 (76.22)	792 (20.95)	85 (2.25)	14 (0.37)	8 (0.21)
丰润艺术滋养，提高审美和人文素养，培养大学生高尚博雅的生活情操	2843 (75.21)	810 (21.43)	103 (2.72)	15 (0.40)	9 (0.24)
树立正确的劳动价值观和深厚的劳动情怀，提高吃苦耐劳的劳动素养	2907 (76.90)	777 (20.56)	76 (2.01)	12 (0.32)	8 (0.21)

续表

Panel B 提升能力的影响程度					
选项	影响很大	影响较大	一般	影响较小	没有影响
道德能力	2563 (67.80)	930 (24.60)	264 (6.98)	12 (0.32)	11 (0.29)
了解和适应社会的能力	2613 (69.13)	975 (25.79)	170 (4.50)	16 (0.42)	6 (0.16)
人际交往能力	2654 (70.21)	926 (24.50)	181 (4.79)	14 (0.37)	5 (0.13)
思辨能力	2519 (66.64)	960 (25.40)	271 (7.17)	22 (0.58)	8 (0.21)
团队合作能力	2663 (70.45)	918 (24.29)	182 (4.81)	10 (0.26)	7 (0.19)
领导能力	2521 (66.69)	913 (24.15)	209 (8.17)	30 (0.79)	7 (0.19)
创新思维和创造力	2537 (67.12)	931 (24.63)	276 (7.30)	28 (0.74)	8 (0.21)
学习能力	2571 (68.02)	927 (24.52)	258 (6.83)	20 (0.53)	4 (0.11)
理论联系实际的能力	2553 (67.54)	968 (25.61)	244 (6.46)	9 (0.24)	6 (0.16)
心理调适能力	2550 (67.46)	955 (25.26)	250 (6.61)	17 (0.45)	8 (0.21)
审美能力	2397 (63.41)	910 (24.07)	407 (10.77)	46 (1.22)	20 (0.53)
执行力	2647 (70.03)	918 (24.29)	197 (5.21)	10 (0.26)	8 (0.21)
意志力	2609 (69.02)	931 (24.63)	217 (5.74)	18 (0.48)	5 (0.13)
劳动能力	2666 (70.53)	893 (23.62)	202 (5.34)	13 (0.34)	6 (0.16)
生活自理能力	2579 (68.23)	860 (22.75)	299 (7.91)	30 (0.79)	12 (0.32)

注：表格中的数字为选择该选项的人数，括号内为选择该选项的人数占比，单位为%。

三、影响大学生社会实践育人质量提升的主要问题

（一）育人主客体重视程度不够

首先，在高校层面，社会实践工作被误解为单一部门的工作，其他部门参与性、联动性不够。大部分高校将大学生社会实践认定为由校团委牵头、学生参与的寒暑假实践活动，教务处、科技处和教学、科研老师没有参与进来，对大学生社会实践育人质量的提升有很大影响。

其次，在社会层面，政府机关和企事业单位在协助和配合高校开展大学生社会实践育人过程中普遍表现不太积极，配合度不高，对大学生社会实践育人质量提升的重要性缺乏统一的思想认识，能够提供的大学生社会实践基地也存在缺少长效性、趋于形式化等问题。

一些可以实践落实的实践项目缺乏有关地方政府的资金支持；实践多数是学校“一厢情愿”，而地方为了配合上级组织工作也是“勉强配合”；实践团队缺乏能与各级乡村振兴政府部门沟通协作的指引，团队缺乏实际运作的“激情动力”。(JC20211227)

再次，在家庭方面，家长教育大学生的思想观念相对比较陈旧，没有把大学生的社会实践和专业知识学习摆在同等重要的位置，对学生缺乏有效的督促和引导，消极被动的态度仍然存在。如表 4-12 所示，在本书调查的4229 名学生中，有 41.31%的学生遇到了周围人（导师、家人、朋友等）的不支持（包括非常符合的 28.04%和比较符合的 13.27%），这与得到支持的学生比重 44.10%非常接近（包括完全符合的 21.92%和不大符合的 22.18%）。

表 4-12　周围人的支持力度分析

周围人（导师、家人、朋友等）不支持	非常符合	比较符合	说不清楚	不大符合	完全不符
选择人数	1186	561	617	938	927
占比（%）	28.04	13.27	14.59	22.18	21.92

最后，在学生自身层面，部分学生自身对于社会实践的重视程度不

够。一方面，部分学生在前期制订的活动方案过于草率，可操作性不高，过于理想化；另一方面，学生参加社会实践活动时，表现为急功近利或者目的性太强。部分大学生可能会以社会实践对自身发展所带来的实际收益和及时性的诉求来衡量社会实践的价值，又或者是为了获取相应实践学分，达到毕业要求而参加实践，只是走走形式，应付差事草草了事。例如在走访调研的时候，只是程序化地问一些预设问题，完成任务量，并没有从受访者出发，根据不同的实际情况思考和讨论交流过程中所遇到的问题和心得。

本书在对大学生社会实践重要性的理解和认识调查中，设置了选项“大学生应该将全部时间用在课堂学习，不必在实践活动中耗费时间精力”，调查结果如表 4-13 所示。在本书调查的 4229 名学生中，有超过 65％的学生非常赞同（46.04％）或比较赞同（19.11％）大学生应该将全部时间用在课堂学习，不必在实践活动中耗费时间、精力，分别仅有 22.56％、19.11％的学生很不赞同或不大赞同该观点。

表 4-13　课堂学习与社会实践的时间分配分析

大学生应该将全部时间用在课堂学习，不必在实践活动中耗费时间精力	非常赞同	比较赞同	说不清楚	不大赞同	很不赞同
选择人数	1947	360	160	808	954
占比（％）	46.04	8.51	3.78	19.11	22.56

值得庆幸的是，在面向 3780 名参加过大学生社会实践的学生进行原因调查时，被动选择的学生并非很多。根据表 4-4 的结果可以发现，选择“为获得实践学分或课程分数”“有奖金奖励”“为了获得综合测评加分、评奖评优等”“学校或学院要求参加”的人数占比分别仅有 11.03％、2.25％、7.06％、4.18％。

（二）活动形式和内容供需匹配度不高

1. 社会实践活动形式设计不够丰富

目前的大学生社会实践多数是以支教、走访和调查的形式为主，无法做到真正结合大学生所学的不同专业和个性化的兴趣点来设计大学生需要的满意度高的实践活动形式，不仅难以调动大学生的参与主动性，也难以从根本上提高大学生的综合素养。

在对参与过社会实践学生的调研中，根据表 4-5 的结果可以看出，学生参与线下社会实践最多的是志愿服务（72.00%），其次是社会调查（33.31%），参与义务支教（4.24%）的较少，而参与线上社会实践最多的是线上理论宣讲（41.62%），线上社会调查（29.06%）仅排在第三，参与线上支教（4.96%）也很少。而在参加社会实践的原因调查中，根据表 4-4 的结果可以看出，仅有 15.95%的学生因为与自身兴趣爱好契合而参加社会实践活动。同时，如表 4-14 所示，在本书调查的 4229 名学生中，有 52.26%的学生认为实践活动种类有限，参与机会少（包括非常符合的 30.79%和比较符合的 21.47%），有 50.55%的学生认为实践内容与所学专业相关度低（包括非常符合的 30.29%和比较符合的 20.26%），有 50.06%的学生认为实践时间设置不充裕，任务太紧（包括非常符合的 30.41%和比较符合的 19.65%），有 49.18%的学生面临实践时间与个人时间存在冲突的问题（包括非常符合的 29.34%和比较符合的 19.74%）。

表 4-14 大学生社会实践活动形式和内容的不利因素分析

实践活动种类有限，参与机会少	非常符合	比较符合	说不清楚	不大符合	完全不符
选择人数	1302	908	691	764	564
占比（%）	30.79	21.47	16.34	18.07	13.34
实践内容与所学专业相关度低	非常符合	比较符合	说不清楚	不大符合	完全不符
选择人数	1281	857	727	808	556
占比（%）	30.29	20.26	17.19	19.11	13.15
实践时间设置不充裕，任务太紧	非常符合	比较符合	说不清楚	不大符合	完全不符
选择人数	1286	831	744	814	554
占比（%）	30.41	19.65	17.59	19.25	13.10
实践时间与个人时间存在冲突	非常符合	比较符合	说不清楚	不大符合	完全不符
选择人数	1241	835	732	821	600
占比（%）	29.34	19.74	17.31	19.41	14.19

2. 社会实践项目选题不能很好的与时代相呼应

大部分学生仅仅根据学校所列出的实践选题进行社会实践立项申报，并不能真正契合国家大政方针和社会的热点、难点和痛点。同时没有整合力量，形成固定品牌，有亮点的社会实践团队较少。

尽管如此，根据表 4-6 的结果，在本书调查的 4229 名学生中，分别有 60.98%、28.26%的学生对实践主题和内容设计感到非常满意、比较满意，感到不大满意或很不满足的学生仅 41 人，占比仅 0.97%。

3. 疫情防控常态化背景下大学生社会实践内容和形式的有效供给不足

疫情防控常态化对传统线下社会实践造成了较大影响，催生高校“现实＋虚拟”实践育人新模式。这种模式可以极大拓展实践活动的时空领域，不受天气、地域、疫情等客观原因限制，具有不可比拟的优越性。但同时目前的线上虚拟社会实践也存在不成体系、资讯不畅通、大学生体验感参与感差等多种限制，活动效果比预期弱，内容和形式的有效供给不足。

根据前面的分析发现：在线上社会实践的活动形式方面，根据表 4-5 的结果，在参加过大学生线上社会实践的 3025 名学生中，参与线上理论宣讲的人数最多，占比高达 41.62%，其次是线上科普（29.62%）、线上社会调查（29.06%）、线上防诈骗宣传（23.24%）；参与线上扶贫支农（1.62%）、虚拟仿真实验（3.24%）、线上虚拟展厅参观（3.57%）、线上支教（4.96%）的人数较少，占比均不足 5%。在线上社会实践的不足与问题上，根据表 4-7 的结果，在参加过大学生社会实践的 3780 名学生中，大多数学生认为缺乏系统的培训（50.40%），整体规划未成系统、组织不到位（49.79%），体验感、参与感不强（43.41%）是目前线上社会实践存在的主要不足与问题。因此，根据表 4-8 的结果，在本书调查的 4229 名学生中，有 91.86%的学生呼吁学校拓展线上社会实践渠道和资源（包括非常符合的 65.05%和比较符合的 26.81%），有 91.94%的学生呼吁实践单位开拓线上社会实践渠道和平台（包括非常符合的 64.06%和比较符合的 27.88%）。

进一步挖掘不同年级的学生参加线上、线下社会实践的活动种类数量，结果如表 4-15 所示。可以发现，在未参与线下社会实践活动的学生结构中，有82.20%来自一年级的学生，而这一情况在未参与线上社会实践活动的学生结构中，一年级学生占比为69.93%，这说明受疫情的影响，一年级学生参与线下社会实践的客观难度加大了。

分析各年级参加过社会实践的人群，可以发现，线下社会实践方面，各年级参加过1种线下社会实践活动形式的人数均是最多的；三年级参加过2种线下社会实践活动形式的人数占比最多，占三年级参加线下社会实践人数的32.30%，这一比重一年级仅有28.88%；如果计算参加过至少2种线下社会实践活动形式的人数分布，一年级跟高年级的差距更大，一年级仅47.18%，二年级为62.24%，三年级为67.39%，四年级为73.13%。线上社会实践方面，各年级参加过1种线上社会实践活动形式的人数均是最多的；四年级参加过2种线上社会实践活动形式的人数占比最多，占四年级参加线上社会实践人数的30.91%，其次是一年级，占比达到23.57%；如果计算参加过至少2种线上社会实践活动形式的人数分布，四年级和一年级仍然是最多的，分别达到45.45%、40.49%，二年级为36.52%，三年级为36.12%。如果排除四年级有毕业实习的要求，那么可以看出，一年级学生受疫情的影响，参与线下社会实践的形式趋于单一化，而线上社会实践的形式趋于多元化。

表4-15　不同年级学生参加社会实践活动的种类数量分析

参加活动种类数量	一年级	二年级	三年级	四年级	四年级以上	合计
Panel A 线下社会实践活动形式						
0	411	68	13	3	5	500
1	1189	398	105	18	12	1722
2	650	322	104	11	11	1098
3	262	189	49	21	10	531
4	90	84	30	10	1	215
5	34	33	15	4	1	87
6	11	18	10	2	0	41
7	7	5	6	0	0	18

续表

参加活动种类数量	一年级	二年级	三年级	四年级	四年级以上	合计
Panel A 线下社会实践活动形式						
8	1	2	0	1	0	4
9	5	1	3	0	0	9
10	2	2	0	0	0	4
合计	2662	1122	335	70	40	4229
Panel B 线上社会实践活动形式						
0	842	265	72	15	10	1204
1	1083	544	168	30	16	1841
2	429	192	61	17	7	706
3	187	88	21	3	5	304
4	70	18	9	3	2	102
5	38	4	3	2	0	47
6	3	6	0	0	0	9
7	3	1	0	0	0	4
8	2	1	0	0	0	3
9	1	1	0	0	0	2
10	3	1	1	0	0	5
11	1	1	0	0	0	2
合计	2662	1122	335	70	40	4229

（三）育人机制不全

1. 经费支持力度不足，经费来源比较单一

大部分高校大学生社会实践经费支持力度不足，经费来源比较单一，经费分配方式大多为以奖代补的形式。受访高校社会实践活动主要经费均来自学校拨款的社会实践专项经费，年度经费从 4.5 万元到 44 万元不等，

“贫富”差异性较大。

我校实践育人的主要经费来源是学校拨款，大学生社会实践年均经费大概是25余万元，其分配为直接补贴校级重点社会实践团队活动经费15万元、组织测评师对学生社会实践的成效进行测评的测评费5万元、组织专业教师暑期进行线上线下指导经费津贴5万元。(LM20211227)

我校实践育人的经费来源于社会实践专项经费，按每支社会实践队伍给予3000元的补助发放，如2021年为例，我们共有15支社会实践队，每支队伍3000元，共计45000元。(DJ20220106)

社会实践的主要经费来源是团委年度部门经费预算的一部分，再加上类似成功申报团市委“新青年下乡”项目获批的经费支持；大学生社会实践年均经费约10万元；经费根据每年发布的社会实践申报通知，由各学院申报，经专家评审，按照校级、院级两个级别给与立项和经费支持，其主要支出内容是差旅费、部分实践活动小额开支等。(XGW20211227)

主要经费为学校专项经费；年均大约44万元；经费分为日常社会实践活动经费、暑期社会实践专项经费、社会实践活动表彰经费。(HW20220106)

本书在学校社会实践工作机制满意度、不利因素，以及改进空间的调查中，对4229名学生进行了大学生社会实践经费方面的调查，结果如表4-16所示。虽然有86.05%的学生对学校实践资金支持感到满意（包括非常满意的59.38%和比较满意的26.67%），但是也存在51.22%的学生认为社会实践面临实践经费难以获得，实践成本高的问题（包括非常符合的31.33%和比较符合的19.89%）。因此，有90.07%的学生建议学校提供充足的资金支持（包括非常符合的62.73%和比较符合的27.34%）。

表4-16　大学生社会实践的经费分析

实践资金支持满意度	非常满意	比较满意	一般	不大满意	很不满意
选择人数	2511	1128	482	84	24
占比（%）	59.38	26.67	11.40	1.99	0.57
实践经费难以获得，实践成本高	非常符合	比较符合	说不清楚	不大符合	完全不符

续表

实践资金支持满意度	非常满意	比较满意	一般	不大满意	很不满意
选择人数	1325	841	782	715	566
占比（%）	31.33	19.89	18.49	16.91	13.38
学校需要提供充足的资金支持	非常符合	比较符合	说不清楚	不大符合	完全不符
选择人数	2653	1156	336	62	22
占比（%）	62.73	27.34	7.95	1.47	0.52

2. 指导教师激励措施不完善

专业老师指导社会实践的奖励激励措施不完善，不能够很好调动专业老师的积极性。还有部分受访者认为目前的激励措施仍然存在一些待改进的问题。

我认为相关表彰、奖励等激励措施存在的问题是：对于专业指导教师参与社会实践工作指导的奖励措施还需完善，进一步推进社会实践与科研、创新创业相结合，增加高质量的社会实践活动，培育更多实践成果转化。激励措施：要加强社会实践的制度保障和经费保障，物质奖励和精神奖励相结合，充分调动大学生的实践积极性。(CP20211227)

存在省级以上受表彰面较少的问题。建议评优表彰等激励措施向高职院校倾斜。(YJS20211224)

表彰目前主要针对暑期社会实践，其他社会实践表彰需进一步扩大覆盖面。活动与各学院重视度有直接关系，应加强对学院考核，创新表彰形式。(LS20220106)

我个人认为这些激励措施存在的问题最主要的是社会实践指导教师的激励政策不够，导致社会实践活动专业性不强，我个人认为应加大指导教师的激励政策，更好让专业老师参与进来，社会实践活动要多与专业性相结合，努力实现成果转化，扩大社会实践活动影响力。(LM20211227)

存在的问题在于，能够给予经费支持的实践队数量有限，今后除了为实践队提供经费支持外，还可以帮助其解决更多的实际问题。(ZJ20211227)

3. 实践基地建设管理的长效机制需进一步强化

本书在学校社会实践工作机制满意度、不利因素，以及改进空间的调查中，对4229名学生进行了大学生社会实践平台与基地建设方面的调查，结果如表4-17所示。虽然有87.96%的学生对实践平台和基地建设感到满意（包括非常满意的60.79%和比较满意的27.17%），但是也存在49.43%的学生认为社会实践面临联系实践平台和基地比较困难的问题（包括非常符合的30.91%和比较符合的18.52%）。因此，分别有92.03%、91.82%的学生呼吁学校（包括非常符合的64.55%和比较符合的27.48%）、实践单位（包括非常符合的64.63%和比较符合的27.19%）加强学校、企业、学生三方合作平台建设。

表4-17 大学生社会实践平台和基地建设分析

实践平台和基地建设满意度	非常满意	比较满意	一般	不大满意	很不满意
选择人数	2571	1149	441	54	14
占比（%）	60.79	27.17	10.43	1.28	0.33
联系实践平台和基地比较困难	非常符合	比较符合	说不清楚	不大符合	完全不符
选择人数	1307	797	783	740	602
占比（%）	30.91	18.52	18.52	17.50	14.24
学校需要加强学校、企业、学生的三方合作平台建设	非常符合	比较符合	说不清楚	不大符合	完全不符
选择人数	2730	1162	285	35	17
占比（%）	64.55	27.48	6.74	0.83	0.40
实践单位需要加强学校、企业、学生三方合作平台建设	非常符合	比较符合	说不清楚	不大符合	完全不符
选择人数	2733	1150	302	32	12
占比（%）	64.63	27.19	7.14	0.76	0.28

（四）评价标准针对性不强

通过访谈发现，部分高校的监督评价机制不完善。高校对大学生社会实践育人的成效评价标准针对性不强，有待进一步细化和科学化。

关于大学生社会实践育人成效的评价存在的问题，受访者表示主要存在下列问题：（1）评价导向：功利化趋势明显。部分团队成员单纯为了提高自身实践团队的知名度或者为了通过获得高分而争取到相应的奖励和荣誉，对照评价标准，极力争取新闻媒体资源来报道实践事迹，忽略了评价的初衷和导向。（2）评价标准：形式化内容较多。评价标准应力求科学、合理、公平，采取定量与定性相结合。（3）评价方法：可操作性不强。有的评价方法过于强调主观评价和模糊评价，可量化指标少，难以起到鼓励先进、肯定成绩、提高效果的作用，不具有针对性和可操作性。（4）评价系统平台：纸质版材料收集过程非常繁琐，信息化的评价系统有待开发。（5）评价主体：评价主体单一，没有引入第三方评估机构对学校整体实践育人成效进行评估。

本书进一步对 3780 名参加过大学生社会实践的学生，进行所在学校社会实践评价标准的调查，结果如表 4-18 所示。不难发现，有高达 72.46％的学生所在学校，以社会意义与社会价值的标准评价社会实践；有 49.95％的学生所在学校，以个人能力提升与成长的标准评价社会实践；以社会反响服务对象反馈与影响、团队答辩表现认定社会实践的学校最少，这样的学生占比分别是 21.48％、22.20％。

表 4-18　学校对社会实践成绩的评价标准分析

评价标准	选择人数	占比（％）
社会意义与社会价值	2739	72.46
学术研究价值	1388	36.72
宣传水平及社会影响力	1472	38.94
个人能力提升与成长	1888	49.95
心得及感想体会	1341	35.48
团队答辩表现	839	22.20

续表

评价标准	选择人数	占比（%）
调研报告、音视频材料等多形式成果质量	1014	26.83
社会反响服务对象反馈与影响	812	21.48
不清楚	337	8.92

四、影响大学生社会实践育人质量的因素分析

接下来，本书将使用因子分析分别提取认知程度、素质发展成效、能力提升成效3个维度变量的公因子，并将素质发展成效、能力提升成效的公因子作为被解释变量，利用回归分析开展大学生社会实践育人质量提升的影响因素分析。

（一）因子分析

根据前面表4-3所示的效度分析结果，认知程度、素质发展成效、能力提升成效3个维度的变量满足开展因子分析的基本要求。基于此，本书采用主成分因子法分别对认知程度、素质发展成效、能力提升成效3个维度的变量进行因子分析，提取特征值大于1的公因子，并由此得出因子得分来反映各维度的变量。

通过因子分析，以特征根大于1为标准，认知程度、素质发展成效、能力提升成效3个维度的变量均能提取出1个公因子。如表4-19所示，各维度指标公因子分别能解释各维度指标68.60%、86.61%、78.12%的总方差，因此提取的公因子能良好地反映所对应的指标。

表4-19　因子分析

问题维度	问题数量	样本数量	特征根	方差占比（%）
认知程度	7	4229	4.802	68.60
素质发展成效	10	3780	8.661	86.61
能力提升成效	15	3780	11.718	78.12

（二）认知观念的影响

为分析认知观念对大学生社会实践育人质量的影响，本书分别将素质发展成效、能力提升成效的公因子作为被解释变量，将认知程度的公因子作为核心解释变量，进行回归分析。为消除异方差与截面相关对回归系数估计有效性的影响，本书所有的回归均使用聚类到学校层面的稳健标准误。回归结果如表 4-20 所示，无论是否加入学生控制变量和学校固定效应，均支持学生的认知程度越高，大学生社会实践素质发展和能力提升的成效越好。以列（2）、列（4）为例，学生的认知程度每提高 1 个单位，素质发展成效、能力提升成效将分别显著的增加 0.729、0.586 个单位。因此，改善学生对社会实践的认知观念，是保障大学生社会实践育人质量的关键。

表 4-20 认知观念对大学生社会实践育人质量的影响分析

	素质发展成效		能力提升成效	
	(1)	(2)	(3)	(4)
认知程度	0.749***	0.729***	0.608***	0.586***
	(0.0380)	(0.0390)	(0.0337)	(0.0342)
学生控制变量	No	Yes	No	Yes
学校固定效应	No	Yes	No	Yes
Observations	3780	3780	3780	3780
R-squared	0.519	0.538	0.342	0.375

注：学生控制变量包括性别、学历层次、年级、专业类别、政治面貌、是否为学生干部。括号内为聚类到学校层面的稳健标准误，*、**、***分别表示显著性水平为 10%、5%和 1%。

（三）内容形式与活动种类的影响

为分析社会实践内容形式与活动种类对大学生社会实践育人质量的影响，本书分别将素质发展成效、能力提升成效的公因子作为被解释变量，将学生参与社会实践的内容形式、活动种类作为核心解释变量，进行回归分析。本书按照线下、线上社会实践参与情况，分为只参加过线下社会实践、只参加过线上社会实践、线上和线下社会实践都参加过等3种内容形式，以只参加过线下社会实践为基准，生成其他两类内容形式的虚拟变量，此时各类内容形式虚拟变量的回归系数表示，相比于只参加过线下社会实践而言，参与其他内容形式对大学生社会实践育人质量的影响差异；对于活动种类，本书分别在线下、线上社会实践内容形式内部，计算学生参加社会实践的活动种类数量。

内容形式与活动种类对大学生社会实践育人质量影响的回归结果，如表4-21所示。相比于只参加线下社会实践，同时参加线上社会实践更有利于改善素质发展与能力提升的成效；无论是线下社会实践，还是线上社会实践，增加参加活动的种类数量，均有利于改善能力提升的成效，但对素质发展成效没有明显的改善。

表4-21　内容形式与活动种类对大学生社会实践育人质量的影响分析

	素质发展成效		能力提升成效	
	(1)	(2)	(3)	(4)
只参加过线上社会实践	−0.0635 (0.108)		−0.138 (0.116)	
线上和线下社会实践都参加过	0.0657* (0.0364)		0.165*** (0.0441)	
参加线下活动种类数量		0.0188 (0.0142)		0.0249* (0.0148)
参加线上活动种类数量		0.0214 (0.0135)		0.0394*** (0.0107)
Observations	3780	3780	3780	3780
R-squared	0.070	0.071	0.078	0.077

注：所有回归引入性别、学历层次、年级、专业类别、政治面貌、是否为学生干部等学生控制变量与学校固定效应。括号内为聚类到学校层面的稳健标准误，*、**、***分别表示显著性水平为10%、5%和1%。

(四) 指导教师投入程度的影响

为分析指导教师投入程度对大学生社会实践育人质量的影响，本书分别将素质发展成效、能力提升成效的公因子作为被解释变量，将指导教师投入程度为核心解释变量，进行回归分析。指导教师投入程度对大学生社会实践育人质量影响的回归结果，如表 4-22 所示。增加指导教师投入程度，可以显著的改善大学生社会实践育人质量。指导教师投入程度每提高 1 个单位，素质发展成效、能力提升成效将分别显著的增加 0.185、0.228 个单位。因此，提高指导教师投入程度，是保障大学生社会实践育人质量的重要因素。

表 4-22　指导教师投入程度对大学生社会实践育人质量的影响分析

	素质发展成效	能力提升成效
	(1)	(2)
指导教师投入程度	0.185＊＊＊	0.228＊＊＊
	(0.0178)	(0.0154)
Observations	3780	3780
R-squared	0.110	0.136

注：所有回归引入性别、学历层次、年级、专业类别、政治面貌、是否为学生干部等学生控制变量与学校固定效应。括号内为聚类到学校层面的稳健标准误，＊、＊＊、＊＊＊分别表示显著性水平为 10%、5%和 1%。

(五) 成果运用方式的影响

为分析成果运用方式对大学生社会实践育人质量的影响，本书分别将素质发展成效、能力提升成效的公因子作为被解释变量，将“社会实践是否纳入人才培养方案或学分系统”为核心解释变量，进行回归分析。本书面向 3780 名参加过大学生社会实践的学生，进行所在学校社会实践成绩计算认定的调查，在这里将选择所在学校“纳入评奖评优的综合成绩体系”“作为课程实践环节，计入课程成绩”“单独设有社会实践学分，参加并合格后才能认定学分”3 个选项的记为 1，其他记为 0，以此得到社会实践是否纳入人才培养方案或学分系统的虚拟变量。成果运用方式对大学生社会实践育人质量影响的回归结果，如表4-23所示。不难发现，将社会实践纳入人才培养方案或学分系统，可以显著的改善大学生社会实践素质发展与能力提升的成效。

表4-23　成果运用方式对大学生社会实践育人质量的影响分析

	素质发展成效	能力提升成效
	(1)	(2)
是否纳入人才培养方案或学分系统	0.234***	0.274***
	(0.0596)	(0.0577)
Observations	3780	3780
R-squared	0.110	0.136

注：所有回归引入性别、学历层次、年级、专业类别、政治面貌、是否为学生干部等学生控制变量与学校固定效应。括号内为聚类到学校层面的稳健标准误，*、**、***分别表示显著性水平为10%、5%和1%。

综上本章所述，大学生社会实践育人质量目前总体上是比较好的，主要表现在：一是观念认知整体积极向好。二是大学生社会实践活动的组织机构之间在实践育人工作方面的协同性较好。三是大学生社会实践的内容丰富多样。四是疫情防控常态化背景下，线上社会实践形式受到重视。五是制度体系比较完善。大学生社会实践育人制度化程度较高，大部分高校出台了关于大学生社会实践育人方面的专门文件和制度，有的高校根据自己的实际情况出台了一些特色制度和创新制度。绝大部分高校已经将大学生社会实践纳入人才培养方案，和学生毕业直接挂钩。大学生社会实践基地的数量整体比较充足。大部分高校都会开展各种形式的表彰活动，表彰力度很大。有的高校结合自身实际探索出一套科学合理、行之有效的评价办法。六是实践育人阶段性成效显现。

然而，目前影响大学生社会实践育人质量提升的问题主要有如下几个方面：一是育人主客体重视程度不够。在高校层面，社会实践工作被误解为单一部门的工作，其他部门参与性、联动性不够。在社会层面，政府机关和企事业单位在协助和配合高校开展大学生社会实践育人过程中普遍表现不太积极，配合度不高。在家长方面，教育大学生的思想观念相对比较陈旧，没有把大学生的社会实践和专业知识学习摆在同等重要的位置。在学生自身层面，部分学生自身对于社会实践的重视程度不够。二是活动形式和内容供需匹配度不高。社会实践活动形式设计不够丰富，社会实践项目选题不能很好的与时代相呼应，疫情防控常态化背景下大学生社会实践有效供给不足。三是育人机制不全。经费支持力度不足，经费来源比较单一。指导教师激励措施不完善。实践基地建设管理的长效机制需进一步强化。四是评价标准针对性不强。评价导向功利化趋势明显。评价标准形式化内容较多。评价方法可操作性不强。信息化的评价系统有待开发。评价主体单一。

影响大学生社会实践育人质量的因素有很多，本书通过上述实证研究探索出四个方面的主要因素。一是改善学生对社会实践的认知观念，是保障大学生社会实践育人质量的关键。二是同时参加线上、线下社会实践更有利于改善素质发展与能力提升的成效；无论是线下社会实践，还是线上社会实践，增加参加活动的种类数量，均有利于改善能力提升的成效。三是提高指导教师投入程度，是保障大学生社会实践育人质量的重要因素。四是将社会实践纳入人才培养方案或学分系统，可以显著的改善大学生社会实践素质发展与能力提升的成效。

上述实证调研的数据和结论为科学制定大学生社会实践育人质量提升的路径奠定了基础，是本研究的关键部分。在此基础上，本书将进一步确定大学生社会实践育人质量提升的目标和原则，制定实施质量提升的路径和措施。

第五章　大学生社会实践育人质量提升的目标与原则

大学生社会实践育人质量提升的目标和原则是有机联系的整体。明确大学生社会实践育人质量提升的目标和原则，是提升大学生社会实践育人质量的关键，对大学生社会实践育人质量提升具有价值导向、方向指引和准则参考等作用，有助于促进大学生社会实践育人系统化、科学化、专业化高质量发展。

一、大学生社会实践育人质量提升的目标

所谓大学生社会实践育人质量提升的目标，是指党和国家在一定历史阶段，根据社会发展要求、大学生身心发展特点和思想政治教育内在规律，对大学生社会实践活动所要造就的社会个体在德、智、体、美、劳等方面的质量的总的设想和规定。它是对大学生社会实践育人质量预期结果的一种价值设定和观念表达，蕴含着理想中的大学生社会实践育人价值追求，在大学生社会实践育人质量提升中起着导向、激励、调控、保证作用，为大学生社会实践育人质量提升指明方向、提供动力，也为衡量大学生社会实践育人质量提供依据。

大学生社会实践育人质量提升的目标并不是一个一个孤立的，而是一个目标体系，可以依据不同的标准将其分解，划分为不同的类别和层次[①]。按照时限的长短可以分为远期目标、中期目标和近期目标，远期目标是指经过长时间的常态化可持续性的努力达到的目标，中期目标是指需要比较长时间的一个阶段持续不断努力所能实现的目标，近期目标

① 陈万柏，张耀灿. 思想政治教育学原理［M］. 3版. 北京：高等教育出版社，2019：78-80.

是当前所要达到的质量效果。按照目标的地位可以分为根本目标和具体目标，大学生社会实践育人质量提升的最高目标、终极目标是根本目标，具体目标是指大学生社会实践育人各项具体活动的质量提升预期目标，根本目标是一元的，而具体目标是多元的，通过一个个具体目标的实现从而达到根本目标。按照作用范围可以分为总目标和类目标，如果将大学生社会实践育人质量提升的总目标设定为促进大学生全面发展，那么这个总目标可以分为德育目标、智育目标、体育目标、美育目标、劳育目标五个类目标，每个类目标还可以继续细分。对于大学生社会实践育人质量提升目标的分类和价值，需要结合实际进行深入研究，限于篇幅，本书仅仅按照作用范围对促进大学生全面发展这一总目标下面的德育目标（立德：树立远大理想，厚植大学生社会主义核心价值观）、智育目标（启智：练就过硬本领，夯实大学生学社衔接的基本能力）、体育目标（健体：促进身心健康，锻造大学生堪当重任的刚强体魄）、美育目标（益美：丰润艺术滋养，培养大学生高尚博雅的生活情操）、劳育目标（促劳：勇于砥砺奋斗，提高大学生吃苦耐劳的劳动素养）五个类目标作简要讨论。

（一）立德：树立远大理想，厚植大学生社会主义核心价值观

新时代高校要落实立德树人根本任务，就需要厚植大学生社会主义核心价值观。大学生社会实践育人质量提升也应该将德育目标作为首要目标，通过大学生社会实践活动能够切实坚定大学生的理想信念，增强大学生的爱国情怀，培育大学生的社会责任感。

1. 坚定大学生的理想信念

理想信念是大学生道德素质中最重要的素质，树立坚定的理想信念对大学生具有极为重要的人生意义：坚定的理想信念有助于大学生通过扮演的符合时代要求的角色来获得有意义的人生；可以为大学生指明前进的道路，激励大学生披荆斩棘、勇往直前。发展社会主义市场经济，全面建成社会主义现代化强国，需要一代有远大理想的新青年坚韧不拔的奋斗努力。没有一代有坚定理想信念的新青年锲而不舍驰而不息地努力奋斗，社会主义现代化就难以实现。正是因为理想信念对大学生个人

成长对国家事业成败意义重大，因此，这个目标应该是位居首位的第一目标①。

2. 增强大学生的爱国情怀

习近平总书记在纪念五四运动一百周年大会上指出，“对新时代中国青年来说，热爱祖国是立身之本、成才之基。当代中国，爱国主义的本质就是坚持爱国和爱党、爱社会主义高度统一”②。爱国情怀靠实践来践行，同时大学生在社会实践的过程中进一步增进对国情的了解，激发爱国意识，根植爱国精神。因此，增强大学生的爱国情怀必然应该成为重要目标之一。

3. 培育大学生的社会责任感

所谓社会责任感，是指社会成员作为主体对自身社会责任在意识层面的自觉认同和情感层面的体验，是责任认知和责任行为的有机统一。培育大学生的社会责任感有助于形成和谐的人际关系、形成健康稳定的社会秩序和保持良好的生态环境。因此，大学生社会实践育人质量提升要以培养大学生的社会责任感为目标，使大学生通过社会实践对自己的社会使命获得更清晰的认知，对社会责任获得更深入的心理体验，促进大学生把社会责任感落实在行动上，使内隐的社会责任感转化为外显的责任行为。

（二）启智：练就过硬本领，夯实大学生学社衔接的基本能力

“非学无以广才，非志无以成学。”青年大学生最富有朝气、最富有梦想、最勇于开拓，是国家可持续发展的奋进者、开拓者、奉献者，是实现中国梦的生力军和中坚力量。大学生社会实践育人质量提升，就是要切实通过社会实践使学生形成学以致用和终身学习的态度和能力，提高大学生创新实践能力和就业创业能力，加速大学生的社会化进程。

---

① 陈万柏，张耀灿. 思想政治教育学原理［M］. 3 版. 北京：高等教育出版社，2019：85.

② 习近平：《论中国共产党历史》，中央文献出版社 2021 年版，第 244 页。

1. 使学生形成学以致用和终身学习的态度和能力

要通过大学生社会实践育人质量提升使大学生真正做到学有所用、学以致用、学用结合，把书本上的理论和实际的社会实践相融合。从实践中汲取营养，检验知识，丰富经验，在实践中思考和领悟“为什么学，学什么，怎么学”，在巩固知识的同时，也在不断地学习和提高自己的知识。同时，应从提升大学生自身的能力着手，通过使其主动参与、主动融入、主动体验、主动反思、主动研究、主动创新等几个方面来推动其发展。使学生“活到老，学到老”，将学习视为终身的职业，并将其视为生命的一种追求。

2. 提高大学生创新实践能力和就业创业能力

习近平总书记在多个场合要求做好青年创新创业工作。大学生是创新创业的主力军，提高大学生的创新实践能力和就业创业能力，是建设创新型国家、高等教育综合改革以及大学生更高质量就业创业的需要。大学生社会实践育人质量提升也要围绕提升大学生创新实践能力和就业创业能力为目标，搭建创新创业实践平台，促使大学生在实践中不断提高创新创业能力，在实践中了解到自己的意向职业与自己专业知识结构、技能、品质之间的差异，从而去弥补所需的知识和技能差距。

3. 加速大学生的社会化进程

人的本质属性是社会性。教育要处理的是人的个体发展需求与社会发展需求的不平衡和冲突问题。大学生社会实践育人质量提升的目标也应定位于通过质量提升加速大学生的社会化进程。

如果要让自己的实力得到社会的认同，首先，就必须从单纯变得成熟，从稚嫩变得沉稳，让自己学习和社会的持续融合；其次，要主动参加社会活动，通过亲身体验来缩短认识的鸿沟，检讨自己的不足和问题，清晰地把握个体的人生目标；再次，顺应时代潮流，迅速地融入新的环境中，在不同的社交场合中担当不同的角色，在困难与挫折面前不要轻易地把自己视为失败者。学习根据社会需要，随时改变和校准自己的坐标和方向。

大学生社会实践育人质量提升需要解决的是大学生个体需求与社会发展要求之间的不平衡冲突，必须引导其健康地发展，并从自然人变为社会人。在促进大学生的社会化过程中，应促使其认识到自身的社会责任，与社会建立起一种互相依赖的联系，增强其适应能力①。

（三）健体：促进身心健康，锻造大学生堪当重任的刚强体魄

人的健康素质既包括身体健康，又包括心理健康，两者互为条件、互相促进。只有身心和谐的健康，才是真正的健康。因此，大学生社会实践育人质量提升要以健康大学生身心为目标，在社会实践过程中引导大学生遵循人的身心和谐发展规律，在不断提高自己的身体健康素质和心理健康素质的基础上，提高自身的身心和谐度和整体健康素质，锻造大学生堪当民族复兴重任的强健体魄。

1. 提升大学生的身体健康素质

很多大学生，在高考升学的重大压力之下，在进入大学之前很难有足够的时间和精力去运动，导致身体出现了肥胖、身体健康素质下降、运动能力欠缺等一系列问题。大学生的日常学习和生活中，有更多的自由支配时间可以保证大学生进行锻炼身体，在运动中改善身体素质，提升健康生活品质。大学生社会实践育人应该通过各种体育实践活动，比如体育运动比赛，像足球赛、篮球赛、排球赛、羽毛球赛等，以赛促动，帮助大学生改掉懒惰等不良习惯，养成有规律的运动习惯，从而促成健康的生活方式，为持续学习奠定坚实的身体健康基础。

2. 提升大学生的精神健康素质

体育实践还可以锤炼一个人的意志品质。因此健体目标还应该定位于通过体育竞赛类实践活动，促使大学生品胜利，尝失败，懂得人生的道路崎岖坎坷，学会争先不斗气，并懂得不断为长远目标努力，在挫折中历练成长，培育奋勇拼搏、踏实努力、永不放弃的意志品质；通过集体运动实践项目促进大学生遵守规则，敬畏法律，尊重对手，团结队友，培养社会规则意识；通过规律的运动实践，激发身体细胞的活力，加速身体的新陈代谢，消解负面情绪，从而培育大学生阳光开朗的心理情绪，让他们成为

---

① 张建．高校思想政治教育工作中实践育人机制构建研究［M］．沈阳：沈阳出版社，2018：61-62.

充满活力的健康向上好青年①。

（四）益美：丰润艺术滋养，陶冶大学生高尚博雅的生活情操

从人的发展维度来说，审美素质也是人全面发展的重要内涵。人天生爱美、崇美，人人都追求美的生活、美的价值、美的情感。美育已成为新时代高等教育的关键组成部分，关乎高素质人才的全面发展②。因此，美育必须立足于社会实践，大学生社会实践育人质量提升应该致力于促使大学生通过接受“美”的熏陶、启迪内心对“美”的向往、培养发现“美”的能力、唤醒心中“美”的情感、自觉付出“美”的行动，帮助大学生建立健全良好的审美心理，增强学生感受美、表达美、创造美的能力，并将这种能力迁移到对自己事业的追求，提升大学生的人生趣味和理想境界。

1. 帮助学生树立正确高尚的审美观

社会实践是帮助大学生树立正确高尚审美观的重要载体。通过爱国践履、参访考察等实践活动，让大学生在领略纯真无华质朴本真的大自然美中体味大自然的灵气，汲取磅礴的精神力量，激发学生热爱生命，热爱生活，热爱家乡人民，热爱民族，热爱祖国。通过模范人物采访、口述家风、红色之旅等实践活动，让大学生感受到先进模范的崇高品质、伟大人格和壮丽行为，感受到一个美丽的人应该具有的真诚善良和无私奉献精神。通过大学生深入社区、企业、农村等基层实践，让大学生了解国情社情民情，感受改革开放的伟大成就，坚定文化自信③。

2. 提升大学生的审美能力

美育是伴随人一生的教育，它的目的、功能与价值都体现在美育的过程之中，“过程即目的”是美育的根本意义所在。审美能力包括审美感知力、审美鉴赏力、审美判断力、审美创造力，等等，审美实践是实现审美能力提升的重要途径，在大学生社会实践过程中大学生的主观能动性被充

① 陈伟，赵丽．“以体育人”驱动思想政治教育的研究［J］．体育科技文献通报，2021（7）：112．

② 万婕，朱惠蓉．新时代高校劳动教育的价值意蕴与实践路径［J］．山西师大学报（社会科学版），2020（11）：120．

③ 刘旭婷，杨永久，李明．利用社会实践提升高校美育工作的探讨［J］．湖北函授大学学报，2018（15）：51．

分激发，能够提升大学生的审美素养、审美想象力和审美创造力。大学生社会实践育人质量提升实现益美的目标重点应该定位于提升大学生的审美能力，通过分层分类全覆盖的美育实践活动，如原创舞台剧、文艺演出、合唱比赛、诗歌朗诵会、高雅艺术进校园、艺术展览、艺术研讨沙龙等多种形式的艺术实践活动，全方位提升大学生的审美能力。

（五）促劳：勇于砥砺奋斗，提高大学生吃苦耐劳的劳动素养

大学生社会实践育人质量提升在依托专业实习实践培养知识层面的技能之外，应重在促进大学生理解劳动对思想、心理和行为习惯的正面塑造作用。对于即将踏出校园、走向社会、进入职场的大学生来说，只有在劳动实践的过程中剖析自我，才能找到存在的意义；只有在与合作伙伴共同劳动实践中配合互动，才能熟悉社会和职场的应然规范；只有在艰苦朴素的劳动实践中磨砺，才能强烈体会到拼搏和努力带来的获得感和幸福感①。大学生社会实践育人质量提升的目标在劳育维度应定位于能帮助学生树立正确的劳动价值观和深厚的劳动情怀，提升大学生的劳动技能和劳动方法，培养诚实劳动的优良品德，使大学生做到深入、持久、稳定地爱劳动、懂劳动、会劳动。

1．帮助学生树立正确的劳动价值观和深厚的劳动情怀

正确劳动价值观的树立通常有两种方式。一种是通过言传，通过第一课堂灌输的方式对学生进行思想上的引导和教化，通过劳动实践中的典型榜样选树宣传，培养学生正确的劳动观念。比如“杂交水稻之父”袁隆平用脚步丈量千万亩稻田，为世界做出巨大贡献；以钟南山院士为首的医护人员在与新冠肺炎的殊死较量中废寝忘食、兢兢业业，最终铸就了伟大抗疫精神。他们在劳动实践中吃苦耐劳、为国奉献的精神激发大学生深厚的劳动情怀。另一种就是力行，行胜于言，通过各种大学生劳动实践活动、志愿服务、勤工俭学等形式，使学生达到行而有感、行而有思、行而有悟，达到润物无声、潜移默化的效果，让大学生在实际行动和亲身体验中强化热爱劳动、热爱创造的情感态度。因此，促劳目标应首先定位于帮助

---

① 陈阳．新时代高校劳动教育实施路径探析［J］．教育理论与实践，2020，40（36）：17.

大学生树立正确的劳动观和深厚的劳动情怀。

2. 提升学生的劳动技能和方法

提升学生的劳动技能和劳动方法实际上就是让大学生懂劳动、会劳动，这也是促劳目标之一。大学生通过参加创新创业、实习实训、专业志愿服务等实践活动，能够切实提高自身的动手能力和实际操作能力，掌握一定的专业劳动技能，练就一身真本领，感受“纸上得来终觉浅，绝知此事要躬行”的内涵意蕴，提高完成相关工作的劳动能力并掌握在实践过程中分析问题、解决问题的方法。

3. 使学生形成良好的劳动习惯和品质

良好的劳动习惯就是“眼里有活，手里有事”的勤快，摒弃“三天打鱼，两天晒网”而持之以恒劳动的毅力，良好的劳动品质就是辛勤劳动、诚实劳动、创造性劳动的品格。基于这种目标，应该切实通过大学生社会实践育人的质量提升，让大学生在学习、试错、纠正、符合、完善等一系列过程中，由浅入深、由表及里地培养良好的劳动习惯和劳动品质。

二、大学生社会实践育人质量提升的原则

大学生社会实践育人质量提升的原则是大学生社会实践育人客观规律的主观反映，是大学生社会实践育人质量提升过程中应遵循的基本准则。大学生社会实践育人质量提升过程中应该遵循方向性、整体性、持续性、预见性、突破性五个基本原则。正确地确立并且遵循大学生社会实践育人质量提升的原则，对顺利实现大学生社会实践育人质量提升目标具有重要意义。

（一）方向性原则：坚持正确政治方向

方向性原则是思想政治教育的首要原则和根本原则。作为高校思想政治教育的重要环节，当前大学生社会实践育人在思想观念、体制机制、方式方法等许多方面还存在一些问题和不足，正确、科学的方向指引是实现大学生社会实践育人质量提升目标的前提保证。大学生社会实践育人质量提升的方向性原则主要应该体现在以下三个方面：

第一，制定大学生社会实践育人质量提升策略，需要明确方向。要旗

帜鲜明地坚持社会主义和共产主义方向，与中国共产党的根本宗旨、基本纲领、基本路线相一致；要以马克思主义实践观和认识论、人的全面发展理论为理论指导，以思想政治教育相关理论为规律参照，改进大学生社会实践育人的体制机制等存在的质量问题。

第二，始终坚持以马列主义、毛泽东思想、邓小平理论、“三个代表”重要思想、科学发展观、习近平新时代中国特色社会主义思想为指导，确立大学生社会实践育人活动的主题，设计大学生社会实践育人的形式，创新大学生社会实践育人的内容①。

第三，坚持方向性原则必须讲究科学性。在大学生社会实践育人质量提升的过程中坚持方向性原则，必须与方法的灵活性结合起来，润物无声地使思想政治引领渗透到大学生社会实践育人的各项活动中，从而潜移默化地影响大学生。坚持方向性原则，还必须与大学生社会实践育人质量提升的各种具体目标之间相互契合，以方向性原则来统摄各种具体目标，使大学生社会实践育人质量提升始终沿着共产主义方向发展②。

（二）整体性原则：坚持“四个结合”

大学生社会实践育人质量的提升是通过改进大学生社会实践育人的整体过程来实现的。在大学生社会实践育人全过程质量循环中，目标的制定、内容形式的确定、成果的评价等每一个要素都将直接影响和决定大学生社会实践育人的质量③。全过程质量循环上的各个要素之间具有紧密的内在逻辑关系，相互作用、相互补益而构成一个整体，因此，大学生社会实践育人质量的提升应该充分把握整体性原则，强调全面整体的构建大学生社会实践育人体系，将其作为一项系统的工程来抓。

整体性原则是由大学生社会实践育人要坚持全员、全过程、全方位“三全”育人的要求决定的，它强调大学生社会实践育人质量提升要坚持

① 田雨峰. 广西高校社会实践育人质量提升策略研究［D］. 桂林：桂林理工大学，2019：36.

② 陈万柏，张耀灿. 思想政治教育学原理［M］. 3 版. 北京：高等教育出版社，2019：204-205.

③ 邬丽群，曲长海，刘华利. 持续提升德育实践育人效能的原则与路径［J］. 高校辅导员学刊，2020（12）：43.

"四个结合"。

1. 从角色角度：坚持教师主导与学生主体相结合

教师是大学生社会实践育人要素中的主体，在实践育人质量提升中起着主导作用。大学生社会实践指导教师一般由党团部门职员、大学生思想政治教育辅导员、马克思主义学院思政理论课教师、班主任和少数的专业教师组成，这些不同角色的指导教师虽然身处不同的部门、学院，承担不同的岗位职责和工作内容，但是都在协调大学生社会实践育人资源、管理大学生社会实践育人各个环节、保障大学生社会实践育人工作方向和提供大学生社会实践活动指导四个方面发挥着重要的主导作用。

学生是大学生社会实践育人要素中的客体，同时是大学生社会实践育人质量提升的主体。大学生社会实践育人质量提升的总目标是促进学生全面发展，在大学生社会实践育人质量提升中就应该坚持以学生的实际需求为大学生社会实践育人的出发点，坚持在实践活动过程中充分尊重学生的自主选择并鼓励学生发挥主观能动性，坚持以推动学生的全面成长成才为大学生社会实践育人质量提升的最终归宿。

整体性原则要求大学生社会实践育人质量提升必须坚持教师主导和学生主体的协调统一。具体而言，就是教师扮演好组织者、管理者、引导者和服务者的角色，积极组织协调各方资源支持大学生开展实践活动，在大学生社会实践中起到定向纠偏作用，及时响应学生的理论和实践需求提供必要的指导和协助。学生扮演好参与者、体验者、学习者和评价者的角色，树立正向积极的社会实践观念，主动参与到大学生社会实践活动中去亲身体验、增长才干、科学评价，助力学校提升大学生社会实践育人质量。

2. 从环节角度：坚持第一课堂与第二课堂相结合

第一课堂、第二课堂在高校人才培养体系中各有分工、协同育人。第一课堂与第二课堂有机结合，是提升大学生社会实践育人质量的关键。第一课堂能开展教学实践、科技创新等大学生社会实践活动，为社会实践提供知识基础和理论指导。国家和高校对第一课堂在学分设计、经费投入、师资力量配备、教学基础设施投入等方面会分配更丰富的资源，科学借助和利用这些资源是大学生社会实践育人质量提升的必然选择。第二课堂通过组织开展精彩纷呈的课外实践活动为大学生提供丰富的社会实践平台，激发学生积极主动参与实践活动的兴趣，坚持第一课堂与第二课堂相结合，有助于打通人才培养的各项环节，形成资源合力，提高人才培养质量。

3. 从阵地角度：坚持校内主动与校外联动相结合

校内主动就是要注重挖掘校内的各种育人资源，积极开展校园内的社会实践活动。校内主动主要表现为加强重视、完善制度和全面保障。校外联动就是要积极联系校外资源，通过校企联动、校地联动、校校联动等形式为学生实践活动提供场地、平台、政策、资金等，最终与校内主动相结合，实现政策联通、基地联建、资源联动，共同实现大学生社会实践育人质量提升。

整体性原则要求大学生社会实践育人质量提升必须坚持校内主动与校外联动相结合。只有二者有机结合，才能最大限度地开发大学生社会实践育人的各方面资源，实现大学生社会实践育人的资源协同。

4. 从空间角度：坚持线上虚拟与线下现实相结合

线上虚拟空间中大学生的个性表达方式和群体交流形式都与线下现实空间有所不同。线上虚拟空间给大学生社会实践育人带来了很多新挑战、新课题。比如怎样将习近平新时代中国特色社会主义思想融入大学生虚拟社会实践育人中？怎样处理好大学生“远者亲、近者疏”的人际交往困局？因此，大学生社会实践育人质量提升不能仅仅局限于传统的、原有的现实空间之中，应该与大学生的线上虚拟空间相同步、相融合①。

要通过大学生线上虚拟实践与线下现实实践相结合守好文化传播的主阵地。大学生是网民的主体力量，是网络语言的领潮者，是网络表达的主力军，是网络传播的生力军。大学生社会实践育人质量提升要求大学生通过争当好网民，积极主动弘扬主旋律，传播正能量，在营造清朗网络文化空间中做出积极贡献。一是通过积极发声当好党和国家重要会议精神、重大政策决策的传声筒。二是通过积极转发和点赞当好主旋律、主流舆论的扩音器。三是通过积极评论当好不良舆论、低俗不文明声音和网络负能量的削减器。

① 张哲．思想政治教育空间论［D］．兰州：兰州大学，2015（3）：186-188.

（三）持续性原则：坚持循环可持续提升

持续质量提升，是现代质量管理的一项基本原则①。本书所研究的质量提升，是在对大学生社会实践育人整个流程的认知和对育人质量影响因素的变化中进行的质量提升，它是一个变化的、持续的动态提升过程。大学生社会实践育人质量的提升是以追求更高的育人效能为目标，因此，整个提升过程的结果应当是大学生社会实践育人质量水平的持续提高和实践要素的不断改进。大学生社会实践育人质量提升的过程模式一般应该为：寻找问题，发现不足→成立质量提升小组→设立质量提升目标→分析问题原因→选择质量提升路径→实施质量提升方案→巩固质量提升效果→发现新的问题和不足→新一轮实施质量提升→继续巩固质量提升效果……如此往复，经过若干循环，最终达到期望值。这样的循环可持续提升也使得本书在新的时代背景下研究大学生社会实践育人质量提升这一命题变得十分必要和切实可行。

遵循持续质量提升的基本要义，大学生社会实践育人质量的提升是以已有的大学生社会实践育人质量现状为基础，对整个大学生社会实践育人过程中出现的因达不到预期实践育人目标而造成学生、社会和学校不满意的问题，进行收集和分析梳理，探究影响质量问题的相关因素，确定质量问题的整改方案，实施质量提升的具体措施，并且阶段性评价质量提升措施的实际效果。在完成一个时期的质量提升后，将未能改善和优化的质量问题以及又新出现的质量问题一起放入下一个循环阶段的质量提升中，如此往复循环，持续提升。

（四）预见性原则：坚持遵循“三个规律”

诸事运转皆有规律可循。习近平总书记在全国高校思想政治工作会议上指出：“做好高校思想政治工作，要因事而化、因时而进、因势而新。要遵循思想政治工作规律，遵循教书育人规律，遵循学生成长规律，不断

---

① 杜兰英，朱春香．“持续质量改进”在研究生培养质量管理中的应用［J］．学位与研究生教育，2002（7-8）：62.

提高工作能力和水平。”① 因此，大学生社会实践育人作为高校思想政治教育工作的关键环节，其质量提升应遵循“三个规律”，即社会实践规律、教书育人规律和大学生成长规律②。

1. 遵循社会实践规律

社会实践中存在着多种矛盾的对立统一规律，这些规律即构成了社会实践的规律。如社会实践中客观现实性和主观能动性的统一，主体客体对象化和客体主体化作用过程的统一，社会实践主体自然性和社会性的统一及他所具有客体性和主体性、能动性和受动性的统一，实践的超越性和社会历史性的统一，以及作为实践内容形式的实践主客体作用方式与实践力、实践的时空形式和关系形式的统一，实践结果的主客观统一等③。马克思主义认识论的本质，是在实践基础上主体对客体的能动性的反映，在社会实践中认识世界和改造世界。遵循社会实践规律，从社会发展本原角度回答了高校“如何培养人”的问题，也为大学生社会实践育人质量提升提供了根本的方向指引。

2. 遵循教书育人规律

从多维视角审视，教书育人规律主要包括：教书与育人有机结合规律、知识与行动有机结合规律、言教与身教有机结合规律、求知与修德有机结合规律、动机与效果有机结合规律、智育与德育有机结合规律、传承与创新有机结合规律、说理与感化有机结合规律等④。遵循教书育人规律，是从教育主导角度回答了高校“如何培养人”的问题，也为大学生社会实践育人质量提升提供了目标、理念、过程、内容等方面的方法论。

3. 遵循大学生成长规律

青年大学生的健康成长个性之中有共性，共性寓于个性之中。遵循大学生成长规律是提升大学生社会实践育人质量的前提与条件。当代大学生的成长共性中就蕴含着其特有的不同于其他群体的成长规律，意即在当代

---

① 习近平在全国高校思想政治工作会议上强调：把思想政治工作贯穿教育教学全过程 开创我国高等教育事业发展新局面［N］. 人民日报，2016-12-09（1）.

② 邬小平，田川. 新时代高校需要实践育人的新理念［J］. 洛阳师范学院学报，2019（3）：80.

③ 杨思基. 论社会实践的本质、形式、特点和规律［J］. 齐鲁学刊，2000（2）：66.

④ 韩振峰，陈臣. 多维视角下教书育人规律初探［J］. 思想教育研究，2018（6）：18.

大学生成长过程中形成的具有本质的、共性的、经常出现并发生作用的法则。研究表明，当代大学生成长过程呈现出内化与外化统一规律、思想与行为同一规律、自我意识增强规律、尊重学术权威与人格权威相结合规律以及勇于探索与创新规律等五大规律①。遵循大学生成长规律，从教育主体角度回答了高校“如何培养人”的问题，也为大学生社会实践育人质量提升提供了对策参考。

预见性原则体现了问题导向的工作理念：一方面，立足于对社会实践规律、教书育人规律和大学生成长规律的把握，可以对在开展大学生社会实践育人过程中可能出现的质量问题进行预判和前瞻，这是大学生社会实践育人质量中需要持续改进的问题的重要源头，是一种“主动进攻型”的质量提升；另一方面，大学生社会实践育人经过一个阶段的运行，在个别要素或者某些流程环节就会出现各式各样的质量问题，对于这类质量问题的改进是一种消极型的亡羊补牢式解决，目的主要是防止在下一个循环阶段再次出现同样或类似的质量问题，这也是一种预见性提升。大学生社会实践育人质量改进的重点在于查缺并预防问题的再发生，而不仅仅是被动的事后补漏，因此预判和前瞻式的提升是主要方面，亡羊补牢式的改进是次要方面。只有这样，才能实现永久性的、根本性的质量提升。

（五）突破性原则：坚持聚焦主要问题的突破

万事万物的发展和进步都离不开自身持续不断的突破与革新。在大学生社会实践质量提升过程中，首先就是要识别哪些是影响大学生社会实践育人质量提升全局并且能带动整个“质量链条”前进的关键环节，哪些环节是大学生社会实践育人质量提升过程中的薄弱环节，哪些是大学生社会实践育人质量提升中的优势领域，哪些是需要大学生社会实践育人质量提升的关键部位。对于上述一系列主要问题进行识别和分析梳理后，明确大学生社会实践育人质量存在的主要问题和次要问题，寻找到最佳的大学生社会实践育人质量提升突破口。在推进大学生社会实践育人质量提升过程中，要善于从表面看来各不相同的各个质量问题环节中抓住大学生社会实

---

① 林伯海，张军琪. 当代大学生成长规律探析［J］. 思想教育研究，2017（8）：43.

践育人质量提升的主要矛盾，处理好其中的主要质量问题与一般质量问题的主次轻重缓急等关系，通过聚焦解决主要质量问题从而带动一般质量问题的解决。在大学生社会实践育人质量提升过程中，一方面要集中各种优势的力量在重要的环节进行突破，聚焦主要矛盾的突破，解决主要的质量问题，使之成为一种彻底的、革命性的改进和提升，减少人力、物力等资源的浪费，更好地提升大学生社会实践育人的效能；另一方面要适应育人时代环境和育人对象自身发展需求不断提高的新变化，面对新变化产生的新问题和提出的新要求抓住新矛盾，做好预判和前瞻，适时适度地转移突破重点，致力于寻求大学生社会实践育人质量的改进机会，改善原有的大学生社会实践管理模式和评价标准，切实提升大学生社会实践育人的质量①。

综上本章所述，大学生社会实践育人质量提升的总目标是促进大学生全面发展。这一总目标之下的五个类目标分别是：(1) 德育目标（立德：树立远大理想，厚植大学生社会主义核心价值观）。大学生社会实践育人质量提升应该将德育目标作为首要目标，通过大学生社会实践活动能够切实坚定大学生的理想信念、增强大学生的爱国情怀、培育大学生的社会责任感。(2) 智育目标（启智：练就过硬本领，夯实大学生学社衔接的基本能力）。大学生社会实践育人质量提升，就是要切实通过社会实践使学生形成学以致用和终身学习的态度和能力、提高大学生创新实践能力和就业创业能力、加速大学生的社会化进程。(3) 体育目标（健体：促进身心健康，锻造大学生堪当重任的强健体魄）。大学生社会实践育人质量提升要以健康大学生身心为目标，在社会实践过程中引导大学生遵循人的身心和谐发展规律，在不断促进自身的生理和谐与心理和谐、提高自己的身体健康素质和心理健康素质的基础上，提高自身的身心和谐度和整体健康素质，锻造大学生堪当民族复兴重任的刚强体魄。(4) 美育目标（益美：丰润艺术滋养，培养大学生高尚博雅的生活情操）。帮助大学生建立正确高尚的审美观，增强学生感受美、表达美、创造美的能力，并将这种能力迁移到对自己事业的追求，提升大学生的人生趣味和理想境界。(5) 劳育目

① 邬丽群，曲长海，刘华利．持续提升德育实践育人效能的原则与路径［J］．高校辅导员学刊，2020（12）：43.

标（促劳：勇于砥砺奋斗，提高大学生吃苦耐劳的劳动素养）。大学生社会实践育人质量提升的目标在劳育维度应定位于能帮助学生树立正确的劳动价值观和深厚的劳动情怀，提升大学生的劳动技能和劳动方法，培养诚实劳动的优良品德，使大学生做到深入、持久、稳定地爱劳动、懂劳动、会劳动。

大学生社会实践育人质量提升过程中应该遵循方向性、整体性、持续性、预见性、突破性五个基本原则。（1）方向性原则：坚持正确政治方向。（2）整体性原则：坚持“四个结合”，即从角色角度，坚持教师主导与学生主体相结合；从环节角度，坚持第一课堂与第二课堂相结合；从阵地角度，坚持校内主动与校外联动相结合；从空间角度，坚持线上虚拟与线下现实相结合。（3）持续性原则：坚持循环可持续提升。（4）预见性原则：坚持遵循“三个规律”，即遵循社会实践规律、遵循教书育人规律、遵循大学生成长规律。（5）突破性原则：坚持聚焦主要问题的突破。

第六章　大学生社会实践育人质量提升的实施路径

针对大学生社会实践育人质量现状、存在的主要问题及影响大学生社会实践育人质量的因素，可以从观念、体制机制、内容形式、方式方法和评价体系五个方面的创新来提升大学生社会实践育人质量。

一、以观念创新提升大学生社会实践育人质量

创新观念认知是提升大学生社会实践育人质量的首要前提。认知影响观念，观念决定行动。21 世纪高素质人才最主要的内涵发展为具有创新能力、实践能力和科学精神。大学生社会实践作为教育教学的重要形式和大学生素质教育的重要环节，在培养具有创新能力、实践能力和科学精神的新世纪人才，加快大学生社会化进程和“两个文明”建设中，发挥着越来越重要的作用。因此，高校和各级党政领导以及社会各界要提高政治站位、提升战略眼光，充分认识到大学生社会实践育人的重要性，形成大学生社会实践育人各育人主体齐抓共管的工作格局①。

（一）转变教育观念：树立实践教育的新型教育理念

一要从传统的教育目的观转变为现代教育目的观。传统的教育目的观认为高等教育是为学生的就业服务和职业发展服务，而现代教育目的观则认为高等教育应该为学生成长、成才和发展服务，为社会主义现代化建设事业培养全面发展的、具有实践能力和创新能力的高级专门人才。二要从传统的教育质量观转变为现代教育质量观。传统的教育质量观认为各种考试分数是衡量学生的唯一标准，而现代教育质量观认为应该以学生综合素

---

① 文大稷．当代大学生实践教育研究：基于思想政治教育视域［D］．武汉：华中师范大学，2014：178-181.

质的全面提高、个性特长和创新潜能充分发挥为评价学生的综合标准。三要从传统教学观转变为现代教学观。传统教学观认为知识、理论比能力、实践更重要，但是现代教学观认为应该知识与能力并重、理论与实践结合、课内与课外衔接，应更加注重培养学生实践能力、创新能力和社会适应能力①。比如，在创新创业实践教育观念方面，我国“6＋3＋3”的教育模式让学生有12年的时间都局限在考试和升学的环境中。传统的观念和僵硬的模式让学生和家长很少有闲心思考孩子的未来，培养他们的创新精神和创业精神。好好学习，毕业找一份满意的工作成为当今大多数学生和家长最大的期望。因此割裂的从大学开始进行创业教育显然是不可取的，且收效甚微。创业教育和创新意识应该与我们的教学工作相结合，真正纳入整个教学活动中，一点一滴，潜移默化。而到大学才开始进行创业教育，一是学生完全没有相关创业的基础知识和创业的勇气能力；二是很少有学生会真正有意向在大学四年就转变自己的固有思想，因此导致高校的创业教育并没有很大的功效，终将会流于形式。

（二）优化宣传理念：为大学生社会实践育人创设更好的舆论环境

创设大学生社会实践育人良好的舆论环境，不仅在大学生群体中可以有更好的鼓舞和带动作用，使投身社会实践在大学生中蔚然成风；还有利于强化社会各方面对大学生社会实践重要性的认识，从而凝结更多社会关注和支持资源；同时，利用大数据云平台对大学生实践过程实时督导记录，也有利于社会实践体系的科学化和规范化发展。具体而言，强化舆论引导，除了在寒暑假集中社会实践期间充分发挥报刊、广播、电视、互联网等新闻媒体的作用，开展较为集中的宣传活动之外，还应当在平时大力宣传报道加强实践育人工作的重要性和必要性，通过广泛宣传实践育人工作中的典型经验做法，积极推广加强实践育人工作的新思路、新做法、新经验。还可以通过刊登关于社会实践活动的理论文章和调研成果，在全社会进一步形成支持鼓励大学生在实践中成长成才的良好氛围。同时还可以通过全媒体平台尤其是新兴媒体加大对学生暑期“三下乡”实践活动的宣

---

① 申纪云．高校实践育人的深度思考［J］．中国高等教育，2012（13-14）：13-14．

传报道力度，大力挖掘社会实践中涌现出来的典型榜样个人和团队，传播大学生社会实践育人中的好故事、好成效，形成全社会共建共享大学生社会实践育人成果的舆论氛围。

（三）凝聚观念合力：促进育人主客体思想认识齐心同向

作为大学生社会实践育人的主体要素，高校要充分认识到，加强大学生社会实践是全面提高大学生的综合素质和实践能力的重要途径之一，不仅可以提升学生素质，还可以提高高校的知名度，扩大高校在社会上的影响力；用人单位（包括政府和企事业单位等）要充分认识到，大学生社会实践可以弥合大学生动手操作能力与社会需求的差距，可以通过以更优惠的政策（比如在创新创业教育方面，出台相关创业优惠政策，比如放款贷款、降低利息等；对于创业的青年学生给予奖励和宣传，为其创造一定的生存空间）来接受大学生实习实践，与高校之间建立长效稳定的合作，促使产、学、研、创“四位一体”结合，实现为用人单位招才引智；家庭中家长要充分认识到，大学生社会实践在提升学生综合素质和能力方面发挥着十分重要的作用，对大学生参与社会实践活动应给予充分理解和全方位的大力支持，尤其是在创新创业实践方面需要改变固有的求安稳的观念，给予学生更多自主创新的空间，积极支持孩子的想法和意见。

作为大学生社会实践育人的客体要素，大学生自身要充分认识到，社会实践是大学生了解国情民情、实现自我价值的基本方式，具有个体社会化功能、成才的催化功能和理论的强化功能，大学生只有结合所学专业知识勇于实践，在实践中增长本领，才能在青春的赛道跑出最好的成绩，成长为可堪大任的时代新人。

二、以体制机制创新提升大学生社会实践育人质量

（一）构建统筹协调的大学生社会实践育人组织机构

高校内部构建协调统筹的大学生社会实践育人组织机构是提升大学生社会实践育人质量的关键，学校党政领导是否高度重视大学生社会实践育人，体现在是否把大学生社会实践育人当“一把手”工程来抓，是否能够

按照统筹规划、分工负责、归口管理、相互协调、整体推进的领导思路，加强对大学生社会实践育人的组织领导。

1. 高校可以专门成立“校—院”协同的大学生社会实践工作领导小组

高校可以成立由校党委分管领导及校团委、宣传部、学工部（处）、科技处、研究生院、教务处等部门负责人组成的学校社会实践工作领导小组，专门负责全校社会实践活动的指导和协调。在校社会实践工作领导小组的指导和协调下，由校团委会同有关部门负责学生社会实践活动的总体规划、方案制定并组织实施。学校各院系可以成立院系二级大学生社会实践育人工作领导小组，认真组织大学生社会实践育人活动的开展，确保每个环节每个步骤落到实处，取得实效，并及时反馈大学生社会实践育人中遇到的新情况和新问题，为学校相关决策提供依据①。校团委和各二级学院分团委均可设立社会实践部，具体进行社会实践工作的组织开展。

2. 高校可以探索设立校、院（系）二级单独的大学生社会实践部

高校可以探索整合校团委、宣传部、学工部（处）、科技处、研究生院、教务处等职能部门的大学生社会实践育人职能，单独成立大学生社会实践部，由大学生社会实践部专门负责统筹大学生社会实践活动的开展和运行。部门内部设立对内组织和对外联络的专门办公室，统筹规划，全面安排，指导到位。

3. 高校可以探索独立设置体育（健康）实践教育中心、美育（艺术）实践教育中心、劳育实践教育中心

由相应的实践教育中心专门负责学校体育、美育、劳育实践的课程开设、课程考核、学分认定和激励表彰，负责体育、美育、劳育实践教育的活动开展、教师队伍建设、实践场地建设等，进一步突出体育、美育、劳育在立德树人根本任务中的重要地位和作用，加强新时代大学生体育、美育、劳育实践教育。比如美育（艺术）实践教育中心可以由学校办公室、党委宣传部、本科生院、党委学生工作部、校团委等职能部门和音乐学院、

---

① 姜丹，单中元. 高校实践育人长效机制探究［J］. 长春理工大学学报，2013（4）：29.

美术学院、文学院、历史文化学院、新闻传播学院等相关院系组成，中心设立办公室，挂靠校团委，负责统筹学校美育实践教育的规划与实施。

（二）构建实践育人导向鲜明的人才培养机制

高校应该积极推动人才培养中的教学改革，将实践育人纳入高校人才培养方案，构建可操作的可持续的大学生社会实践教学运行新机制。具体而言就是把大学生社会实践育人的指导思想、具体培养方式、多样化的内容形式、全过程的组织实施和严格的学分要求等写入高校人才培养方案，保证大学生社会实践育人工作从制度设计方面落到实处。根据军事训练、社会实践、志愿服务、创新创业等要求建设相关课程群，在现有的课程体系基础上打造以慕课为核心载体的大学生社会实践教育共享课程群，将大学生社会实践活动和相关成果纳入第一课堂学分认定，探索社会实践学分积累与转换制度。同时，还应在课程化体系建设上进一步创新。一是要在大学生社会实践育人的教材建设上下功夫，丰富实践教学的理论资源和案例资源，使实践教学的课时安排更加具体、更具针对性。二是要在大学生社会实践育人的教学管理上下功夫。虽然团中央倡导高校推行“第二课堂成绩单”制度，但是大学生社会实践活动如何设计、如何统计、如何考核等问题依然存在，高校应着力解决学分统计、课时安排等具体困难①。比如在创新创业实践方面，将创业成果学分制或是证书化。现今高校最主要的创业教育模式一种是课程和榜样教育，一种就是通过虚拟或是实际的创业大赛。据相关研究显示不少同学在实际求职的过程中，企业对于大学生在大学期间所参加的创业教育活动还是比较看重的。因此如果将创业大赛的成果以正式证书的形式或者学分制的形式出现在成绩单上，都可以作为大学生今后在创业或是求职招聘的加分项。

（三）构建长效可行的大学生社会实践育人保障制度

1. 教师指导保障制度

本书实证研究表明，提高指导教师的投入程度，是保障大学生社会实

---

① 刘宏达，万美容，等. 高校思想政治工作前沿问题研究［M］. 北京：人民出版社，2019：206.

践育人质量的重要因素，因此要从制度层面激励和保障指导教师对大学生社会实践育人自觉做到主动投入、充分投入。

一是将社会实践与学科专业的调查研究更加紧密结合，将社会实践做成专任教师指导学生开展项目调研和专题研究的重要平台，加强实践课程内容与设计的优化；建设一批特色实践育人课程包，有固定的范式，突出研学实践，提高社会实践在人才培养方面的贡献度和工作黏性。

二是加大对指导教师的激励力度。除了在大学生社会实践总结表彰设立“优秀指导教师”进行荣誉激励之外，更应该在学校人事部门制定的工作量计算办法中将指导社会实践列入工作量计算纳入年终绩效酬金给予物质奖励，同时认定指导教师指导实践时长，作为职称评审、职务晋升的补充条件。

三是加大社会实践的培训力度。一方面，可以通过社会实践课程化建设，由专业教师从生命安全、疫情防控、个人防护、文明礼仪、经费使用报销、突发事件处置、实践报告撰写、新闻报道撰写等方面开展专题课程培训；另一方面，可以通过大学生社会实践行前动员会开展社会实践选题培训会、社会实践安全教育培训会、社会实践宣传工作培训会、成果凝练及项目报送培训会等，以邀请专业老师和优秀团队通过讲座、经验交流会等形式开展。

2. 经费物资保障制度

经费物资的保障是最基础的保障，也是大学生社会实践活动顺利开展的前提。要提升大学生社会实践育人质量，就必须加大成本的投入力度，多渠道筹措大学生社会实践育人经费。在国家主导投入、学校专项经费的基础上，还应当不断增强筹措社会资金的能力，建立地方政府支持、公益机构和企业赞助、校友捐赠专项基金、大学生自愿缴费等多渠道的经费物资保障制度，同时应加强对大学生社会实践育人经费的管理，建立经费管理使用的相关规章制度，对于接受捐赠、物资使用等要做到公开透明，对于经费分配做到公平公正。

3. 基地平台保障制度

大学生社会实践育人基地的建立不仅仅要充分结合不同的专业的特

点，还要紧密围绕不同专业人才的培养目标①。高校应利用现有的社会实践基地，建立稳定可利用的社会资源联系。学校要充分发挥自身的优势，协同多方力量建立起足够数量的长效稳定、类型多样、与专业高度契合的社会实践基地。一方面，要注重大学生社会实践育人基地的稳定性，遵循自愿协商、优势互补、过程共管的原则，加强与实践育人基地之间的信息联络和日常维护；另一方面，要打造教学、科研、实践相结合的一体化大学生实践育人基地模式，促进大学生社会实践向深度运作转型、向内涵发展转化。

三、以内容形式创新提升大学生社会实践育人质量

（一）加强大学生社会实践育人与网络育人的深度融合

网络育人，是指应用计算机及网络技术，结合网络虚拟社会的特性，依托思想政治教育方法，对受教育者的思想观念、政治观点、道德规范进行同化的新型教育形式②。

对于出生和成长于网络化、数字化时代的当代大学生来说，网络已成为他们赖以获取生活服务、娱乐消费、社会资讯和学习成长的重要媒介和手段。传统的大学生社会实践育人方式方法已经难以满足大学生的个性化需求，但与此同时，网络的虚拟性和体验性等特点为实践育人提供了新的平台资源。2020年新冠肺炎疫情以来，网络云平台成为大学生社会实践育人的主阵地，大学生网络社会实践成为因应疫情常态化的大学生社会实践育人重要介体。种种新问题和新情况表明，推进大学生社会实践育人和网络育人的深度融合，是高校需要着力推进的一个关键的创新点。

大学生社会实践育人与网络育人深度融合，就是要以马克思主义实践观为指导，借助人工智能等网络新技术手段，通过虚拟化的网络情景实践

① 高文苗. 高校实践育人的若干问题探析［J］. 吉林省教育学院学报，2014（11）：106.

② 谢守成，刘宏达. 大学生思想政治教育理论、政策与实务［M］. 武汉：湖北人民出版社，2016（12）：210.

模式，提升大学生的思想道德素质。大学生社会实践育人与网络育人深度融合，构建“线上+线下”实践育人新模式的优势在于，可以减少现实社会实践活动中的诸多不确定性和不可预见性，如安全隐患、资源配置、各种成本压力、实践环境等众多因素的制约和影响①。

1. 加强大学生社会实践育人的网络平台和资源建设

一方面使大学生社会实践的网络平台成为大学生获取实践信息、团队交流沟通、立项管理等的重要阵地，并在网络资源建设上努力做到让师生“进得来、装得下、留得住”，增强大学生网络社会实践的互动体验感和获得感；另一方面探索加强大学生网络社会实践资源共享平台建设，使高校各类社会实践的网络平台和资源实现共建共享，从而形成大学生网络社会实践育人的联盟合力。

2. 加强新媒体等新技术在大学生社会实践育人中的创造性运用

一方面，要充分利用微信、微博、视频网站、社交网络等新媒体阵地优势，加强对大学生社会实践育人的内容宣传、活动推介和成果推广等；另一方面，要积极运用网络视频直播、手机信息推送、3D动漫呈现等时尚便捷的新媒体技术和人工智能等新技术，加强对大学生线上虚拟社会实践的内容再造，丰富可视化、立体化、智能化的大学生社会实践活动供给，让大学生喜闻乐见、易于接受并乐于参与，使线上线下大学生社会实践育人活动实现同构共振。

（二）加强大学生社会实践育人与文化育人的深度融合

文化育人，是指将社会精神和社会理想等符合或有助于人类社会发展的观念注入大学生内心的过程，是向大学生原有的价值判断和价值观念注入人性中的崇德、向善、求真等美德的过程。这一过程不仅是社会历史长期发展的必然选择，也是当代社会不断进步、推动我国实现社会主义现代化建设的重要保证②。

---

① 刘宏达，万美容，等. 高校思想政治工作前沿问题研究［M］. 北京：人民出版社，2019：207.

② 谢守成，刘宏达. 大学生思想政治教育理论、政策与实务［M］. 武汉：湖北人民出版社，2016（12）：203.

高校校园文化环境是对学生进行实践教育的一个重要载体，加强大学生社会实践育人与文化育人的深度融合有利于促进大学生社会实践活动的开展，提升大学生社会实践育人的质量。高校学生校园文化环境包括大学校园内影响学生思想形成发展和学生思想政治教育的一系列文化要素，良好的高校学生校园文化环境可以帮助学生形塑价值观念、锤炼意志品格、培育人文素养，在“润物细无声”中提升高校的育人质量。

不同大学校园文化各不相同，但高校学生校园文化环境的分层具有普遍性、共通性。学生在大学求学读书，客观存在着秩序需求、生活需求以及学习需求，这一客观实际成为高校学生校园文化环境分层的逻辑起点。大学生基于以上需求，在高校这一场域中以不同角色身份从事的社会实践，成为高校学生校园文化环境分层的直接依据。基于此，可以对高校学生校园文化环境进行分层：学生作为在校的受教育者，理应遵守学校相应的规章制度，服从学校、学院的管理，由此生发管理文化环境；学生作为独立的生存个体，以学校及其周边为日常生活的主要活动范围，包括校内运动场、文化休闲场所和学生宿舍等，由此生发生活文化环境；学生的“天职”即为读书学习，大学也是培育人才、传授知识的场所，由此生发学习文化环境。学生在不同层面的高校学生校园文化环境下，其受到的影响、烙下的文化印记都各不相同。同时，学生身上形成的相对固定的文化风格、文化气质，也会在较长的一段时间内维持，影响高校学生校园文化环境的再创造。

在高校学生校园文化环境中，学生个人与外部条件始终发生着交互作用，也意味着高校学生校园文化环境各层面的互动融合，这种互动融合的根本是社会实践，媒介是学生对校园内社会角色的扮演。在大学这一场域内，这种社会角色可以转化理解为学生的身份转换，这种身份转换也成为学生与校园社会的连接点。学生在大学校园内存在多种不同的身份：在校园内，他要遵守学校相应的秩序规范，并服从辅导员、班主任、专业课教师的管理，是一名被管理者；在生活中，他是遵从自身意志具有能动性的个体；在课堂上，他是一名以学业为重的学习者、受教育者。学生有了不同身份的转换，使得学生也对应从事着不同的实践活动，通过这些不同社会实践逐渐创设建构出的管理文化环境、生活文化环境以及学习文化环境，共同组成了高校学生校园文化环境这一整体，成为高校思想政治教育运行的“文化场域”。文化环境一旦被创设出来，学生身处其中就必然会受到其约束与控制。高校学生校园文化环境的各层面在其各自规定的文化场域内对学生产生影响，但由于学生身份的频繁切换，依托社会实践这一载体使得不同层面的文化环境之间也产生互融互构。高校学生校园文化环境在这种互动融合中，促进了学生思想能力素养的提升，也进而实现了“社会个体化”与“个体社会化”的价值目标①。

因此，大学生社会实践育人质量提升应该与高校文化育人深度融合。

一是积极开展大学生社会实践文化的建设工作。在日常工作中要根据自身特点，注重文化标识系统的建立与推广，鼓励广大青年学生围绕军事训练、社会实践、志愿服务、创新创业的主题，进行文字作品、影视剧、纪录片、歌曲、公益广告、动漫、宣传海报、摄影作品等的创作。

二是开展寓教于乐的文化实践活动。在构建自身校园文化、风气中，学校应注意将学校办学思想、校规校训与学校自身的历史传统、发展规划相结合，充分发掘学校自身的宝贵资源。开展校园读书活动，培育校园尚读文化：设立读书长廊、创办读书协会，让书香弥漫整个校园，让尚读的风气影响全体师生。总之，通过校园文化、校园风气建设，有助于形成对学生的凝聚作用、示范作用，从而达到提升学生精神境界、促进学生道德修养的目的②。

三是打造“家文化”的文化氛围。在推进寝室“家文化”的过程中，高校首先应保证寝室的硬件条件，在注重硬件设施的基础之上，学校还应积极推动学生宿舍社区建设，为每栋宿舍楼配备社区辅导员，时刻关注学生生活。如开展四、六级辅导班，开放通宵自习室，帮助学生在课堂下进行自主学习，开展社区棋牌大赛，文艺展演，丰富学生课余生活，增加同栋宿舍之间学生的交流沟通，真正给学生“家”的感觉，让“家”文化浸润每一位学子，最终达到文化育人的目的。

四是研究传播规律及特点，利用新媒体渠道，在广大师生中大力传播

---

① 陈娟，刘鸿畅．论高校学生校园文化环境的分层及互动融合［J］．思想教育研究，2021（12）：151-153.

② 谢守成，刘宏达．大学生思想政治教育理论、政策与实务［M］．武汉：湖北人民出版社，2016（12）：207.

实践育人理念，营造实践育人文化氛围，丰富社会实践、志愿服务文化的内涵，不断提升大学生社会实践育人质量。

五是以红色文化资源为载体，优化高校思想政治教育的实践模式。红色文化资源从本质上说就是革命精神和物质载体，是群众在中国共产党的领导下创造的。从其形成过程来说，是在长期的革命斗争实践中发展起来的。

以华中师范大学（以下简称“华师”）为例，华师是一所红色的大学，它在革命时期培养了恽代英、陈潭秋、陈昌浩、萧楚女、施洋等革命家，这些人物用自己的鲜血书写了无数红色革命事迹，他们的事迹和革命精神是无价的红色财富。华师所在的武汉拥有丰富的红色文化资源，这些资源大都向公众开放，而华师优越的地理位置使其“近水楼台先得月”，让本属武汉的资源成为华师可以“为我所用”的泛校园资源。武汉是一座英雄的城市，无数革命者在这里留下了鲜血甚至生命，同时，他们也为我们后辈留下了极为丰富的红色文化资源。武汉红色旅游资源数量多、范围广、类型全、影响大。武昌首义在这里开始，中国共产党五大在这里召开，实现历史性转变的八七会议也在这里举行，同时武汉还是中华全国总工会和国民政府所在地。先烈们在这里进行过革命斗争，无数党和国家领导人，都曾来到武汉这片神奇的土地并留下了革命足迹。这些事件、遗迹以及人物的传奇经历都是武汉地区丰富且珍贵的红色文化资源。华师可用的丰富红色文化资源对优化大学生社会实践育人模式具有相当大的实际应用价值，并为其提供了载体资源基础。

使红色文化资源的载体作用充分实现，就要变革载体运用中的大学生社会实践育人方式。第一，我们要把“乐”寓于教，通过利用如红色文化作品征集、红色知识竞赛、红歌比赛等广大师生喜闻乐见的参与方式，来传递价值理念。第二，我们要积极组织相关的教育实践活动，比如加强校园红色宣传栏、红色广播台、红色校园标语、红色校园景观等物质文化建设，借助互联网平台积极探索开展红色网络文化建设。此类活动的组织主体不应局限于学校主管部门，普通师生也当作为组织主体。学校主管部门在主动进行红色文化宣传等思想政治教育活动时，要鼓励和支持师生组织与红色文化相关的活动，通过这些活动展现红色文化资源的思想政治教育功能。

华师及武汉拥有丰富的红色文物。武汉存在着大量的革命历史遗迹、纪念馆等红色文物。红色文物蕴含的精神价值是我国思想政治教育的重要内容之一。我们必须充分利用这些红色文物，为华师思想政治教育提供现实的校外平台。在华师校内，除了保护和开发红色文物资源，还要重视其他类型的历史文物资源。百年华师，桂子山也拥有着重要的人文历史文化遗产，它们对提高师生思想素质、政治觉悟、道德水平也具有重要的作用。这些遗产和华师的红色文物资源一道构成了华师思想政治教育的重要校内教育实践平台①。

（三）加强大学生社会实践育人与科研育人的深度融合

实践证明，科研育人作为大学生思想政治教育的重要载体，对提升大学生思想品德和专业素质能力越来越重要，如大学生通过参与教师科研项目研究、参与“挑战杯”课外科技作品竞赛、撰写学位论文或者课程小论文等科研实践活动，既提升了自身的思想政治素质，也促进了专业知识学习的提高②。把论文写在祖国大地上，将大学生社会实践与社会热点难点问题研究相结合，是提升大学生社会实践育人质量的核心。

1. 推进大学生社会实践育人和科研育人项目化融合

一是选题设计融合。大学生社会实践育人项目和科研育人项目的有机融合应该首先从选题开始，好的选题既对项目立项和项目开展研究实践具有前提性作用，又对学生的学术科研积淀和创新能力提升具有重要作用。在项目选题设计上，要体现对国家重大理论问题和现实问题的关注，突出鲜明的问题意识和目标导向，把回应社会关切和引领社会发展作为选题的重要原则，比如疫情防控、乡村振兴等。

二是项目立项融合。要打破项目立项的壁垒，使大学生社会实践育人和科研育人项目立项更加灵活多样。一要打破寻找项目的壁垒，探索地方团组织推荐现有实践单位，高校根据情况申报。二要打破项目立项的壁

① 陈娟，郑帅，张彦平，等. 利用校园特色资源优化高校思想政治教育探析：以华中师范大学为例［J］. 学校党建与思想教育，2020（1）：82-83.

② 刘宏达，万美容，等. 高校思想政治工作前沿问题研究［M］. 北京：人民出版社，2019：165.

垒，探索不同高校、不同学科、不同专业联合申报。三要打破固化实践的壁垒，探索不限一校一社区一地域的大学生社会实践立项。

三是项目实施融合。大学生社会实践育人项目和专业教师的科研项目融合在一起同步实施，既有利于提高专业教师参与指导大学生社会实践的投入程度，也能够结合学生的学科专业，使学生能够正确对待科学项目实施过程中的各种艰辛挑战，脚踏实地、持之以恒地按照预先设定的路线图、时间表严谨地推进各项实践任务，形成整个团队联合攻坚的团结精神和协作意识。

四是项目结题融合。大学生社会实践育人项目结题可以按照科研育人的相关要求，按照学术评价的要求、标准和程序，对大学生社会实践的调研成果进行评审评比、表彰奖励甚至是通过大学生学报等杂志公开发表的形式予以肯定。

2. 以大学生科研实践成果转化应用培养大学生的实践创新能力

一方面，大学生在参与科研实践成果转化应用的过程中，可以发现在学校学习中发现不了的一些问题，在分析和解决这些问题的过程中，他们的实践创新能力将获得大大提高。另一方面，在科研成果转化应用过程中，大学生经常会收到成果实际运行的效果反馈，这将为他们进一步改善产品质量和创新创造新产品提供难得的实践机会。此外，科研成果的转化应用还有助于激发大学生学习和掌握相关学科前沿性、应用性科学知识技术的积极性和主动性，增强他们对所从事的科研活动的成就感和责任感①。因此，高校促进大学生社会实践育人与科研育人深度融合应该大力实施政校企农合作，成立“乡村振兴协会”，以持续的团队化、项目化运行，采用“项目＋比赛＋成果孵化＋宣传推广”的模式进行，做好大学生社会实践的成果运用。

（四）加强大学生社会实践育人与组织育人的深度融合

组织育人，是指组织为实现其目标，按照组织的相关制度和管理办法等对组织成员进行思想教育和行为约束，对内达到统一行动、协调利益、

① 刘宏达，万美容，等. 高校思想政治工作前沿问题研究［M］. 北京：人民出版社，2019：182-183.

调适关系等团结凝聚作用，对外达到加强宣传、扩大影响、示范带动等吸引促进作用。

高校中存在各级各类师生组织，包括高校党组织、群团组织、学生组织等，它们在思想政治教育工作中发挥了重要的载体作用。高校各类组织能更好地深入学生内部，针对学生的需求开展育人工作。大学生社会实践育人多为有组织的群体性活动，实践过程中来自不同年级、专业的团队组织成员同吃同住，遵守规则，团结合作，有助于大学生形成大局观念和合作意识。同时，组织育人方式强调学生的主体性，强调学生的参与和实践，把实践锻炼作为主要教育内容和教育方法，学生在组织中参与了各种类型和形式实践活动的同时接受教育。大学生社会实践育人与组织育人深度融合是提升大学生社会实践育人质量的关键。

1. 要高度重视各类组织的实践育人功能发挥

充分利用党组织、团组织、学生会、社团、支教团等组织的实践育人优势，以党支部、团支部、学生会、学生社团等组织为单位组建大学生社会实践团队并进行实践立项。比如组建党员国情实践队、党史教育实践队、支教团队、志愿服务团队、创新创业团队等，发挥党组织的政治领导和示范带动作用，发挥团组织的引领、教育、团结和服务功能，发挥学生组织的自我教育、自我管理、自我服务优势，增强大学生的集体主义教育意识，提升学生的组织建设能力和团队合作能力。

2. 要激发各类组织的实践育人活力

一方面，要以民主管理催生各类组织的实践育人内生动力，畅通沟通渠道，加强组织内部的民主协商和民主监督，形成民主参与的优势，增强学生的参与感和获得感。另一方面，要以规范管理释放组织的实践育人制度活力，比如以实践“路线图”“推进表”等形式去逐一推进和完善大学生社会实践活动的各个过程阶段，通过留痕的管理，督促大学生完成既定的社会实践计划。

3. 要扩大各类组织的实践育人覆盖面

大学生对于社会实践活动的参与，往往有两种动因：一种是迫于组织的强制要求，另一种是源于活动对自身的兴趣吸引。相比之下，兴趣吸引比强制要求更能让大学生自觉并持续地参与社会实践活动，然而能够吸引更多大学生参与社会实践的是组织的良好氛围和文化环境以及组织的社会实践育人价值吸引，如果学生能在组织的社会实践活动中感受到自身的素质和能力提升而不是流于表面走走形式，那么就能够使大学生由被动参与到主动参与再到主动接受和内化社会实践的价值，从而使高校组织的实践育人覆盖更具生命力①。

（五）加强大学生社会实践育人与资助育人的深度融合

资助育人是指将思想政治工作贯穿于学生经济资助工作全过程，在帮助学生解决经济困难问题的同时解决思想问题，从而促进他们全面发展的教育活动②。大学生社会实践育人与资助育人深度融合就是要通过大学生社会实践活动全面提升经济困难学生的全面成长，使他们获得公平而有质量的大学生活。

1. 大力组织经济困难学生开展校外社会实践活动

近年来，一些高校积极寻求社会公益基金的支持，大力组织经济困难大学生赴经济发达地区实习见习、赴境外参与考察等，极大地开阔了他们的视野。因此，高校应该充分利用校友等社会资源为经济困难学生设立学生帮扶与发展基金，并积极对接组织境内外交流合作项目，支持优秀的经济困难学生出国出境交流、参观考察等实践活动。

2. 大力扶持经济困难大学生开展创新创业活动

高校可以充分利用设立奖助学金企业的教育实践资源，通过组建受助学生进企业实习见习团队的形式，推动资助企业对他们开展针对性的创新创业帮扶活动，大力培养受助学生的创业就业能力，以及通过企业直接推动他们的就业创业。

3. 大力完善校内的大学生勤工助学体系

一方面要建立规范有效的大学生勤工助学组织架构。高校应在学校勤工助学工作领导小组的统筹下，协调各院系、教务、学工、团委、后勤等各方面的力量，成立专门的勤工助学中心，制定详细的管理制度，指导帮

---

① 刘宏达，万美容，等. 高校思想政治工作前沿问题研究［M］. 北京：人民出版社，2019：361-387.

② 刘宏达，万美容，等. 高校思想政治工作前沿问题研究［M］. 北京：人民出版社，2019：337.

助学生处理和解决勤工助学活动中出现的矛盾和纠纷，保护学生的劳动权益。另一方面要积极开发校内外勤工助学岗位。校内岗位主要是食堂、宿舍、图书馆、教学楼、校园环境的管理与服务岗，以及各教学科研单位的教学助理、科研助理岗，这些岗位就近方便，学生参与成本低，安全有保障。校外岗位需要高校积极与所在地政府、企事业单位加强合作联系，结合大学生专业特长，发挥大学生专业优势，争取为大学生开发更多的社会勤工助学岗位。

四、以方式方法创新提升大学生社会实践育人质量

（一）协力协作推进“家＋校＋生＋社”协同化建设

综合前文所述，部分地区高校大力推进大学生社会实践育人共同体建设工作，家庭、学校、学生和社会协同化建设初显成效。但当前大学生社会实践育人共同体建设工作多数将育人主体仅限于高校、社会等主体，在大学生社会实践育人共同体建设中重点加强了“高校＋政府＋企事业单位”的协同化建设，还存在一些薄弱环节，忽视了家庭和学生自身的育人主体性，在一定程度上没有完全发挥出共同体的应然优势，影响了大学生社会实践育人的质量。因此，应该构建家庭、高校、学生、社会协同配合的育人共同体，协力协作推进“家＋校＋生＋社”协同化建设①。

1. 协同“家庭”沟通联动

以父母为中心、以孩子为重心、以教育为核心的“家庭”是大学生社会实践育人的主体要素之一，在“育人共同体”中扮演着重要的监督和配合角色。父母从孩子呱呱坠地、咿呀学语之际就对孩子的思想观念、认知和行为产生着巨大而深远的影响，父母通常认为孩子高考结束进入大学就可以对孩子放任不管了，但实际上大学期间学社衔接的重要过渡时期特别需要父母与高校能够定期主动积极沟通联动，了解大学生在学校学习、生

---

① 卢爱疆．基于协同理论的高校实践育人创新发展探究［J］．中国轻工教育，2019（1）：9.

活的基本情况和在校的综合能力及日常表现，鼓励为主、积极引导、严格监督大学生积极参与各级各类各层面的大学生社会实践育人活动，保持家庭教育与学校教育过程的一致性。

2. 夯实“高校”实践育人队伍建设①

为了保证大学生社会实践育人的长效开展，高校要注意整合队伍、融合资源，夯实多矩阵的大学生社会实践育人共同体。提升大学生社会实践育人质量高校要充分利用好五支队伍：

（1）学生辅导员队伍。学生辅导员要担任大学生社会实践活动的指导教师，并定期与专业教师进行沟通和交流，以便根据学科专业的实际情况，设计研讨具有专业特色的社会实践活动②。辅导员队伍普遍年轻富有朝气，熟悉学生的日常思想动态，并受到学生的信赖。辅导员指导社会实践既是本职工作，也是保证大学生社会实践育人质量的强有力支撑。

（2）思想政治理论课教师队伍。将高校思想政治理论课全体教师按照院系学生比例分别编入各系学生工作办公室，并担任院系兼职辅导员，以此为学生进行社会实践活动提供必要的思想理论支撑，筑牢大学生社会实践育人的政治堡垒、思想堡垒。

（3）其他专业教师。高校的所有课程均具有思想政治教育的功能，所有的教师都应该义不容辞地承担起实践育人的重要职责。可以选派青年教师深入企业进行生产实践培训，通过培训提高青年教师生产实践教学的能力与水平。

（4）党政部门、服务岗位的教职工。高校“三全育人”中的全员育人对党政部门和服务岗位的教职工也提出了管理育人和服务育人的要求，这些也都是高校中大学生社会实践育人的中坚力量，应该凝心聚力同向同行发力，通过不同的岗位职能发挥实践育人的作用。

（5）关工委。充分发挥高校“五老”教师“红色磁力”效应，对接大思政格局构建，融入人才培养体系，积极打造“大手牵小手”的社会实践

① 谢守成，刘宏达. 大学生思想政治教育理论、政策与事务［M］. 武汉：湖北人民出版社，2016（12）：220.

② 梅元媛. 高校思想政治教育实践育人的途径探索［J］. 学校党建与思想教育，2013（8）：75.

品牌。比如华中师范大学马克思主义学院积极发挥学科优势，老专家对接指导学院大学生党史宣讲团，将党史学习落实落细，先后走进企事业单位、社区、乡村等单位，开展党史宣讲共计 200 余次，覆盖面十万人次，充分彰显全国重点马院的示范引领作用。在李良明教授的指导下，青年学子排练了原创大型沉浸式主题教育话剧展演《你好，恽代英》，先后被新华社、光明日报等十余家媒体报道。

3. 激发学生主观能动性

综合前文所述，大学生是大学生社会实践育人质量提升的第一主体，是决定实践育人质量的关键。只有大学生自身的思想认识与大学生社会实践育人质量提升的方向、目标达成一致，才能使大学生社会实践育人的质量提升达到更好预期效果。因此高校组织开展大学生社会实践时应当充分发挥实践其主观能动性，通过宣传动员和鼓励提升大学生的自主参与度，加强大学生对实习实践助力自身成长成才的重视程度，并通过合理的组织设计、妥善的实施、有效的后勤保障和科学公正的评价与激励政策，加深大学生在社会实践中的实践深度，提升大学生社会实践的吸引力和生命力。

4. 调动社会多方力量参与

社会主体会对大学生社会实践育人质量产生重大影响。虽然大学生身处校园象牙塔内，但社会上的舆论环境、文化氛围、社会风气等也会对大学生产生重大深远的影响，需要调动社会多方力量的参与，与高校形成共同的行为准则，提升实践育人质量。除了前文所述的调动媒体传播实践育人好声音，与政府、企事业单位联合建立实践基地之外，还可以将企业专家和优秀校友聘任为大学生社会实践导师，充分利用他们的实践经验联合指导实践教学。

（二）分层分类推进“产＋学＋研＋创”基地化建设

培养高素质的创新创业人才是高校人才培养的重要目标，大学生社会实践育人基地是高校创新创业教育的主要载体之一，是构建全方位育人体系不可或缺的重要组成部分，也是高校培养学生创新能力、提升学生创业意识的重要平台。为此，高校必须分层分类推进“产＋学＋研＋创”基地化建设，促进大学生创新创业教育和实践训练能力提升，提升大学生社会实践育人质量。

“产＋学＋研＋创”基地化建设通过高校、地方政府与企业合作，为学生创新创意、创业思路提供落地孵化平台，为大学生专业技能实践提供最贴近实际、最贴近企业需求的实训机会，为大学生技能报国、支教帮扶对接贫困地区提供长期、稳定渠道。

1. 建设大学生创新创业实践基地

目前，大学生在国家层面和学校层面有较多创新创业政策与资金支持，但缺乏能够将创新创业想法落地的地方平台，创新创业实践基地能够为此提供平台支持。首先，基地能够为青年学生提供相关指导，包括创新创业竞赛指导、创新创业课题指导和创新创业项目落地指导，推动大学生创新创业项目实效的提升。其次，基地可以依托地方创业企业、政府方面的创新创业政策等为青年学生对接资源，创造有利条件。再次，可以依托基地组织开展创新创业教育改革的理论与实践研究。最后，可以依托基地强化创新创业教育师资队伍培训与指导。

2. 建设大学生社会志愿服务基地

教育部在《关于深入推进学生志愿服务活动的意见》中明确指出，应努力促进学生志愿服务活动的长效化、规范化和常态化。基地建设不仅可以避免由于缺少固定的服务阵地而引起志愿服务萎缩的现象，更重要的是，可以实现大学生志愿服务的示范功能、辐射功能和教育功能①。高校可以结合大学生不同年级和不同学科专业特点分层分类培育优质志愿服务项目，对接校内外资源，在志愿服务基地中推进公益类创新创业项目的培育，培育优秀的志愿服务团队，实现志愿服务常态化、专业化、项目化，进而推动志愿服务工作的品牌化建设。

3. 建设大学生科技成果转化基地

高校是创新人才的集聚地与创新成果的策源地。大学生科技成果转化基地一方面利用高校大学生人才密集、技术力量雄厚的优势，在技术改造、人力资源开发、科学研究、咨询服务、信息交流等多个领域支持合作企业和地方经济发展，进一步集聚高校的人才、技术优势和孵化器企业长

---

① 张红霞. 文化多样性背景下大学生志愿服务育人功能研究［M］. 北京：中国社会科学出版社，2020：225.

期以来对企业的科技需求的把控，利用企业市场、资金优势，形成和企业需求捆绑在一起的联合创新体系。通过市场对资源的配置，让技术创新端和产品供给端紧密配合，搭建出技术市场的生态环境，形成对产业发展的有力支撑。另一方面，大学生在参与科研实践成果转化应用的过程中，可以发现在学校学习中发现不了的一些问题，在分析和解决这些问题的过程中，他们的实践创新能力将获得大大提高。

（三）多维多元推进“点＋线＋面＋体”智能化建设

在科学技术日新月异的信息时代，智能化被提到前所未有的高度，虚拟网络作为人类生存的“第二空间”正逐步壮大，开拓了社会实践新的场域，既实现了传统社会实践的部分功能，较传统社会实践活动方式而言又有着便捷、开放、即时、高效等多种优越性。但是通过本书实证研究发现，培训、规划、组织、体验感、参与感是线上社会实践需要重点突破的地方，这显然需要成熟的线上平台做技术支撑，丰富的渠道做资源支撑。大学生社会实践育人质量提升应着力于“点”、贯穿于“线”、延展于“面”、交互于“体”，多维多元推进“点＋线＋面＋体”智能化建设。

1. 着力于“点”——寻找智能化技术支“点”

依托信息技术智能化地推动大学生社会实践育人质量提升成为党和国家的迫切要求。大数据、云计算、区块链、深度学习、5G、虚拟现实（VR）、增强现实（AR）、介导现实（MR）、扩展现实（XR）、数字孪生技术、人工智能等带来的信息技术革命、显示技术革命与智能革命，为推动大学生社会实践育人智能化建设提供了新契机与新前景①。这些技术重塑了思想政治教育的思维、环境和方法，也是大学生社会实践育人智能化建设的技术支点。

例如，在党史学习教育实践过程中，通过 VR 设备搭建历史模拟场景，通过虚拟现实技术复现历史场景，增强大学生在可观可感的场景中、从真情实感的体验中激发自身求知欲和探索欲，增强党史故事直击人心的震撼感和耳濡目染的真切感，让大学生在沉浸式体验中汲取文化力量，传承伟大精神。

---

① 赵建超. 元宇宙重塑网络思想政治教育论析［J］. 思想理论教育，2022（2）：90.

2. 贯穿于“线”——创新运用大数据技术“线”

所谓大数据实际上是一种信息数据集合，它提供的是一种供决策分析的信息资源。推进大学生社会实践育人的智能化建设应该把大数据分析这条技术“线”贯穿于大学生社会实践育人中，加强大数据在大学生社会实践育人中的创新运用。具体而言，可以理解为把大数据的相关原理、技术手段和方法途径嵌入大学生社会实践育人的过程中去，从而优化大学生社会实践育人相关信息的收集、检测、分析及调节等环节。首先，在大学生社会实践育人开展之前，利用大数据对大学生社会实践的需求状况进行信息收集和分析，加强大数据在大学生社会实践主题设计、内容形式确定、时间安排等决策中的运用。其次，在大学生社会实践过程当中，利用大数据及时了解相关实践情况和阶段性效果，并根据这些信息及时调整和推进大学生社会实践育人工作。最后，在阶段性的大学生社会实践育人工作完成以后，利用大数据对此前的教育效果和教育过程信息进行反思性收集和分析，为日后的大学生社会实践育人工作开展提供经验和教训①。例如在创新创业实践教育方面，我们可以充分利用现有的技术和信息，通过分析不同学生的特点，为其提供最适合他们的创业教育模式。比如有的学生偏好技术性创业、有的学生偏好生活类创业，那么学校就可以根据他们的个人偏好，为其提供最适合他们和满足他们创新创业实践需求的具有个性化、针对性的创业教育。而不是像现在只是笼统地开展一些教育活动，而不管学生是否需要。有针对性的创新创业实践教育能在一定程度上大大提高学生的创业意向。

3. 延展于“面”：拓宽线上大学生社会实践育人智能“面”

要积极运用人工智能等新兴网络技术搭建系统成熟、操作便利、流程规范的线上大学生社会实践平台，分时间、分年级、分专业、分办学层次来规划和设计社会实践的主题、内容、形式和评价，提升不同类型、不同层次、不同地区高校的大学生社会实践育人质量，突破优质均衡发展瓶颈。通过加强线上社会实践的培训、规划和组织，在

① 陈娟，郑帅，张彦平，等. 利用校园特色资源优化高校思想政治教育探析：以华中师范大学为例［J］. 学校党建与思想教育，2020（1）：82-83.

疫情常态化背景下扩大大学生社会实践育人的参与面和受益面，缩小中心城区与远郊区以及校际差距，实现兼顾个性化和规模化的高质量实践育人。

4. 交互于“体”：打造“现实+虚拟”的实践育人智慧“体”

“元宇宙”概念下的全身沉浸、创构与智慧等新思维，重塑了大学生社会实践育人智能化建设的未来前景。“元宇宙”作为一种新概念，通过虚拟现实交互技术来形成超高仿真，提升人的沉浸体验。“现实+虚拟”实践育人智慧“体”除了传统的人际交互之外，还包含了人机交互和机机交互，不仅可以依托互联网平台开展例如线上支教、线上宣讲、网络调研、线上实习等多种“云”实践活动，还可以运用虚拟现实等现代信息技术在赛博空间有目的、有意识地创造虚拟情景达到实践育人目的①。例如参观虚拟展厅、参加虚拟仿真实验等，利用科技手段达到身临其境实践的效果，这种实践模式可以极大拓展大学生开展实践活动的时空领域，不受天气、地域、疫情等客观原因限制，还可以提升大学生的沉浸体验，具有不可比拟的优越性。

五、以评价体系创新提升大学生社会实践育人质量

高校大学生社会实践育人评价体系应该包含三个子系统，一是为激发二级单位主体性而设立的对二级组织单位的评价体系，二是为激发学生主动性而设立的纳入学生综合素质测评系统的人才培养评价体系，三是为激发教师指导的内生动力而设立的教师职称评定、绩效考核评价体系。后面两个子系统在前面体制机制创新已作探讨，此处重点探讨第一个评价子系统的评价体系创新。高校创新二级单位实践育人评价体系可以从下面三个方面入手。

（一）评价指标清晰化

大学生社会实践育人的评价体系创新应该充分考虑社会需求、学生诉

---

① 杨富斌. 虚拟实践的涵义、特征与功能［J］. 社科纵横，2004（1）：100-103.

求和学校要求，应该紧紧围绕服务社会、服务学生、服务学校的理念[①]。高校应该基于这些需求，围绕大学生社会实践的前期组织、过程管理、成果总结三个阶段设立评价二级组织单位的阶段性指标，在三个阶段性指标中设定相应的子指标。在前期组织指标中，可以设定实践活动主题设计、实践活动内容与价值、实践形式创新性、团队立项与分工、时间计划等子指标；在过程管理中设定行前动员和培训、指导教师指导投入程度、实践品牌性和特色性、与专业结合黏度、安全管理等子指标；在成果总结阶段设定宣传报道、调研报告、成果转化、品牌特色、社会反响等子指标。同时，在这些过程指标之外，单独列举正面清单和负面清单作为加分指标和扣分指标。比如领导重视加分指标、重要领导批示加分指标、成果突出加分指标、安全事故减分指标、舆情事故减分指标等等。比如，可以参照下表6-1中《B大学2021年暑期“三下乡”社会实践优秀组织单位评分细则》来使评价指标精细化、清晰化、可量化。

表6-1　B大学2021年暑期“三下乡”社会实践优秀组织单位评分细则

一级指标	二级指标	分值	评分方式	
申报立项工作（25分）	成功申报全国专项项目团队	15分	5积点/队，以“三下乡”官网公示或主办单位文件为准	总积点按排序形成级差赋分
	成功申报校级重点团队数量		3积点/队，以重点项目公示为准	
	组织院级实践团队		1积点/队，最高10积点，以各单位提交结项材料为准	
	学院参与实践活动人数比例（参与人数/学院总人数）	10分	各单位全年参与各类实践活动（含寒、暑假社会实践）的学生人数要求原则上不少于本单位在校人数的40%。以各单位提交材料为准	按排序形成级差赋分

① 高文苗．高校实践育人的若干问题探析［J］．吉林省教育学院学报，2014（11）：106．

续表

一级指标	二级指标		分值	评分方式	
实践期间管理工作（30分）	按照团中央要求，所有社会实践团队均在全国“三下乡”官网报备系统及时注册账户完成团队创建		10分	10分*（完成创建团队数/学院团队数），由申报单位提供团队报备截图	各指标分数累加
	学院召开暑期实践动员会，部署实践工作，做好学生安全教育		5分	由申报单位提供有活动的新闻、图片和说明	
	按要求定期上报团队安全信息		5分	以各学院团委书记在“华师团干工作学习群”中报备情况为准，由各单位提供群内报备截图	
	团队有在职教师跟队指导		10分	10分*（有指导教师的团队数/学院团队数），由申报单位提供有指导教师参与指导实践的图片和说明	
实践总结工作（45分）	宣传报道	国家级媒体报道	16分	2积点/篇，最高20积点，由申报单位提供新闻报道清单及截图，国家级媒体指新华社、《人民日报》、《光明日报》、《中国青年报》、《中国教育报》、中国青年网、“三下乡”官网、团中央学校部及同级别报纸、电视媒体、官方网站、官方微信、官方移动客户端等	按总积点排序形成级差赋分
		省市级媒体报道		1积点/篇，最高20积点，由申报单位提供新闻报道清单及截图，省市级媒体指各省、市级政府报纸、电视媒体、官方网站、官方微信、官方移动客户端等新闻媒体的报道	
		校外其他媒体报道		校外普通网站投稿不计分	

续表

一级指标	二级指标		分值	评分方式	
实践总结工作（45分）	宣传报道	校内媒体报道	14分	以华大青年网站和微信公众号发稿数量为参评依据，数据由华大青年传媒中心提供	按总数量排序形成级差赋分
	调研报告	获校级优秀调研报告一等奖	15分	5积点/篇	按总积点排序形成级差赋分
		获校级优秀调研报告二等奖		3积点/篇	
		获校级优秀调研报告三等奖		2积点/篇	
		提交报告篇数		1积点/篇，最高4积点	
加减分项目	加分项	学院高度重视社会实践工作	最高3分	学院有配套经费支持2分 学院党政领导指导工作、出席实践动员大会、总结大会或实践活动分享会等1分	由各单位提交相关支撑材料，由校团委审核打分
		实践成果显著	最高5分	获国家级优秀团队3分/队（专指团中央组织的“三下乡”系列评选、中国青年报组织的“全国百强实践队”） 获省级优秀团队2分/队（专指团省委组织的“三下乡”系列评选） 获校级优秀团队1分/队（专指校团委组织的“三下乡”系列评选） 实践成果获校级以外奖项1分/项 实践团队有特殊事迹酌情加分	同一团队获奖情况加分遵循就高不就低原则
	减分项	各阶段工作完成情况		未于规定时间内上报材料扣1分 未按计划完成项目任务，未能顺利结项者扣2分 未按要求完成经费报销工作扣2分	根据实际情况打分

续表

	减分项	安全责任问题		未给实践队员购买保险扣 2 分，由各单位提供购买证明 由于组织工作不完善造成实践活动中发生安全事故或由于其他原因造成负面影响，酌情扣分	根据实际情况打分

（二）评价主体多元化

评价主体主要是解决“谁来评价”大学生社会实践育人质量的问题。王茂胜认为“思想政治教育评价主体，是处于思想政治教育评价关系中相对思想政治教育评价客体而存在的现实的人（包括各种人的集合）。简单地说，就是指有目的、有意识地从事思想政治教育评价活动的现实的人”①。高校对二级学院的大学生社会实践育人质量评价应当探索实施多元化主体评价模式。一是可以由相关校领导和职能部门领导组建学校评价小组进行评价。二是可以采用兄弟学院之间互学互检互评的方式进行评价。三是可以通过大学生的满意度打分评价来反馈活动的实施效果。四是可以请实践地相关合作单位进行评价。五是可以引入第三方评估机构，站在完全客观中立的角度对学校二级学院的大学生社会实践育人质量进行评估。

（三）评价方法科学化

要制定完善符合新时代需求的大学生社会实践育人考核评价方法，这是考核评价体系的有效载体。社会实践考核评价方法要因时而进，因事而变，对大学生社会实践育人工作做出科学准确合理的评估，以保障大学生社会实践育人功能有效实现②。

1. 坚持政治评价与业务评价相统一

政治性是大学生社会实践育人的本质属性，同时，大学生社会实践育

① 王茂胜. 思想政治教育评价论［M］. 北京：中国社会科学出版社，2006：84.

② 吴立全. 新时代大学生社会实践育人功能拓展及其实现路径探究［J］. 黑龙江教育，2019（1-2）：44.

人活动又是与一定专业结合的兼具业务性的思想政治教育实践活动。因此，大学生社会实践育人质量评价首先要注重政治评价，同时兼顾业务评价，保证全面完成思想政治教育工作的各项具体任务。

2. 坚持客观评价与主观评价相统一

既要注重二级单位提交各项支撑材料、书面总结材料等客观情况核定分数，又要组成评价工作组通过听取工作汇报、现场答辩、考察座谈等形式进行主观打分评价，使得评价更具灵活性、针对性、多样性，避免一把尺子量到底。

3. 坚持结果评价与过程评价相统一

大学生社会实践育人的目标是实现大学生德、智、体、美、劳的全面发展，这个目标的实现对于大学生社会实践育人工作而言难以立竿见影，具有一定的滞后性，需要一个逐步显现和不断提高的过程。因此在实际评价的过程中需要既关注当下可见的实际工作和效果，又应该坚持动态的、发展的眼光，关注大学生社会实践育人的发展过程和长期效果。

4. 坚持定性评价与定量评价相统一

定性评价是采取归纳和演绎、分析与综合以及抽象与概括、经验判断与观察的方法，对评价对象平时的表现、现实和状态或文献资料的观察和分析，直接对评价对象做出定性结论的价值判断。定量评价，一般是指用数值形式以及数学、统计方法反映被评价对象特征的信息分析、处理方法。定性评价方法往往容易产生主观价值判断，而定量评价相对比较客观，因此在评价大学生社会实践育人的方法中尽量将能够量化的指标利用量化分析方法、不能或者不好量化的指标通过定性分析，二者结合使用确保评价结果的公平公正。

5. 坚持精准评价与模糊评价相统一

“在思想政治教育工作质量评价中，精确评价是指准确选取和界定指标体系中各个指标的内涵和外延，各项指标都要有明确具体且独特的含义，评价指标的内涵必须清晰，内容精炼、意义清晰、绝不能含糊不清、模棱两可、模糊抽象。”① 然而任何一项评价活动，都不可能穷尽评价对

① 李春华. 构建现代思想政治教育评价体系基本特征研究 [J]. 中国高等教育，2012 (1)：43.

象的所有方面，也不可能对所有方面进行评价，更无法对评价结果进行毫厘不差的描述，对大学生社会实践育人的评价也是如此。因此，往往需要采取“模糊”的评价，这里的“模糊评价”并不是内容含糊不清、模棱两可，而是用数字区间或者等级“优良中差”来进行评价。坚持精准评价与模糊评价相统一，一定程度上解决了部分指标体系难以精确测评、大学生社会实践育人工作的投入和产出不完全对等等现实问题，也是辩证思维在大学生社会实践育人工作质量评价中的灵活运用和生动体现①。

综上本章所述，大学生社会实践育人的质量提升的实施路径可以从观念创新、体制机制创新、内容形式创新、方式方法创新和评价体系创新五个方面来系统化实施。

观念创新途径主要有转变教育观念（树立实践教育的新型教育理念）、优化宣传理念（为大学生社会实践育人创设更好的舆论环境）和凝聚观念合力（促进育人主客体思想认识齐心同向）。

体制机制创新途径主要是构建统筹协调的大学生社会实践育人组织机构，构建实践育人导向鲜明的人才培养机制，构建长效可行的大学生社会实践育人教师指导保障制度、经费物资保障制度、基地平台保障制度。

内容形式创新主要是加强大学生社会实践育人与网络育人的深度融合（加强大学生社会实践育人的网络平台和资源建设、加强新媒体等新技术在大学生社会实践育人中的创造性运用）；加强大学生社会实践育人与文化育人的深度融合（积极开展大学生社会实践文化的建设工作、开展寓教于乐的文化实践活动、打造“家文化”的文化氛围、利用新媒体渠道营造实践育人文化氛围、以红色文化资源为载体优化高校思想政治教育的实践模式）；加强大学生社会实践育人与科研育人的深度融合（推进大学生社会实践育人和科研育人项目化融合、以大学生科研实践成果转化应用培养大学生的实践创新能力）、加强大学生社会实践育人与组织育人的深度融合（要高度重视各类组织的实践育人功能发挥、要激发各类组织的实践育人活力、要扩大各类组织的实践育人覆盖面）、加强大学生社会实践育人与资助育人的深度融合（大力组织经济困难学生开展校外社会实践活动、

① 冯刚. 高校思想政治教育工作质量评价研究［M］. 北京：人民出版社，2020：45-66.

大力扶持经济困难大学生开展创新创业活动、大力完善校内的大学生勤工助学体系）。

方式方法创新主要是协力协作推进“家＋校＋生＋社”协同化建设（协同“家庭”沟通联动、夯实“高校”实践育人队伍建设、激发“学生”主观能动性、调动“社会”多方力量参与）、分层分类推进“产＋学＋研＋创”基地化建设（建设大学生创新创业实践基地、建设大学生社会志愿服务基地、建设大学生科技成果转化基地）和多维多元推进“点＋线＋面＋体”智能化建设（着力于“点”：寻找智能化技术支“点”；贯穿于“线”：创新运用大数据技术“线”；延展于“面”：拓宽线上大学生社会实践育人智能“面”；交互于“体”：打造“现实＋虚拟”的实践育人智慧“体”）。

评价体系创新主要从评价指标清晰化、评价主体多元化和评价方法科学化（坚持政治评价与业务评价相统一、坚持客观评价与主观评价相统一、坚持结果评价与过程评价相统一、坚持定性评价与定量评价相统一、坚持精准评价与模糊评价相统一）三个方面着手。

参考文献

一、经典著作类

[1] 马克思恩格斯选集：第一卷 [M]. 北京：人民出版社，2012.

[2] 马克思恩格斯选集：第二卷 [M]. 北京：人民出版社，2012.

[3] 马克思恩格斯选集：第三卷 [M]. 北京：人民出版社，2012.

[4] 马克思恩格斯选集：第四卷 [M]. 北京：人民出版社，2012.

[5] 毛泽东选集：第一卷 [M]. 北京：人民出版社，1991.

[6] 毛泽东选集：第二卷 [M]. 北京：人民出版社，1991.

[7] 毛泽东选集：第三卷 [M]. 北京：人民出版社，1991.

[8] 邓小平文选：第一卷 [M]. 北京：人民出版社，1994.

[9] 邓小平文选：第二卷 [M]. 北京：人民出版社，1994.

[10] 邓小平文选：第三卷 [M]. 北京：人民出版社，1994.

[11] 江泽民文选：第一卷 [M]. 北京：人民出版社，2006.

[12] 江泽民文选：第二卷 [M]. 北京：人民出版社，2006.

[13] 江泽民文选：第三卷 [M]. 北京：人民出版社，2006.

[14] 胡锦涛文选：第一卷 [M]. 北京：人民出版社，2016.

[15] 胡锦涛文选：第二卷 [M]. 北京：人民出版社，2016.

[16] 胡锦涛文选：第三卷 [M]. 北京：人民出版社，2016.

[17] 习近平谈治国理政：第一卷 [M]. 北京：外文出版社，2018.

[18] 习近平谈治国理政：第二卷 [M]. 北京：外文出版社，2017.

[19] 习近平谈治国理政：第三卷 [M]. 北京：外文出版社，2020.

[20] 习近平谈治国理政：第四卷 [M]. 北京：外文出版社，2022.

[21] 习近平关于青少年和共青团工作论述摘编 [M]. 北京：中央文献出版社，2017.

二、中央有关文献、文件或通知类

［1］教育部思想政治工作司. 加强和改进大学生思想政治教育重要文献选编：1978—2014［M］. 北京：知识产权出版社，2015.

［2］中共中央办公厅，国务院办公厅. 关于进一步加强和改进新形势下高校宣传思想工作的意见［Z］. 中办发〔2014〕59 号.

［3］中共教育部党组. 高校思想政治工作质量提升工程实施纲要［Z］. 教党〔2017〕62 号.

［4］教育部等八部门. 关于加快构建高校思想政治工作体系的意见［Z］. 教思政〔2020〕1 号.

三、报纸文献类

［1］仲音. 在新时代勇挑重担、奋勇争先［N］. 人民日报，2022-04-30（4）.

［2］中共中央国务院印发的《关于新时代加强和改进思想政治工作的意见》［N］. 人民日报，2021-07-13（1）.

［3］本报评论员. 让青春在不懈奋斗中绽放绚丽之花［N］. 人民日报，2021-04-22（1）.

［4］"'大思政课'我们要善用之"（微镜头·习近平总书记两会"下团组"·两会现场观察）［N］. 人民日报，2021-03-07（1）.

［5］牢记总书记嘱托 担当新时代使命［N］. 中国青年报，2020-05-04（1）.

［6］纪念五四运动 100 周年大会在京隆重举行 习近平发表重要讲话［N］. 光明日报，2019-05-01（1）.

［7］习近平在全国教育大会上强调：坚持中国特色社会主义教育发展道路 培养德智体美劳全面发展的社会主义建设者和接班人［N］. 人民日报，2018-09-11（1）.

［8］本报评论员. 做勇担民族复兴大任的新时代追梦者圆梦人［N］. 中国青年报，2018-05-04（1）.

［9］中共中央国务院印发《关于加强和改进新形势下高校思想政治工

作的意见》[N]. 人民日报，2017-02-28（1）.

[10] 习近平在全国高校思想政治工作会议上强调：把思想政治工作贯穿教育教学全过程 开创我国高等教育事业发展新局面 [N]. 人民日报，2016-12-09（1）.

四、著作类

[1] 习近平总书记教育重要论述讲义 [M]. 北京：高等教育出版社，2020.

[2] 冯刚. 思想政治教育研究热点年度发布：2020 [M]. 北京：团结出版社，2021.

[3] 李红，王谦. 新时代高校实践育人理论与实践 [M]. 苏州：江苏大学出版社，2021.

[4] 冯刚. 高校思想政治教育工作质量评价研究 [M]. 北京：人民出版社，2020.

[5] 冯刚. 思想政治教育研究热点年度发布：2019 [M]. 北京：团结出版社，2020.

[6] 廖允成. 实践育人 2019 [M]. 北京：中国林业出版社，2020.

[7] 张红霞. 文化多样性背景下大学生志愿服务育人功能研究 [M]. 北京：中国社会科学出版社，2020.

[8] 赵巧玲，宗晓兰. 高校实践育人研究 [M]. 吉林：吉林人民出版社，2020.

[9] 朱芳转. 新时代高校大学生社会能力提升研究实践 [M]. 北京：科学技术文献出版社，2020.

[10] 陈万柏，张耀灿. 思想政治教育学原理 [M]. 3 版. 北京：高等教育出版社，2019.

[11] 冯刚. 思想政治教育研究热点年度发布：2018 [M]. 北京：团结出版社，2019.

[12] 冯刚. 改革开放以来高校思想政治教育发展史 [M]. 北京：人民出版社，2019.

[13] 刘宏达，万美容，等. 高校思想政治工作前沿问题研究 [M]. 北京：人民出版社，2019.

[14] 梁工谦. 质量管理学 [M]. 3 版. 北京：中国人民大学出版社，2018.

[15] 张建. 高校思想政治教育工作中实践育人机制构建研究 [M]. 沈阳：沈阳出版社，2018.

[16] 冯刚. 探索思想政治教育的内生动力 [M]. 北京：人民出版社，2017.

[17] 盛旭. 当前大学生社会实践研究 [M]. 北京：中国人民公安大学出版社，2017.

[18] 张子睿. 大学生社会实践 [M]. 北京：中国林业出版社，2017.

[19] 沈壮海. 思想政治教育有效性研究 [M]. 3 版. 武汉：武汉大学出版社，2016.

[20] 谢守成，刘宏达. 大学生思想政治教育理论、政策与实务 [M]. 武汉：湖北人民出版社，2016.

[21] 李敏. 大学生思想政治教育理论探索与实践育人体系建设研究 [M]. 北京：中国水利水电出版社，2016.

[22] 倪福全，邓玉，周曼. 大学生社会实践教程 [M]. 2 版. 北京：中国水利水电出版社，2016.

[23] 王能东，周福. 研究生实践育人的探索与创新 [M]. 武汉：湖北人民出版社，2016.

[24] 王永昌. 实践活动论 [M]. 杭州：浙江大学出版社，2016.

[25] 甘霖. 高校实践育人研究 [M]. 北京：人民出版社，2015.

[26] 刘建军. 马克思主义基本原理与当代中国思想政治教育专题研究 [M]. 北京：中国人民大学出版社，2015.

[27] 杨贤金. 高校实践育人的探索与创新 [M]. 北京：中国书籍出版社，2015.

[28] 程刚. 大学生思想政治教育质量提升模式研究 [M]. 北京：中国书籍出版社，2015.

[29] 董海军. 社会调查与统计 [M]. 武汉：武汉大学出版社，2015.

[30] 刘晓东，都基辉，胡智林. 大学生社会实践理论与实务 [M].

北京：高等教育出版社，2014.

［31］徐国峰，于兴业. 大学生社会实践理论与应用［M］. 北京：中国农业出版社，2014.

［32］乔万敏，邢亮. 大学生思想政治教育质量提升模式研究［M］. 北京：人民出版社，2013.

［33］郑杭生. 社会学概论新修［M］. 4版. 北京：中国人民大学出版社，2013.

［34］李土生. 土生说字精解［M］. 北京：中央文献出版社，2012.

［35］韦冬雪. 思想政治教育过程矛盾和规律研究［M］. 北京：光明日报出版社，2011.

［36］胡树祥，吴满意. 大学生社会实践教育理论与方法［M］. 北京：人民出版社，2010.

［37］罗公利. 大学生社会实践管理［M］. 2版. 济南：泰山出版社，2010.

［38］王建华. 多视角的高等教育质量管理［M］. 广州：广东高等教育出版社，2010.

［39］庄严. 大学生实践教育指南［M］. 哈尔滨：黑龙江大学出版社，2010.

［40］何祥林，谢守成，刘宏达. 大学生群体思想政治教育新论［M］. 北京：中国社会科学出版社，2009.

［41］教育部思想政治工作司. 大学生思想政治教育理论与实践［M］. 北京：高等教育出版社，2009.

［42］王树成. 大学生社会实践有效途径探索［M］. 咸阳：西北农林科技大学出版社，2009.

［43］王革. 新时期高校大学生社会实践概论［M］. 咸阳：西北农林科技大学出版社，2008.

［44］王茂胜. 思想政治教育评价论［M］. 北京：中国社会科学出版社，2006.

［45］陈曦. 大学生社会实践教程［M］. 北京：机械工业出版社，2006.

［46］王小云，王辉. 大学生社会实践概论［M］. 北京：中国经济出

版社，2005.

［47］杨芷英．思想政治教育心理机制研究［M］．北京：红旗出版社，2005.

［48］杨波．大学生创新教育实践活动指南［M］．北京：兵器工业出版社，2003.

［49］中国社会科学院语言研究所词典编辑室．现代汉语词典［M］．北京：商务印书馆，2002.

［50］陶富源．实践主导论：哲学的前沿探索［M］．合肥：安徽人民出版社，2001.

［51］邱伟光，等．思想政治教育学原理［M］．北京：高等教育出版社，1999.

［52］黄济．教育哲学通论［M］．太原：山西教育出版社，1998.

［53］聂世明．马克思主义实践观新探［M］．北京：当代中国出版社，1994.

［54］许建钺．高等教育与社会实践：大学生参加社会实践的研究［M］．北京：教育科学出版社，1993.

［55］卢梭．爱弥儿［M］．李平沤，译．北京：商务印书馆，2001.

［56］罗宾斯．组织行为学［M］．孙健敏，李原，等译．北京：中国人民大学出版社，1997.

［57］班杜拉．社会学习心理学［M］．郭占基，周国韬，等译．长春：吉林教育出版社，1988.

［58］杜威．人的问题［M］．傅统先，邱椿，译．上海：上海人民出版社，1965.

五、期刊论文类

［1］赵建超．元宇宙重塑网络思想政治教育论析［J］．思想理论教育，2022（2）：90-95.

［2］陈娟，刘鸿畅．论高校学生校园文化环境的分层及互动融合［J］．思想教育研究，2021（12）：151-154.

［3］陈伟，赵丽．“以体育人”驱动思想政治教育的研究［J］．体育科技文献通报，2021（7）：111-113.

［4］冯刚. 高校思想政治教育工作质量评价的时代特点与展望［J］. 湖北社会科学，2021（1）：157-162.

［5］沈壮海，刘灿. 论新时代思想政治教育的高质量发展［J］. 思想理论教育，2021（3）：4-10.

［6］李蕉. 新时代思想政治教育的“实践＋”逻辑［J］. 马克思主义理论教学与研究，2021（2）：134-140.

［7］王永友，董承婷. 高校文化育人质量的出场语境：概念、要素及评价［J］. 思想教育研究，2021（2）：129-136.

［8］章鸣，刘大闯. “三全育人”视域下大学生社会实践问题探析［J］. 苏州科技大学学报，2020（7）：85-90.

［9］徐蕊，钟秀明，刘华锋. 基于三大质量管理理论的医院全面质量管理体系构建［J］. 现代医院管理，2020（10）：2-6.

［10］邬丽群，曲长海，刘华利. 持续提升德育实践育人效能的原则与路径［J］. 高校辅导员学刊，2020（12）：42-46.

［11］万婕，朱惠蓉. 新时代高校劳动教育的价值意蕴与实践路径［J］. 山西师大学报（社会科学版），2020（11）：118-112.

［12］孟勋. 高校共青团“三全五导”实践育人体系的建构［J］. 广西民族师范学院学报，2020（8）：135-138.

［13］李红. 全面质量管理理论视角下高职院校在线教学质量保障体系构建［J］. 教育与职业，2020（12）：95-98.

［14］韩天炜. 论大学生劳动教育的价值指向和实践路向［J］. 学校党建与思想教育，2020（12）：29-30.

［15］邓卓明，宋明江. 新时代思想政治教育质量评价的六个维度［J］. 思想理论教育导刊，2020（9）：139-144.

［16］陈阳. 新时代高校劳动教育实施路径探析［J］. 教育理论与实践，2020（40/36）：16-19.

［17］陈娟，郑帅，张彦平，等. 利用校园特色资源优化高校思想政治教育探析：以华中师范大学为例［J］. 学校党建与思想教育，2020（1）：81-83.

［18］吴立全. 新时代大学生社会实践育人功能拓展及其实现路径探究［J］. 黑龙江教育，2019（1-2）：41-44.

［19］杨赵强．新中国成立70年来我国思想政治教育政策变迁的演讲逻辑、特点及趋势分析［J］．内蒙古师范大学学报（教育科学版），2019，32（10）：22-28.

［20］杨国欣，蔡昕．高校实践育人实现路径探析［J］．学校党建与思想教育，2019（2）：34-35.

［21］邬小平，田川．新时代高校需要实践育人的新理念［J］．洛阳师范学院学报，2019（3）：79-82.

［22］伍廉松．新时代高校实践育人的时代价值及其实现路径［J］．北京青年研究，2019（2）：97-102.

［23］石中英．杜威的价值理论及其当代教育意义［J］．教育研究，2019（12）：36-44.

［24］倪庚，陈俊生，秦宇彤，等．基于全面质量管理理论的本科教学质量监控工作评价指标体系的构建［J］．教育理论与实践，2019（33）：15-16.

［25］罗亮．改革开放以来高校实践育人的发展历程与基本经验探析［J］．思想理论教育，2019（5）：106-111.

［26］芦爱疆．基于协同理论的高校实践育人创新发展探究［J］．中国轻工教育，2019（1）：5-9；15.

［27］贾兆帅，王顺洪．高校思想政治教育效果层次论［J］．思想政治教育研究，2019（6）：58-61.

［28］冯刚，刘文博．新时代加强大学生劳动教育的时代价值与实践路径［J］．中国高等教育，2019（12）：22-24.

［29］文大稷．改革开放以来大学生实践教育的基本经验探究［J］．思想教育研究，2018（1）：139-143.

［30］谭笑．关于高校实践育人机制的创新研究［J］．才智，2018：152.

［31］刘旭婷，杨永久，李明．利用社会实践提升高校美育工作的探讨［J］．湖北函授大学学报，2018（15）：50-51.

［32］刘娟．高校“双合双循环”实践育人模式研究［J］．学校党建与思想教育，2018（9）：52-54.

［33］李慧敏．新形势下高校社会实践工作探索［J］．中国成人教育，

2018（13）：81-83.

［34］黄俊鹏. 大学生社会实践活动机制构建探究［J］. 学校党建与思想教育，2018（3）：63-64；72.

［35］呼和，齐斯琴. 试论大学生社会实践有效激励机制的构建［J］. 学校党建与思想教育，2018（2）：73-76.

［36］韩振峰，陈臣. 多维视角下教书育人规律初探［J］. 思想教育研究，2018（6）：18-22.

［37］陈步云. 高校实践育人质量评价机制的构建［J］. 思想教育研究，2018（5）：76-80.

［38］郑永廷，林伯海. 教书育人规律及其遵循对策研究［J］. 思想教育研究，2017（6）：3-8.

［39］张金辉，梁博通. 基于 CIPP 模型的大学生社会实践育人成效评价体系研究［J］. 学校党建与思想教育，2017（8）：56-58.

［40］刘向兵，李珂. 论当代大学生劳动情怀的培养［J］. 教学与研究，2017（4）：83-89.

［41］林伯海，张军琪. 当代大学生成长规律探究［J］. 思想教育研究，2017（8）：43-48.

［42］姚建军，师蔷薇. 大学生社会实践存在的问题及破解思路［J］. 思想政治工作研究，2016（3）：147-149.

［43］刘宏达，许亨洪. 我国高校实践育人共同体建设的内涵、问题及对策研究［J］. 华中师范大学学报（人文社会科学版），2016（9）：170-176.

［44］呼和，彭庆红. 大学生社会实践的群体自我教育机理及其实现［J］. 思想教育研究，2016（8）：78-81.

［45］付兰. 美育的当代社会实践价值［J］. 河北师范大学学报（教育科学版），2016（7）：121-125.

［46］徐柏才，崔龙燕. 社会实践之于大学生增强国家认同的价值［J］. 学校党建与思想教育，2015（10）：26-27.

［47］王忠. 当代大学生思想政治教育实践育人运行机制研究［J］. 思想教育研究，2015（1）：66-69.

［48］王玮. 生活德育美的模式构建［J］. 河北经贸大学学报（综合

版)，2015（1）：43-46.

［49］都基辉，刘晓东，胡智林. 改革开放以来大学生社会实践的历程、经验和启示［J］. 思想教育研究，2015（3）：97-101.

［50］高文苗. 高校实践育人的若干问题探析［J］. 吉林省教育学院学报，2014（11）：105-106.

［51］陈中建. 当前高校德育实践实效性提升的科学路径［J］. 南京社会科学，2014（11）：128-132.

［52］梅元媛. 高校思想政治教育实践育人的途径探索［J］. 学校党建与思想教育，2013（8）：72-75.

［53］姜丹，单中元. 高校实践育人长效机制探究［J］. 长春理工大学学报，2013（4）：28-29.

［54］申纪云. 高校实践育人的深度思考［J］. 中国高等教育，2012（13-14）：11-14.

［55］李春华. 构建现代思想政治教育评价体系基本特征研究［J］. 中国高等教育，2012（1）：41-43.

［56］张艳. 新中国成立以来大学生社会实践活动的历史发展［J］. 中国青年研究，2011（6）：81-85；55.

［57］万红. 论群体理论在大学生思想政治教育中的作用［J］. 黑龙江史志，2011（15）：52-53；58.

［58］罗公利，毛常明. 国外大学生社会实践研究现状及启示［J］. 青岛科技大学学报（社会科学版），2011（9）：78-82.

［59］吴满意，肖永梅，曹银忠. 大学生社会实践活动的新形式：虚拟社会实践［J］. 理论与改革，2010（2）：122-124.

［60］李晓娟，孙楚航. 制约社会实践在大学生思想政治教育中作用发挥的因素分析［J］. 学校党建与思想教育，2010（11）：48-49.

［61］曹银忠，胡树祥. 新中国成立以来大学生社会实践活动的回顾与展望［J］. 思想理论教育导刊，2010（5）：84-88.

［62］肖永梅，曾居里. 大学生虚拟社会实践及其现实意义［J］. 教育探索，2009（6）：8-9.

［63］胡树祥，吴满意. 关于大学生社会实践活动内涵的新界定［J］. 中国高等教育，2009（2）：42-44.

［64］杨富斌. 虚拟实践的涵义、特征与功能［J］. 社科纵横，2004（1）：100-103.

［65］杜兰英，朱春香. “持续质量改进”在研究生培养质量管理中的应用［J］. 学位与研究生教育，2002（7-8）：61-63.

［66］杨思基. 论社会实践的本质、形式、特点和规律［J］. 齐鲁学刊，2000（2）：61-66.

［67］楼成礼. 影响大学生社会实践因素分析［J］. 黑龙江高教研究，1999（4）：99-101.

六、学位论文类

［1］田雨峰. 广西高校社会实践育人质量提升策略研究［D］. 桂林：桂林理工大学，2019.

［2］张竑. 虚拟实践研究［D］. 北京：中共中央党校（国家行政学院），2019.

［3］呼和. 大学生社会实践育人机理及运行机制研究［D］. 北京：北京科技大学，2018.

［4］梁博通. 基于CIPP模型的大学生社会实践育人成效评价体系研究［D］. 北京：华北电力大学，2018.

［5］刘冰. 基于协同育人的高校研究生培养质量评价研究［D］. 哈尔滨：哈尔滨工程大学，2018.

［6］陈步云. 高校实践育人机制研究［D］. 长春：东北师范大学，2017.

［7］王忠. 大学生思想政治教育实践育人机制创新研究［D］. 长春：东北师范大学，2016.

［8］张哲. 思想政治教育空间论［D］. 兰州：兰州大学，2015.

［9］常海亮. 大学生暑期社会实践育人功能发挥的现状及对策研究［D］. 武汉：华中农业大学，2014.

［10］丁冬生. 高校文化育人的效应及其实现研究［D］. 上海：华东师范大学，2014.

［11］滕晓雯. 高校隐性思想政治教育实践的探讨［D］. 长沙：中南大学，2014.

［12］文大稷. 当代大学生实践教育研究：基于思想政治教育视域［D］. 武汉：华中师范大学，2014.

［13］王蒙蒙. 大学生社会实践的育人功能研究［D］. 青岛：中国石油大学（华东），2013.

［14］文霞. 建国以来我国高校实践育人的理论与实践研究［D］. 西安：陕西师范大学，2013.

［15］沈文钦. 近代英国博雅教育及其古典渊源［D］. 北京：北京大学，2008.

［16］刘烨. 现代思想政治教育过程研究［D］. 武汉：武汉大学，2004.

七、外文文献

［1］MCCOLGAN M，CAMPBELL A. Making social work education app'ier ：the process of developing information-based apps for social work education and practice ［J］. Social Work Education，2016，35（3）：297-309.

［2］WEISS-GAL I. Policy practice in social work education：a literature review ［J］. International Journal of Social Welfare，2016，25（3）：290-303.

［3］DURAND M. Human activity，social practices and lifelong education：an introduction ［J］. International Journal of Lifelong Education，2013，32（1）：H3.

［4］CAMERON M，KING KEENAN E. A new perspective：the common factors model as a foundation for social work practice education ［J］. Journal of Teaching in Social Work，2009，29（3）：346-358.

［5］AMY L. A decade of service-learning：a review of the field ten years after JOBE's seminal special issue ［J］. Journal of Business Ethics，2008（4）：811-822.

［6］MARGARET S，SHERRANEN S，STRINGHAM J. The forms and structure of international voluntary service ［J］. Voluntas，2006，17（2）：163-180.

[7] BUSSELL H, FORBES D. Understanding the volunteer market: the what, where, who and why of volunteering [J]. International Journal of Nonprofit and Voluntary Sector Marketing, 2002, 7 (3): 244-257.

[8] MCLELLAN J A, YOUNISS J. Two systems of youth service: determinants of voluntary and required youth community service [J]. Journal of Youth and Adolescence, 2003, 32 (1): 47-48.

[9] HUBERMAN S. Impoving social practice through utilization of university-based knowledge [J]. Higher Education, 1983, 12 (3): 257-272.

附　　录

附录 1
关于大学生社会实践育人质量现状的调查问卷（学生）

亲爱的同学：

您好！

为了解当前大学生社会实践育人的质量现状，推动高校社会实践育人质量提升，我们制订了本问卷进行抽样调查。问卷采取匿名方式，所有数据仅用于课题研究。

对问卷中问题的回答，没有对错之分，请按实际情况和真实想法回答问题，对于您的回答，我们将按照《中华人民共和国统计法》第一章第九条和第三章第二十五条的规定予以严格保密并只用于统计分析。为了保证调查结果的准确性，请您按照实际情况和真实想法回答问题。真诚地希望能得到您的配合和支持。

衷心感谢您的支持！

大学生社会实践育人质量提升研究课题组

二〇二二年一月

注：题目中未特殊标注的，均为单选，请您在题后的【　】内填写选择的序号。

该部分主要为单选题。您只需要选择符合自己实际情况的选项即可。

（A）基本情况调查

1. 您的性别是【　　　】

（1）男　　　　（2）女

2. 您是【　　　　】

（1）专科生（含高职、高专）　（2）本科生　（3）研究生

3. 您的学校是【　　　　】

4. 您的年级是【　　　　】

（1）一年级　（2）二年级　（3）三年级　（4）四年级　（5）其他年级

5. 您的专业所属学科类别是【　　　　】

（1）人文科学类　（2）社会科学类　（3）理学类　（4）工学类

（5）农学类　（6）医学类　（7）军事类　（8）艺术类

（9）其他：____

6. 您的政治面貌是【　　　　】

（1）中共党员（含中共预备党员）　（2）共青团员　（3）民主党派成员　（4）群众

7. 您是否担任过学生干部（包括班团委、学生会或社团等各类学生组织)?【　　　　】

（1）是　　（2）否

（B）大学生对社会实践认知程度量表

8. 根据您对大学生社会实践重要性的理解和认识，您对下列观点的态度是:（请在选项相应的空格内打“√”）

序号	选项	①非常赞同	②比较赞同	③说不清楚	④不大赞同	⑤很不赞同
（1）	实践是认识的来源，是认识发展的根本动力					
（2）	社会实践是大学生了解国情民情、实现自我价值的基本方式					
（3）	加强大学生社会实践，是全面提高大学生的综合素质和实践能力的重要途径之一					
（4）	大学生既要把学到的知识运用于实践，又要在实践中增长解决问题的新本领					
（5）	“到祖国最需要的地方去”仍然是当代青年的重要使命					

续表

序号	选项	①非常赞同	②比较赞同	③说不清楚	④不大赞同	⑤很不赞同
(6)	大学生应该将全部时间用在课堂学习，不必在实践活动中耗费时间精力					
(7)	实践活动和理论教学同等重要					

(C) 大学生参与社会实践现状量表

（动机、形式、数量、前期宣传、组织形式、时间、评价）

9. 您参加社会实践活动的情况是【　　　　】

如您对线下和线上社会实践的概念不确定，可参考 10 题和 11 题实践形式的选项作为参考。

（1）只参加过线下社会实践

（2）只参加过线上社会实践

（3）线上和线下实践活动都参与过

（4）未参加过社会实践（跳转到第 22 题）

10. 您上大学以来参与过的线下社会实践活动形式及次数是【　　　　】（多选）

（1）社会调查____次　　（2）志愿服务____次

（3）公益劳动____次　　（4）科技创新活动____次

（5）勤工助学____次　　（6）参观考察____次

（7）就业见习____次　　（8）义务支教____次

（9）文体艺术活动____次　　（10）其他：____ ____次

（11）未参加过线下社会实践

11. 您参与过的线上社会实践形式及次数是【　　　　】（多选）

（1）线上理论宣讲____次　　（2）线上科普____次

（3）线上社会调查____次　　（4）线上心理辅导____次

（5）线上支教____次　　（6）线上扶贫支农____次

（7）线上实习、兼职____次　　（8）线上防诈骗宣传____次

（9）线上虚拟展厅参观____次　　（10）虚拟仿真实验____次

（11）其他：____ ____次　　（12）未参加过线上社会实践

12. 您认为与线下社会实践相比，线上社会实践存在的优势是【　　　】（多选）

（1）降低实践成本　　（2）时间灵活
（3）不受空间限制　　（4）不受天气限制
（5）受疫情影响降低　　（6）实践效率更高
（7）成员组队更便捷和多元　　（8）服务对象覆盖面更广
（9）宣传辐射面和社会影响力更广　　（10）其他：____

13. 您认为目前线上社会实践存在的不足与问题是【　　　】（多选）

（1）整体规划未成系统、组织不到位
（2）线上实践活动资讯信息不畅通
（3）缺乏系统的培训
（4）指导教师参与度较低
（5）信息隐私保护方面存在风险
（6）成果展现形式有限
（7）团队沟通没有面对面交流便捷有效
（8）体验感、参与感不强
（9）自身能力提升实效打折扣　　（10）其他：____

14. 您参加过的社会实践活动组织形式有【　　　】（多选）

（1）个人形式　　（2）同学间自发组织
（3）学院团委组织
（4）学校职能部门组织（如校团委、学工部、港澳台办等）
（5）学生社团组织
（6）由专业教师依托课题项目组织
（7）地方政府组织（如地方团组织、社区、街道办等）
（8）社会团体组织　　（9）企事业单位组织　　（10）其他：____

15. 您一般获取社会实践活动信息的主要渠道为【　　　】（多选，至多三项）

（1）辅导员或老师通知　　（2）同辈间宣传
（3）网络社交工具　　（4）学校或学院官网官微
（5）展板喷绘宣传　　（6）其他：____

16. 您参加社会实践活动的原因主要是【　　　　】(多选，至多三项)

(1) 锻炼个人能力　　　　(2) 丰富个人阅历

(3) 服务社会，奉献力量　　(4) 与自身兴趣爱好契合

(5) 为获得实践学分或课程分数

(6) 有奖金奖励

(7) 为了获得综合测评加分、评奖评优等

(8) 学校或学院要求参加

(9) 有相关团队或个人邀请　　(10) 其他：____

17. 您参与社会实践时的指导教师投入程度是【　　　　】

(1) 实践全程参与并指导，指导力度很大

(2) 在实践的大部分环节有指导，指导力度比较大

(3) 只有个别环节有指导，指导力度不大

(4) 有实践指导教师，但未做实际指导

(5) 没有指导教师

18. 您所在学校如何计算认定社会实践成绩【　　　　】(多选)

(1) 纳入评奖评优的综合成绩体系

(2) 作为课程实践环节，计入课程成绩

(3) 单独设有社会实践学分，参加并合格后才能认定学分，修不够不能毕业

(4) 没有任何学分或成绩认定

(5) 不清楚

19. 您所在学校社会实践活动的评价标准主要是【　　　　】(多选)

(1) 社会意义与社会价值

(2) 学术研究价值

(3) 宣传水平及社会影响力

(4) 个人能力提升与成长

(5) 心得及感想体会

(6) 团队答辩表现

(7) 调研报告、音视频材料等多形式成果质量

(8) 社会反响服务对象反馈与影响

(9) 不清楚

(D) 大学生参与社会实践成效量表

20. 社会实践是五育并举的关键环节，您认为您参与过的社会实践活动对促进您的德、智、体、美、劳各方面素质发展的实际效果是：（请在选项相应的空格内打“√”）

序号	选项	①非常符合	②比较符合	③说不清楚	④不大符合	⑤很不符合
(1)	坚定了理想信念，塑造和完善道德观念与价值标准					
(2)	进一步了解国情、社情、民情，激发爱国意识，根植家国情怀					
(3)	塑造了大学生的社会公德、职业道德、家庭美德、个人品德					
(4)	切实强化责任意识，全面认识职责和使命，促使大学生把社会责任感落实到行动上					
(5)	完善知识结构，激发理论学习热情，形成学以致用和终身学习的态度和能力					
(6)	发现和弥补知识、技能的不足，提高创新实践能力和就业创业能力					
(7)	加速大学生社会化进程，明确社会角色意识，提高社会适应性					
(8)	促进身心健康，锻造大学生堪当重任的刚强体魄					
(9)	丰润艺术滋养，提高审美和人文素养，培养大学生高尚博雅的生活情操					
(10)	树立正确的劳动价值观和深厚的劳动情怀，提升吃苦耐劳的劳动素养					

21. 您认为社会实践对您提升以下能力的影响程度为：（请在选项相应的空格内打“√”）

序号	选项	①影响很大	②影响较大	③一般	④影响较小	⑤没有影响
(1)	道德能力					
(2)	了解和适应社会的能力					
(3)	人际交往能力					
(4)	思辨能力					
(5)	团队合作能力					
(6)	领导能力					
(7)	创新思维和创造力					
(8)	学习能力					
(9)	理论联系实际的能力					
(10)	心理调适能力					
(11)	审美能力					
(12)	执行力					
(13)	意志力					
(14)	劳动能力					
(15)	生活自理能力					

(E) 大学生参与社会实践满意度量表

22. 您对目前学校社会实践工作机制的满意度是：（请在选项相应的空格内打“√”）

序号	选项	①非常满意	②比较满意	③一般	④不大满意	⑤很不满意
(1)	学校实践制度支持					
(2)	实践统筹组织安排					
(3)	实践培训支持					
(4)	实践主题和内容设计					
(5)	实践安全保障支持					
(6)	实践资金支持					
(7)	实践平台和基地建设					
(8)	实践队伍指导教师的支持					
(9)	实践过程管理机制					
(10)	实践考核评价与激励机制					

23. 您认为影响您所在学校社会实践育人质量的不利因素是：（请在选项相应的空格内打“√”）

序号	选项	①完全不符	②不太符合	③说不清楚	④比较符合	⑤非常符合
(1)	学校或学院不重视，没有相关政策					
(2)	联系实践平台和基地比较困难					
(3)	实践经费难以获得，实践成本高					
(4)	实践过程的安全保障机制不健全					
(5)	实践活动种类有限，参与机会少					
(6)	实践内容与所学专业相关度低					

续表

序号	选项	①完全不符	②不太符合	③说不清楚	④比较符合	⑤非常符合
(7)	实践时间设置不充裕，任务太紧					
(8)	专业指导教师少，指导力度不足					
(9)	对团队实践的培训不足或流于形式					
(10)	学校或学院的后续奖励机制不完善					
(11)	学校或学院评估反思环节缺乏					
(12)	周围人（导师、家人、朋友等）不支持					
(13)	队伍成员交流不足					
(14)	实践时间与个人时间存在冲突					

24. 您期待得到学校及实践单位给予以下方面支持的程度是：（请在选项相应的空格内打“√”）

序号	选项	①非常符合	②比较符合	③说不清楚	④不大符合	⑤完全不符
(1)	学校给予更多的实践机会					
(2)	学校提供实践场地支持					
(3)	学校提供充足的资金支持					
(4)	学校提供优秀的指导教师					
(5)	学校提供安全保障支持					
(6)	学校提供政策支持					
(7)	学校加强学校、企业、学生的三方合作平台建设					
(8)	学校拓展线上社会实践渠道和资源					
(9)	实践单位提供更多的实践机会					

续表

序号	选项	①非常符合	②比较符合	③说不清楚	④不大符合	⑤完全不符
(10)	实践单位加大安全保障投入					
(11)	实践单位优化实践内容设计					
(12)	实践单位加强实践的指导队伍建设					
(13)	实践单位加强学校、企业、学生三方合作平台建设					
(14)	实践单位开拓线上社会实践渠道和平台					

感谢您的参与，祝您前程似锦！

附录 2

调查问卷（学生）样本分布高校清单

所在地	学校类型			
	中央部委属高校	省属公办高校	省属民办高校	省属高职院校
武汉市	武汉大学 华中科技大学 武汉理工大学 华中师范大学 华中农业大学 中国地质大学（武汉） 中南财经政法大学 中南民族大学	武汉科技大学 湖北大学 武汉工程大学 武汉纺织大学 湖北中医药大学 武汉轻工大学 江汉大学 武汉体育学院 武汉音乐学院 湖北第二师范学院	武昌首义学院 文华学院 武汉学院 武汉城市学院 武汉工商学院 武汉华夏理工学院 汉口学院 湖北商贸学院 武昌理工学院 武汉东湖学院 武汉晴川学院 武汉工程科技学院 湖北经济学院法商学院 武昌工学院 武汉生物工程学院 武汉文理学院 武汉纺织大学对外经贸学院	武汉船舶职业技术学院 武汉铁路职业技术学院 武汉交通职业学院 长江职业学院 湖北科技职业学院
黄石市		湖北师范大学 湖北理工学院	湖北师范大学文理学院	
襄阳市		湖北文理学院		襄阳职业技术学院
宜昌市		三峡大学		
黄冈市		黄冈师范学院		
十堰市		湖北医药学院		
咸宁市		湖北科技学院		
恩施土家族苗族自治州		湖北民族大学		

附录3　关于大学生社会实践育人质量现状的访谈提纲（校团委老师）

尊敬的老师：

您好！为进一步了解大学生社会实践育人的质量现状，推动大学生社会实践育人质量提升，特进行本次书面访谈。访谈采取化名编码方式，所有数据仅用于课题研究使用。为了保证调查结果的准确性，请您按照实际情况和真实想法回答问题。请于2021年12月31日24:00前将填好的书面访谈内容电子版以“学校＋书面访谈”命名发送至邮箱67189693@qq.com，真诚地希望能得到您的配合和支持。

对您的支持和协助深表感谢！

大学生社会实践育人质量提升研究课题组

二〇二一年十二月

（A）基本情况

1. 您的学校是：
2. 您的姓名拼音首字母（大写）：（如LM）
3. 您的身份是：（如校团委书记）
4. 访谈时间：　　年　　月　　日

（B）访谈提纲

1. 贵校目前主要是哪些职能部门在负责大学生社会实践活动的开展？您认为各部门之间在实践育人工作方面的协同性如何？

2. 贵校在大学生社会实践育人方面有出台专门的文件或者制度吗？如有，请附上相关文件和制度。

3. 贵校实践育人的主要经费来源是？大学生社会实践年均经费（人民币）大概是多少？经费是如何分配呢？

4. 贵校大学生社会实践基地数量大概有多少？对实践基地是如何维护和管理呢？

5. 贵校有设立专门的大学生社会实践奖学金或是开展其他的表彰措施吗？如有，具体是怎么样设立或开展的？您认为相关表彰、奖励等激励措施存在的问题是什么？采用什么激励措施更有效？

6. 贵校大学生社会实践纳入人才培养方案了吗？如有，是作为必修课还是选修课？是素质学分还是社群学分？在人才培养方案中具体是怎么规定的？

7. 贵校大学生社会实践要求配备指导教师吗？如有，是否出台相关的激励措施鼓励专业教师投入实践育人工作中？对指导教师是如何激励的呢？

8. 贵校在大学生社会实践方面针对教师和学生开展了哪些培训工作？

9. 贵校对大学生社会实践育人的成效是如何进行评价的呢？是否有针对实践内容、实践成果和参与情况制定明确详细的评价标准？如有，请附上具体评价标准。您认为目前的评价存在什么问题，什么样的评价更加科学合理？

10. 您认为目前大学生社会实践育人质量还存在哪些问题？以及存在这些问题的原因是什么？

11. 您认为目前大学生社会实践育人质量还可以从哪些方面提升和改进？

谢谢您的支持！

附录 4　访谈对象清单

序号	访谈时间	人物代码	人物身份	高校代码
1	2021 年 12 月 23 日	LLJ	校团委副书记	中央部委属高校 A
2	2021 年 12 月 27 日	ZJ	校团委副书记	中央部委属高校 B
3	2021 年 12 月 27 日	LSD	校团委副书记	中央部委属高校 C
4	2022 年 1 月 6 日	WM	校团委书记	省属公办高校 D
5	2022 年 1 月 6 日	LX	校团委副书记	省属公办高校 E
6	2022 年 1 月 6 日	DWJ	校团委书记	省属公办高校 F
7	2022 年 1 月 6 日	LS	校团委副书记	省属公办高校 G
8	2022 年 1 月 6 日	DJ	校团委副书记	省属公办高校 H
9	2021 年 12 月 27 日	LF	校团委书记	省属公办高校 I
10	2021 年 12 月 27 日	CP	校团委书记	省属公办高校 J
11	2022 年 1 月 6 日	CW	校团委书记	省属公办高校 K
12	2021 年 12 月 27 日	CXF	校团委书记	省属民办高校 L
13	2022 年 1 月 6 日	HW	校团委副书记	省属民办高校 M
14	2021 年 12 月 27 日	LM	校团委书记	省属民办高校 N
15	2021 年 12 月 28 日	ZY	校团委书记	省属高职院校 O
16	2022 年 1 月 6 日	HMM	校团委副书记	省属高职院校 P
17	2021 年 12 月 27 日	XGW	校团委书记	省属高职院校 Q
18	2021 年 12 月 27 日	JC	校团委书记	省属高职院校 R
19	2021 年 12 月 24 日	YJS	校团委书记	省属高职院校 S
20	2021 年 12 月 26 日	LL	校团委书记	省属高职院校 T

附录 5　实践育人工作案例 1

打造“三个一百”工程，创新实践育人平台

华中师范大学按照“全员化参与、基地化建设、社会化运作、精品化推进”的工作思路，自 2007 年起，连续十余年打造“百名学生访百村、百名学生访百校（企）、百名教师访百家”（以下简称“三个一百”）实践工程，让广大青年学生“贴近群众受教育、深入社会求真知、服务基层做贡献、学以致用长才干”，收到了很好的实际效果。

一、立足服务、丰富形式，分类分层打造实践育人平台

（一）将国情教育、理论学习与社会实践相结合，深入开展“百名学生访百村”

学校积极发挥教育部人文社会科学重点研究基地的优势，将国内高校唯一的全国性农村问题综合研究机构——华中师范大学中国农村问题研究中心长达十余年的“百村观察”调研项目与大学生假期社会实践活动相结合，组织学生在全国 258 个村、近 4000 户农户开展定点社会调研。本着“实际、实证、实验——以脚做研究”的原则，学校每年寒暑假在全校招募 300 余名大学生，对其进行为期一周的调研培训，培训内容既有学术性的调研原理专题培训，也有老观察员的经验介绍，还有问卷设计和深度访谈的详细讲解；并聘请多位专业教师担任领队，带领学生奔赴全国各地农村进行调研，行程 20 多万公里，实时、动态地观察、记录、剖析、反思农村的新现象、新变化、新事物，为政府决策提供厚实的第一手依据，为学术研究积累充沛的鲜活资源。学生通过参加此项活动，极大提升了学术研究水平和实践调研能力，在亲身体验家乡和国家巨大发展变化的同时，有力激发了“面向实事、践行求真”的社会责任感和爱国主义热情。

（二）将技能提升、创新创业与社会实践相结合，着力推行“百名学生访百校（企）”

华中师范大学紧紧把握国家教育体制改革试点高校的有利政策契机，通过以“百名学生访百校（企）”为抓手的新型社会实践教育活动，积极

探索实践育人新模式。一方面，学校组织免费师范生针对我国基础教育现状、师资均衡发展、教师能力建设等问题开展调研、实习与实践，足迹遍及 19 个省（市）的 400 多所城镇、农村和山区中小学，同时进行访名师、义务支教等特色活动，使师范生在实践中加深对我国教育现状的了解和认识，增强学以致用的能力，并为返校后有针对性地学习提供坚实的基础。另一方面，针对面临更大市场选择和竞争压力的非师范生，学校组织他们利用假期走访华为、方正等 130 多家企业，同时组织开展暑期就业创业见习岗位双选会，所供岗位涵盖了学校 70%以上的专业，让学生通过走访、见习、对企业用人需求、创业历程、市场定位等有真切直观的认识，有针对性地提升自身就业创业能力。

（三）将实践育人、队伍建设与社会实践相结合，持续推进“百名教师访百家”

所有高校教师都负有实践育人的重要责任。为了把“以生为本”的办学理念落到实处，也为了进一步加强实践育人队伍建设，鼓励教师增加实践经历，提升实践育人的意识和水平，学校积极探索大学生思想政治教育的创新举措，利用寒暑假开展“百名教师访百家”活动。十余年来，包括时任学校党委书记马敏、党委副书记谢守成等 100 多位老师走访了湖北、四川、内蒙古、山东、新疆等十几个省市区的近 300 名学生家庭，将工作空间延伸到学生家庭。在走访中，教师们积极宣传国家、学校政策；了解特定学生的发展状况和成长轨迹，收集家长对学校教育管理工作的意见和建议；了解学生的家庭实际状况，为有针对性地制定资助方案提供依据。通过开展走访活动，教师们全面了解了学生家庭及本人实际情况，便于后续教育引导工作开展；增进了“家—校”联系，形成教育合力；探索了思想政治教育新模式，完善学校“全员、全方位、全过程”教育的体系。

二、立足实际、协同创新，推动实践育人工作模式创新

实践育人是一项系统工程，需要学校、社会、学生、教师多方面的结合。为了保证“三个一百”实践工程达到预期的目的和效果，学校高度重视，立足学校实际，整合多方资源，形成工作合力，有制度、有保障地优化“三个一百”生动课堂，探索出实践育人新模式，服务学生成长成才。

（一）以调动整合各方资源为重点，努力形成实践育人合力

一是学校领导高度重视，职能部门通力合作。校大学生思想政治教育

工作领导小组专题研讨部署“三个一百”活动的规划议程，成立专门的组织领导机构，负责具体工作的组织和实施；投入专项经费，确保活动顺利开展。二是加强专业教师的指导和参与，内聘外请。在内学校选派长江学者特聘教授、马克思主义理论研究和建设工程专家等一批名师担任“三个一百”活动的指导教师，积极鼓励广大教师积极参与寒暑假访百家活动，壮大实践育人队伍；在外聘请相关领域专家参与活动指导。三是充分挖掘社会资源，从学生成长、成才需求和地方基层发展需求出发，实实在在地为学生搭建校外实践平台；依托各级党委和政府协调当地宣传部门、文明办、教育部门和共青团组织等部门对“三个一百”工程的开展提供支持和帮助，形成工作合力。目前，学校依托各专业建立省内外实习基地 200 余个，在全国 10 个省份共建国家教师教育创新与服务综合改革实验区 30 个。

（二）以学思结合知行统一为核心，精心设计实践育人载体

一是以优势学科专业为依托，探索国情教育新模式。“百名学生访百村”是引导学生关注社会、关注民生，彰显大学生人文关怀的窗口和载体。学校将国情教育与学生专业理论学习和参与社会服务相结合，学生在用己所学为当地发展提供信息、文化和技术支持的同时，也让自身在服务社会中知国情、受教育。二是服务学生就业为导向，探索创新创业人才培养新模式。“百名学生访百校（企）”是引导学生做好职业生涯规划，提供多层次职业岗位体验和实践的平台和载体，主要依托校外实习基地进行。通过实践，让学生做好充分的就业知识、心理、能力准备，把学生的就业过渡期提前到在校期间。三是以家—校互动为平台，拓展实践育人空间。“百名教师访百家”通过开展形式多样的家校互动活动，将育人空间由学校、社会拓展到具有教育核心功能的家庭，进一步完善大学生思想政治教育模式，形成全员、全方位、全过程的教育体系；有利于教职工深入了解社会实际，进一步提高教职工的思想政治素质和工作水平。

（三）以制度激励强化考核为基础，构建实践育人长效机制

为了确保“三个一百”实践工程不流于形式，学校出台了相关文件，建立、健全考核奖励机制。在《华中师范大学本科生人才培养方案》以及《华中师范大学素质拓展学分制度实施办法》中，大学生社会实践活动被纳入学校的整体教学计划之中，作为必修课程，规定了相应的学时和学分。对于学生，参与社会实践的成绩直接与奖学金评定、各类先进评比挂

钩。对于教师，参与、指导实践育人工作与教师的工作量、职务（称）晋升挂钩。对于学院，学生参与实践程度和效果与学院业绩考评挂钩。

三、常抓不懈、逐步优化，服务成才初显成效

学校坚持贴近实际、贴近生活、贴近学生，组织开展“三个一百”活动，在实践中总结，在总结中完善，在完善中前行。全校参与社会实践的师生达到万余人次，实践育人成效显著。

（一）有力促进了学生的全面发展

截至 2021 年 12 月，学校共建立实践服务基地 100 多个，为大学生多角度、多层次、多途径了解国情，参加社会服务搭建了重要平台。2007 年至今，已有近万名志愿者奔赴农村基层，走访了 150 个县 4000 多家农户，就农村建设、惠农政策、城镇化等“三农”热点问题开展专题调研；已有 4000 多名志愿者走访了 19 个省（市）的 400 多所城镇、农村和山区中小学，就我国基础教育现状、师资均衡发展、教师能力建设等开展专题调研；已有 1000 多名志愿者走访了 130 多家企业，就企业对人才的要求、市场定位等开展专题调研。调研成果丰硕，仅以“百名学生访百村”活动为例，每年整理的暑期社会实践报告达 200 万字，形成的系列咨询报告被有关政府部门采纳，受到中央和各级领导的高度重视。例如《“家电下乡”正在成为新的惠农工程》，得到时任中央政治局委员、国务院副总理回良玉的批示；《家电、汽摩、农机“下乡政策”：成效、潜力、问题及建议》，得到时任中央农办主任陈锡文的批示等。学生通过调研所形成的科研论文在国家级核心期刊发表近百篇。涌现出了“湖北大学生年度人物”侯江华，全国高校优秀社团、中国青年志愿者优秀个人奖“心心火义教”之家、圣兵爱心社等典型的个人和团体。

（二）产生了良好的社会影响

《教育部简报》第 932 期以《华中师范大学开展“三个一百”活动引导学生在实践中成长》为题，对我校“三个一百”活动的开展情况和显著成效进行了专题报道。“百村十年观察”社会实践活动曾被中央电视台、《人民日报》、《光明日报》、新华社、《农民日报》、《中国教育报》等 20 多家媒体报道。“百名教师访百家”活动得到时任中共中央政治局委员、国务委员刘延东同志的批示，并被《教育部简报》《湖北日报》等重要媒体报道。

附录6　实践育人工作案例2

传承恽代英精神　创新核心价值观教育

恽代英（1895—1931年），中国共产党早期重要领导人，无产阶级革命家、理论家和宣传家，其人物生平和革命足迹与华中师范大学渊源深厚。为追念这一伟大历史人物，弘扬和传承老一辈革命先烈的凌云壮志和革命文化，华中师范大学（以下简称“华师”）深入挖掘校园红色文化资源，积极开展恽代英足迹寻访活动，着力推进恽代英精神的传承工作，创新核心价值观教育，效果显著。

一、主要做法：物质文化、精神文化、制度文化三位一体，助力恽代英精神传承

（一）物质文化的传承：重在打造恽代英精神的实体符号

为充分利用好恽代英革命文化资源，营造学习和传承恽代英精神的浓厚氛围，华师校园文化建设充分利用现有资源、发掘潜在文化资源，进行合理整合，科学布局，彰显出独具特色的魅力和优势。

1. 呼吁修复恽代英故居

2006年4月，华师恽代英研究专家李良明、钟德涛教授就在《长江日报》上撰文呼吁，对恽代英故居应“立即修复，建立恽代英纪念馆”。同年10月，华师文学院学生自发组织，积极倡议市民响应恽代英故居文保工程，开展签名倡议活动。

2. 设立校史展览馆、利群书社

华师在校史展览馆设立了恽代英生平陈列室，每年新生进校的第一课就是参观校史馆，了解和学习恽代英校友的光荣革命事迹，激励同学们发奋图强。利群书社曾经是恽代英同志团结进步青年探求救国道路、追求真理的地方。如今，华师在校园里重建了以“利群书社”命名的书店，老一辈无产阶级革命家陆定一同志亲笔题写了“利群书社”的匾额。

3. 建造恽代英广场

为了挖掘青年领袖恽代英这一宝贵的教育资源，华师在学校中心地带

建造了恽代英广场，树立起了恽代英同志的汉白玉全身雕像，每逢周一和重大的纪念日，国旗护卫队的同学们就会在此举行庄严的升国旗仪式，使全校师生感受爱国主义教育的浓厚氛围。

（二）精神文化的传承：重在突出恽代英精神的学习和弘扬

高校校园文化积淀和蕴含的“精神文化”是校园文化建设的核心，是物质文化和制度文化的升华和凝聚。对恽代英精神文化的传承，华师抓住恽代英精神的核心，重在学习和弘扬，并与时代精神相结合，培养了一批又一批的优秀接班人。

1. 以学生骨干培养为重点，学习恽代英敢为人先的爱国精神

作为中国共产党早期著名的政治活动家和思想理论家，作为中国青年热爱的青年领袖，爱国主义是恽代英革命生涯中始终高举的一面旗帜。近年来，学校采取多种形式对学生骨干进行爱国主义教育。先后在马克思主义学院开设“恽代英班”，在恽代英精神的指引和激励下，搭建培养精英平台，培育新时代人才；在低年级党员中开设“恽代英党校培训班”，将革命传统教育、理想信念教育与能力建设贯穿始终，以中国化的马克思主义理论武装党员头脑，以恽代英的革命业绩和崇高精神激励党员成长；面向全校大一新生开设“恽代英菁英学校”，在学校青年学生中选拔和培养一批政治坚定、素质过硬的青年马克思主义者，为实现中华民族伟大复兴的中国梦培养一批合格的建设者和可靠的接班人。

2. 以理论社团为依托，学习恽代英求学进取的精神

华师以大学生马列主义研究会、邓小平理论中心学习小组、利群读书会三大学生社团为依托，一方面，每年选拔优秀社团骨干开展恽代英精神“五个一”集中性理论学习：每年组织骨干学生参观一次恽代英生平陈列室和故居，参加一次恽代英广场升旗仪式，听一场恽代英理论研究的专家讲座，参与一次恽代英学习小组的暑期社会实践活动，在学校《马列会刊》上发表一篇学习研究心得；另一方面，通过大学生马列主义研究会的各级分会，组织会员积极开展弘扬恽代英精神的特色党日、特色团日、专家讲座、演讲征文比赛等丰富多彩的学习活动。据统计，近年来学校每年直接参与研究会学习恽代英精神特色活动的学生近 8000 人次，会员每年上交优秀理论学习心得和论文 1400 多篇。此外，通过利群读书会，建立起阅读经典与田野调查两大育人机制，通过阅读经典提升成员的理论素

养，在田野调查中培育成员“阅读社会”的能力。2014年，利群读书会被评选为湖北省年度“十佳青年书香号”，成为省内外知名的读书交流组织。

（三）制度文化的传承：重在推进恽代英学术研究的规范化

华师深刻地认识到，深入持久地学习、宣传、弘扬恽代英精神，需要将学习恽代英精神不断制度化，才能保证学习的全面性和持续性。我们主要从以下几点着手。

1. 学术研究制度化

在党中央和中共湖北省委等各级领导部门、恽代英同志的亲属和各界朋友的大力支持下，1985年、1995年、2005年和2015年，华师隆重地召开了恽代英诞辰90周年、100周年、110周年和120周年纪念会暨学术研讨会，在与会者的共同努力下，大会取得了圆满成功。

2. 研究成果固定化

华师专家组织编写的《恽代英传记》《恽代英的故事》等已经产生了广泛的社会影响。作为向恽代英诞辰110周年献上的一份厚礼，学校组织编写了《恽代英年谱》，汇编了《纪念恽代英诞辰110周年学术讨论会论文集》，一大批研究成果的取得，进一步推动了恽代英学术研究朝纵深发展及其研究体系的更加完善。

3. 纪念活动常规化

华师每逢恽代英同志的重要纪念日，都会按惯例在报纸、广播台开设专栏，发表纪念、缅怀恽代英同志的文章，举办学习恽代英精神的专题讲座。马克思主义理论课和思想品德课教师在相关内容的教学过程中，宣传介绍恽代英同志的光辉思想和实践。

4. 学习活动体系化

弘扬恽代英精神，在华师各级学生组织中已形成一个层层落实的完整体系，学习氛围浓厚，其中亮点之一是2008年华师政法学院“恽代英班”创建活动的正式启动。“恽代英班”的创建是希望今后一届又一届被授予“恽代英班”的所有同学学习恽代英的崇高品质，传承恽代英精神。

二、典型案例：以恽代英采访团为载体，培育特色校园实践文化

华师深入挖掘恽代英精神的当代价值，结合学校实际，坚持不懈地学习和弘扬恽代英的伟大革命精神。“忠诚博雅、朴实刚毅”的华师精神，是华师对恽代英革命精神的传承，是激励和推动华师建设研究型大学，为实现中华民族伟大复兴而贡献力量的不竭动力。基于此，华师学子自发成立恽代英采访团，长期致力于宣传和弘扬恽代英精神，打造特色校园实践文化，取得较为显著的成绩。

（一）在恽代英精神中找准发展方向

恽代英新闻采访团成立是以恽代英精神为指引，学习恽代英精神，进行恽代英新闻实践是采访团的指导方针。作为全国首个恽代英新闻采访团，华师恽代英新闻采访团成立的消息受到了社会各界的关注，并登上新华网、凤凰网等门户网站。

（二）在深入实践中了解民生民情

采访团成立之后进行了大量的采访实践活动，针对社会上如乡村教师、女农民工、留守儿童、残疾大学生和重病患者等群体进行深入探访。除此之外，立足于关注民生，团队成员还采访过扎根基层的省人大代表汪惠、IT 界的人大代表李江颖等人物，关注社会，关爱弱势群体。

（三）在传播大爱中体现价值

经过采访团前期的采访实践，形成了实地调研成果《恽代英历史遗迹寻访报告》，并以此为依据致信时任武汉市市长唐良智，唐市长高度重视，很快作出了批示。

2014 年 7 月 23 日，武汉市委宣传部、市广电局相关领导又专程来到华中师范大学，与采访团相关人员商讨恽代英文化遗产的保护工作。武汉市委领导希望市文化局与学校采访团成员共同努力，保护利用好恽代英这张名片，打造城市特色红色文化品牌，通过“1＋n”的方式，利用现有资源设立一个主场馆，再在恽代英生活过的地方增加文化地理标识。市广电局领导肯定了“寻访恽代英”是增强城市自信与文化自信的表现，希望他们通过开展历史遗迹的探寻活动来达到宣传教育市民的作用。

2014 年 8 月 7 日，武汉市委宣传部副部长陈汉桥、市广电局分管领

导、武昌区相关负责人及华中师范大学副校长蔡红生、华中师范大学新闻传播学院院长江作苏一行就恽代英陈列馆选址事宜走访调研了昙华林鼓架坡文华大学教职工公寓原址，随后就昙华林片区恽代英相关遗址保护状况、陈列馆选址等问题进行了座谈。座谈会上蔡红生提出，可以将陈列馆与利群书社协同开发，既是对恽代英历史人物的保护，也是对华师文脉的延续和保护。

三、突出亮点：推出话剧《恽代英》，弘扬社会主义核心价值观

2015 年，正值华师校友、青年运动领袖恽代英 120 周年诞辰。为纪念他，由诗人、词作家、中央电视台特约撰稿人段晴根据李良明教授对恽代英的研究资料撰写，华师校团委联合宣传部、学工部共同推出的话剧《恽代英》，在全校征集演员，开展排练。

至今，话剧《恽代英》已成功演出十余场，近万名师生观看演出，话剧还得到教育部、团中央、团省委、省文化厅等部门的高度重视。一批相关战线的领导同志观看了该剧，并给予高度肯定。

《恽代英》话剧演出引起社会各界热烈的反响，网易新闻、中青在线、重庆之窗、《楚天都市报》等多家媒体纷纷给予关注。

（一）在艺术设计中还原历史

话剧《恽代英》作为华中师范大学系列纪念恽代英活动中的重头戏，得到了学校各个部门的高度重视。2015 年 4 月，学校正式启动该话剧的排演工作，从选角色到磨台词，力图还原恽代英所处的时代情境，再现恽代英的光辉形象。

为此，校团委多次请教恽代英研究专家李良明教授，还深入恽代英生活过的地方进行考察，邀请恽代英的后代座谈讨论，明确角色的性格特点和语言风格，力求最大限度地还原历史，让师生更好地感受艺术魅力，感悟恽代英精神。

（二）在艺术熏陶中育人

话剧《恽代英》在排演的过程中，注重对恽代英革命形象的塑造，充分挖掘恽代英的精神价值，凸显其青年领袖的重要品质，即崇高的爱国主义精神和坚定的共产主义信念，勇于探索、敢于创新的革命精神，脚踏实

地、艰苦奋斗的工作作风，艰苦朴素、先人后己的高尚品德等。并将此与“忠诚博雅、朴实刚毅”的华师精神与“求实创新、立德树人”的校训相结合，潜移默化中扩大恽代英精神的影响力、时效性。为广大学子树立精神榜样，提升精神境界。

正因为如此，话剧《恽代英》以其独特的思想育人、文化育人、实践育人形式，成为华师思想政治教育的品牌，是进行思想政治教育的重要阵地和载体。

（三）在艺术传承中弘扬正气

在文化多元化、价值多元化的今天，话剧《恽代英》塑造了青年中的爱国英雄形象，弘扬了以爱国主义为核心的民族精神，弘扬了青年领袖恽代英的爱国情怀和坚定的理想信念、高尚的道德情操，为当代大学生修身提供了重要参照。

学校通过《恽代英》话剧的排演，感染广大学子，勉励其成为“有理想、有道德、有文化、有纪律”的“四有”青年、成为社会主义合格建设者和可靠接班人。该剧具有重要的社会意义，在引领广大青年自觉培育和践行社会主义核心价值观，弘扬社会文明风气方面发挥重要作用。在努力实现中国梦的时代背景下，激发青年学生树立理想，追寻梦想。

附录 7　实践育人工作案例 3

“呼吸青春，拥抱阳光”以体育人工作纪实

为响应“走下网络、走出宿舍、走向操场”（以下简称“三走”）的号召，共青团华中师范大学委员会于 2015 年开始在全校范围内积极开展以“呼吸青春，拥抱阳光”为主题的“三走”活动。从活动启动仪式举行到分层分类开展系列体育活动，“三走”活动可谓深入人心、深得人心。

一、“凝聚人心、多彩多元”——在寓教于乐中迸发激情

以校学生会系列活动为平台，以热血篮球、活力排球、阳光跑步为载体，在操场上聚集学生，在活动中凝聚人心。通过聘请专业人士对学生进行运动指导，使学生在轻松的氛围中收获实用的体育技能、体育知识，培养学生自主体育锻炼的意识。

积极开展多彩多元的体育赛事活动，包括马拉松环校越野赛、“新生杯”篮球赛、“生命杯”排球赛、“绿茵杯”足球赛、“计科杯”乒乓球赛等，迸发学生的运动激情，焕发学生的运动热情。学校社团联合会拥有十多个体育竞技类社团，每学期开展体育活动数十场，参与人次达到 6000 余人次。独具特色的周一至周五早操活动，更是让学生用青春的汗水开启一天的学习好心情。

二、“微组微动、上下联动”——在深入互动中唱活“三走”

不断发挥宿舍、兴趣小组、社团协会等“微组织”作用，营造人人体育、天天活动的锻炼氛围。通过社区辅导员定期组织女生走出寝室进行户外啦啦操的锻炼；通过首届“最强寝室”评选，倡导室友相互监督，合理安排作息时间，合理规划上网时间，促进宿舍运动文化建设。同时，以微博、微信、QQ 群为宣传载体，依托华师自主打造的“掌上华师”手机新媒体终端，引领和吸引广大在校师生参与到“三走”中来，实现共青团组织的上下联动、互联网的网上网下协动与广大师生的深入互动。

贯穿全年、人人参与、多元一体的“三走”活动构成了华中师范大学以体育人校园实践活动中一道独特的风景线。越来越多华中师大学子更加关注体育、热爱体育。多年的校园体育实践育人，帮助学生提高了参与活动的主动性和自觉性，极大激发了华中师大学子积极进取、勇于超越、奋发向上的不懈追求。

附录 8　实践育人工作案例 4

教、研、学、赛“四位一体”，共促“双创”实践育人

随着创新驱动发展战略的深入实施，大众创业、万众创新蓬勃发展，而如何发挥专业特色、提升教学质量、为培养创新型高质量人才服务始终是华中师范大学经济与工商管理学院持续关注的问题。2020 年 9 月，为了更好地深化“三全”育人综合改革，经济与工商管理学院在 8 年来开展创新创业教育与实践探索的基础上，着力推进教、研、学、赛“四位一体”的创新创业实践育人体系的构建与实施。“教”即打造创新创业素质拓展系列课程，“研”即研究创新创业人才培养机制，“学”即在实践中提升创新创业能力，“赛”即搭建创新创业赛事平台。一年来，围绕教研学赛四个维度的建设目标，经济与工商管理学院聚焦于深化与校友、企业合作，提升创新创业教育师资团队质量，进一步加强专业与创新创业实践育人的工作连接，打造“更专业、更强大”的育人工作品牌。

一、实践探索

一是优化师资力量，提升导师创新创业育人水平。充分挖掘社会及校友资源，学院在 2021 年 5 月 2 日学院校友会成立大会上聘请 10 余名具有丰富创业经验的校友和社会人士作为“校外实践导师”；同时学院着力培养创新创业导师队伍，执行《经济与工商管理学院教师指导学生活动的绩效考核办法》，鼓励学院教师参与指导学生创新创业活动；围绕育人目标，将政工干部纳入创新创业教师队伍，在创新创业教育过程中，融入诚信教育、爱国教育，树立家国情怀，弘扬主旋律，突出思想内涵，提升和改进创新创业工作中的思想政治引领力量。2020 年与学校中科创业学院对接，选派 4 名政工干部参加“基于创新的创业（IBE）：双创教学实战能力提升线上研习营”并顺利结业，不断提升学院创新创业导师队伍专业化水平。

二是细化课程体系，推进学院创新创业课程育人。在继续开设第三学期创新创业课程的基础上，一年来共面向毕业年级学生开展 4 期经管类跨专业虚拟仿真校内实习实践课，累计参与人次 500 余人；依托经石学习发

展中心打造“创新创业训练营”，累计开展 11 期创新创业系列课程并同步录制课程视频，学员辐射全校所有院系（学部），累计参与人数超 1100 人次，为培育创新创业类竞赛项目打下良好基础；继续依托经石学习发展中心“五位一体”的导学体系，为学生学习发展提供指导、教育、支持和帮扶，其间开设校友讲堂 3 期、朋辈讲堂 10 余期。此外，强化第二课堂建设，寒暑期组织 20 余支社会实践队共 1500 余人次参与社会实践，学生在专业教师指导下走入乡间地头、走入改革前沿去探访社会热点、感受改革动脉，实现教学与实践协同育人。

三是深化社会合作，完善学院创新创业支持平台。在继续与国家级孵化器华师科技园深化合作的基础上，学院 2021 年与十堰玖偲创客空间联合建立“产学研协同创新中心”，与天风证券共建研究生工作站，与中国银行、中国建设银行、三赢土地房地产评估咨询股份有限公司、上海高顿教育培训有限公司、武汉高途云集教育科技有限公司等业内单位深化合作，单独设立创新创业奖学金，进一步拓展见习实训基地、社会实践基地等，为学院创新创业实践育人工作推进、完善学院人才培养体系提供了有力的平台和资金支持。

四是强化竞赛培育，夯实学生创新创业竞赛平台。继续将人才培养与专业特点紧密结合，根据各年级阶段性特点，以提升大学生综合素质为目的，打造院系品牌特色竞赛活动：大一年级开展“经天我来讲”演讲比赛，大二年级开展“论道经邦”辩论赛，大三年级开展“金牌求职者”模拟招聘大赛，面向本研学生开展“南湖学术论坛”。此外，认真组织大学生创新创业训练计划培育申报，2021 年共成功立项 46 项；认真组织师生参与“挑战杯”“互联网＋”等高级别创新创业赛事，做好项目培育孵化落地；继续面向全校学生举办“农经杯”课外学术作品竞赛、桂子山创业梦想秀、金牌求职者模拟招聘大赛，承办第十二届全国房地产策划大赛全国总决赛等专业赛事，尤其是连续 9 年成功举办的“桂子山创业梦想秀”累计参赛团队 300 余支，参与人数 2000 余人，参赛选手专业覆盖全校所有院系，已经成为桂子山上青年逐梦的重要舞台。

二、创新成效

华中师范大学经济与工商管理学院以创新创业教育为切入点，将创新创业活动开展与实践育人体系构建相结合，将创新创业教育与思想政治教育有机融合，坚持创新创业理论教育与实践养成相结合，将教、研、学、赛四个环节有效联动，对构建实践育人质量提升体系进行了有益的探索。项目形成的分类育人模式、制度文件、经验案例、特色实践活动具有较强的普适性，可视化系列创业课程以及典型创业故事视频易于网络传播应用。

而教、研、学、赛四位一体的创新创业实践育人体系也极大地助力了经管学子成长成才。据不完全统计，2014 年以来学院师生在“挑战杯”（原“创青春”）全国大学生创业大赛中，累计获得全国银奖 2 项、铜奖 5 项，省赛金奖 7 项、银奖 5 项、铜奖 6 项；连续五届“挑战杯”全国大学生课外学术科技作品竞赛中，获全国一等奖 2 项、三等奖 4 项，湖北省特等奖 4 项、一等奖 5 项、二等奖 3 项；学院在“挑战杯”“创青春”“互联网+”等高级别创新创业赛事中参与获得省部级及以上奖励的学生人次达 200 余人；学院创业典型、2017 级本科生秦环宇获得 2019 年度湖北省大学生自强之星和 2020 年度校长奖，2017 级本科生季宇振获得 2020 年度中国大学生自强之星。

2015 年至 2017 年学院连续 3 年获得学校创新创业工作“挑战杯”，2018、2019 年连续两年获得创新创业工作最佳组织单位，2019 年获评学校“创青春杯”（全校唯一），2020、2021、2022 年连续三年获得学校“挑战杯”优秀组织单位。

附录 9　实践育人工作案例 5

力行晓实际，实践出真知

习近平总书记在北京大学师生座谈会上向广大青年明确提出爱国、励志、求真、力行四点希望，为新时代青年指明了前进的方向。“长安何处在，只在马蹄下”，中国青年要想在新时代实现人生价值，就需要知行合一、严谨务实、苦干实干、久久为功，将个人小我融入祖国大我，将个人之志融入国之大势。

为落实贯彻习总书记的重要精神，鸿鹄力行实践队由华中师范大学经济与工商管理学院团委副书记、经济系老师、20 级本科生辅导员带队指导，来自学院不同年级和专业的 30 名同学积极参与。本次社会实践历时 7 天，累计行程约 1000 公里，发放 100 余份问卷和 300 份防诈骗宣传手册，参观当地 10 余个特色农产业基地，面向 60 余名儿童开展了 2 场财商教育教学活动，被《中国青年报》《农民日报》等 36 家国家级和省市级媒体报道。

一、主题突出，助力乡村振兴

1. 乡村振兴对于实现国家治理现代化必不可缺

近年来，国家越来越重视农村经济的发展，各级政府纷纷出台关于建设新型城镇的战略部署。农村经济的发展制约着一个国家的总体经济水平，唯有农村发展起来了，才能实现收入分配公平。我国仍处于并将长期处于社会主义初级阶段，所以进行乡村振兴是建设美丽中国的关键点，也是实现全体人民共同富裕的必经之路。

在此背景下，我院组织青年师生前往农村调研当地经济的发展，探讨一个地区的主导产业效应，如何进行产业引导才能建设新型城镇化，为当地的发展提供针对性的建议。

2. 送金融知识下乡，提高金融素质

农村金融诈骗问题一直以来是困扰人民群众的大问题。大多数年轻人都外出务工，留下老年人独守空巢，有些老年人喜欢贪小便宜，导致农村中老年人受骗的占比更大，尤其是女性。

实践队调研村民金融相关知识了解情况，以讲座的形式宣传防金融诈骗相关知识，加强人们对金融诈骗这一诈骗手段的了解，提高大家的警惕性，有效减少相关事件的发生，让村民有能力在创造财富的同时守得住自己的财富。也会对适合当地居民的金融产品进行推荐，开拓财富的保值套利渠道，增强市场上资金的流动性。

3. 金融知识进校园，加强儿童财商教育

中小学阶段是青少年形成思想观念、培养行为习惯的最佳阶段，加强对青少年的金融知识普及教育，有利于帮助未来的社会主人翁塑造正确的金钱观、消费观，更有利于社会主义核心价值观的教育和诚信意识的培养。

加之，校园金融活动越来越活跃，然而由于青少年学生金融知识相对匮乏，金融意识比较淡薄，使得校园金融风险事件频繁发生。尤其是农村的留守儿童，孩子的家长长期不能陪在孩子身边，为了弥补对孩子的亏欠，总会无故地给孩子一些钱，由着孩子自己去支配，在缺乏金融知识教育的环境中，孩子的财商教育基本没有，不懂得如何有效合理地支配金钱。因此，提升孩子的理财意识显得格外重要。

鸿鹄力行实践队立足当代农村儿童对财商知识的缺乏，通过对农村儿童尤其是留守儿童开展财商教育课程，提高农村儿童的财商素养，增强儿童的理财能力，扩展儿童的金融知识。

4. 引领教育广大青年学生，勇做担当民族复兴大任的时代新人

此次活动意在引领教育广大青年学生勇做担当民族复兴大任的时代新人，以实际行动服务乡村振兴战略，引导广大师生在国家经济社会发展的实践中受教育、长才干、作贡献，成长为有理想、有本领、有担当的时代新人，同时也是为挑战杯等学术科研竞赛做好充分准备。

本次实践活动以创新、协调、绿色、开放、共享为发展理念，坚持以培育和践行社会主义核心价值观、满足人民群众日益增长的社会服务需求为出发点，响应校团委号召，丰富经济与工商管理学院大学生暑期生活，开阔视野，锻炼大学生的实践能力，深入基层，体会民生，思考时代的发展方向。

因此，经济与工商管理学院组织青年师生前往农村地区开展暑期实践

活动，结合自身专业所学知识，活学活用，实现金融知识万里行，将诈骗知识宣讲、农村经济研讨并重，汇聚青春正能量，对接乡村振兴战略，用实际行动献礼建党100周年。

二、“金”字招牌，凸显专业亮点

实践队结合经济与工商管理学院专业特色，以“助力乡村振兴，‘三金’赋智惠民”为实践主题，开设“金研”“金服”“金蕊”三条调研主线，深入十堰市郧阳区白桑关镇和白浪镇、房县等20余个脱贫村落，走访参观玖偲创客等大学生创业孵化基地和特色农业产业，强化大学生社会实践意识，打造“实践感强”的育人模式，真正引导学生在实践中学真知、悟真谛。

（一）“金研”行动

“金研”行动旨在通过带领学生走访农户、参观农业合作社与企业、与村集体领导座谈，深入了解当前脱贫村落乡村振兴的推进状况，探究当地农业特色产业发展现状与经营模式。

1. 问卷调查

通过发放问卷，走访农户，了解乡村振兴背景下农户的生活条件与农业生产经营方式。

2. 实地参观

参观农业合作社、产业园区以及相关企业，当前农业产业链条中加工与生产环节的步骤与具体方式，尤其是深入考察农产品电商的运营现状。

3. 集中座谈

与村干部开展座谈会，深入了解乡村振兴政策执行的现实状况，对当地特色农业产业发展的支持政策，当地政府对特色农业产业的产业链延伸与融合的具体措施。

为了解当地特色农产业发展情况，实践队员下田地，入农户，在村干部的带领下，一对一访谈调研，共走访150余户脱贫家庭，发放100余份问卷，参观了当地猕猴桃、黄姜、苍术、香菇等数10个特色农产业种植基地。此外，为了解当地政府的助农政策，实践队成员们走访了香菇小镇、桃园仙谷家庭农场、鑫榄源、玖偲创客空间、星源科技等特色助农企业，并与房县金融办、乡村振兴局、农业农村局等相关领导开展座谈会。

座谈会上，乡村振兴局翟局长对鸿鹄力行实践队的实践活动表示了极大的肯定。

（二）“金服”行动

“金服”行动主要是在十堰市郧阳区白桑关镇和白浪镇及房县等乡镇为村民提供金融服务，宣传金融知识，进行金融调查，展开防诈骗宣讲，帮助村民学习理财、守财。具体活动设计如下：

1. 金融知识小调查

①纸质问卷调查。对村民进行问卷发放，向村户发放纸质调查问卷对当地村民金融知识进行调查，了解村民对金融产品的应用情况，了解村民对金融诈骗的认识以及诈骗经历。考虑到村民的知识匮乏情况，由实践队员在保证问卷数据可行的情况下对村民作出一定解释。为激励村民们积极填写问卷，可对村民发放小礼品作为回报。

②访谈。对部分村民进行访谈，了解其对当地村政府普及金融知识和防范金融诈骗所做措施的了解程度和实施效果感受，了解其是否有被诈骗经历以及详细的诈骗、反诈骗过程等。对村、镇干部进行访谈，了解其在普及乡村金融知识和防范金融诈骗方面所做的措施、在实施过程中遇到的问题、实施效果等内容。

2. 金融知识进万家

此项活动与金融知识小调查的活动结合同时开展，在走访村户向村民发放问卷、解释问卷涉及相关概念时，还向村民拓展金融知识内容，向村民们发放宣传单、讲解金融知识和防金融诈骗知识，发放金融课堂邀请函，邀请村民参加金融课堂，为金融课堂进行预热。

3. 金融课堂我来学

实践队成员进行金融课堂的前期宣传预热后，在村干部的帮助下，召集村民在村活动中心展开金融课堂。在此阶段根据金融知识小调查的结果，设计课堂内容，并对参与答疑、互动的村民发放一定奖品。课堂内容如下：

①讲解。在课堂上通过讲故事、情景剧等形式向村民们介绍金融知识，增加村民对金融保值产品的了解，帮助村民们守住收入，减少被金融诈骗的风险。场地设施允许的情况下可以利用多媒体设备展示 PPT、视频等。

②答疑。在讲解结束后，设计“你问我答”环节。在此环节，村民可以针对讲解提出疑问，与会村民和实践队员都可以做出回答。村民还可以分享自己被诈骗、反诈骗经历让大家反思或借鉴。

③互动。提前准备金融知识问答题让村民们抢答，以此检验讲解效果、加深村民理解。对参加金融课堂的村民进行采访，了解村民们的收获与感想，通过视频记录下来。

活动期间，鸿鹄力行实践队成员结合经管类专业特点，通过访谈调研、讲解宣传、建议助力三种方式深入农村开展防金融诈骗等活动，发放防诈骗宣传手册300余份，并对返乡创业人员进行了重点宣讲，在与房县金融局相关领导座谈过程中，实践队在充分调研的基础上提出意见建议20余条，均获得了相关领导的反馈和好评。

（三）“金蕊”行动

农村地区由于知识的匮乏，经常忽略了培养孩子正确、健康的财富观，而财商教育是每一个孩子必不可少的，财商作为与智商、情商并列的现代社会三大核心素质，会对孩子的社会消费行为产生重要的影响。时代的发展催生出数字货币，线上支付的市场越来越大，使得人们对传统纸钞的使用越来越少，新生代儿童对纸币的了解也越来越少。

鸿鹄力行实践队立足当代农村儿童对财商知识的缺乏，通过对农村儿童尤其是留守儿童开展连续一天半的财商教育课程，通过寓教于乐的方式提高农村儿童的财商素养。

“金蕊”行动符合目前“双减”政策，旨在以趣味科普的方式面向城乡中小学生开展金融知识科普活动，提高学生的财商素养，增强理财意识，扩充金融知识，帮助他们树立正确、健康的金钱观、价值观。

活动期间，实践队依托天风证券实践教育基地，面向60余名农村留守儿童开展了2场财商教育活动。实践队设置知识讲解与趣味游戏两个环节，通过讲解货币、拍卖等金融知识由浅入深，引导学生深入思考。此外，实践队与长江证券共建“金蕊”志愿服务基地，对接水果湖第二中学开展2次线下财商教育活动，获得了省团委、校团委的大力支持和一致好评。

三、"特"色成果，实现育人于行

力行实践队积极响应"永远跟党走，奋进新时代"的时代号召，在充分走访、深度调研乡村振兴关键职能部门的基础上，形成了"五个一"特色社会实践成果，即"一个 vlog，一本记录手册，一套实践日志，一系列新闻报道，一种精神"。本次社会实践全程拍摄记录，以 vlog 的形式记录展现了乡村发展新面貌，并发布到微博、抖音等新兴媒体，提高了宣传力度；收集实践照片和相关材料，制作了近 50 页图文并茂的力行实践队记录手册；撰写 180 余篇队员实践日志，每日分享记录所见所闻，积累了大量的素材和资料；整理近 10 万字的文字材料，并完成 4 篇实践调研报告；发布 36 篇媒体报道，包括《中国青年报》等 4 篇国家级媒体报道，《湖北日报》等 9 篇省级媒体报道，长江云等 2 篇市级媒体报道，相关事迹得到了广泛的关注，并有幸获评了湖北省"三下乡"暑期社会实践优秀实践团队；形成了一种精神，鸿鹄力行实践队学以致用，力行实践，极大增强了学生服务国家、服务社会、服务人民的责任感，锻造了学生的实干精神和创新精神。

鸿鹄力行实践队发挥经济与工商管理类专业特色，鼓励更多青年学子深入基层，致力于将个人小我融入祖国大我，将个人之志融入国之大势，培育出更多优秀的人才！

后　记

2017年中共教育部党组发布的《高校思想政治工作质量提升工程实施纲要》明确指出要“构建实践育人质量提升体系”，2020年党的十九届五中全会通过的《中共中央关于制定国民经济和社会发展第十四个五年规划和二〇三五年远景目标的建议》中提出要“建设高质量教育体系”，围绕大学生社会实践育人质量提升的研究是构建高质量教育体系的关键环节。基于大学生社会实践育人的时代性，大学生社会实践育人质量提升的研究是一个遵循本质规律而又不断创新发展的螺旋式探索过程，既是一个常谈常新的理论问题，更是一个动态变化的实践问题。

大学生社会实践育人质量提升是一项系统性、综合性、整体性工程，是高校思想政治教育手段的有效聚合，在我国思想政治教育中具有非常重要的地位。质量提升是大学生社会实践育人由“好不好”转向“优不优”的时代命题，包含着丰厚的内容。本书在厘清大学生社会实践、大学生社会实践育人、质量、育人质量等核心概念的基础上，分析大学生社会实践育人的特征，明确大学生社会实践育人的构成要素和育人过程，从马克思主义中寻找理论指导，同时立足思想政治教育理论基础，兼顾其他学科的相关理论借鉴，梳理了新中国成立以来大学生社会实践育人质量提升经历的历史阶段和形成的宝贵经验，重点通过结构访谈和调查问卷的实证研究方法，对大学生社会实践育人的质量现状进行了深入的调查分析。进而明确大学生社会实践育人质量提升的目标和原则，系统提出了大学生社会实践育人的质量提升的实施路径。

本书是我出版的第一部学术性著作，是共青团中央2022年度实践育人工作入选项目“新时代大学生社会实践育人质量提升研究”（课题批准号：2022SJRX08）的研究成果之一，也是2022年度湖北省教育厅哲学社会科学研究专项任务项目（高校学生工作品牌）辅导员工作精品项目“‘教研学赛训’五位一体创新创业实践育人体系的构建与实施”（项目编号22Z209）的研究成果之一，并受到华中师范大学经济与工商管理学院学术著作出版专项资助。在这部学术著作研究过程中，首先要特别感谢我的博士导师谢守成教授，从著作的选题、结构设计、问卷编制、修改以及最后定稿，每一个环节都离不开谢老师的耐心指导。感谢张耀灿教授、徐柏才教授、沈壮海教授、万美容教授、秦在东教授、蔡红生教授、刘宏达教授、谢成宇教授等专家在著作选题、撰写过程中提供的关键启发和指导，让我的研究不断地完善和严谨规范。感谢我的家人、领导、同事和同学的长期鼎力支持，让我在繁忙的工作之余能够沉淀思考并最终坚持完稿！本书撰写过程中吸收了许多专家学者的思想智慧和学术成果，已在文中加以标注，在此向有关作者致以诚挚的感谢！本书的出版也很荣幸地得到了华中师范大学出版社的大力支持，在此一并表示衷心的感谢！

囿于本人的学术积淀较浅，认识和能力有限，本研究只是一种尝试性地探索，在理论阐释的深刻性、实证研究的精准性等方面还存在一定的不足，对一些机理挖掘的深度和广度仍待进一步拓展，质量提升的路径还需要进一步优化。这些不足，也为后续相关研究留下了空间。作为高校的一名基层学生工作者，我也将进一步在大学生社会实践育人工作中加强学习和思考，在后续的研究中尽力克服和解决这些不足，为大学生社会实践育人质量提升这一时代命题作出不懈努力和贡献。

是为记。

陈　娟

2023 年 2 月